文学概论

曹 倩　宗千会　（日）千叶万希子　主编

哈尔滨工业大学出版社

图书在版编目(CIP)数据

文学概论/曹倩,宗千会,(日)千叶万希子主编. —哈尔滨:哈尔滨工业大学出版社,2021.10
ISBN 978-7-5603-9762-7

Ⅰ.①文… Ⅱ.①曹…②宗…③千… Ⅲ.①文学理论 Ⅳ.①I0

中国版本图书馆 CIP 数据核字(2021)第 211449 号

策划编辑	张凤涛
责任编辑	马 媛
封面设计	宣是设计
出版发行	哈尔滨工业大学出版社
社　　址	哈尔滨市南岗区复华四道街 10 号　邮编 150006
传　　真	0451—86414749
网　　址	http://hitpress.hit.edu.cn
印　　刷	北京荣玉印刷有限公司
开　　本	787mm×1092mm 1/16 印张 12 字数 300 千字
版　　次	2021 年 10 月第 1 版　2021 年 10 月第 1 次印刷
书　　号	ISBN 978-7-5603-9762-7
定　　价	48.00 元

(如因印装质量问题影响阅读,我社负责调换)

前言
PREFACE

　　文学概论讲解的是关于文学的各种知识,例如文学的概论、要素、特征、类型等。本书根据国家汉语言文学专业"文学概论"课程的教学大纲编写,在突出知识性、理论性、系统性的同时,强调了教材的知识普及性和实践指导性。

　　本书系统阐述了文学的概念、文学发展论、文学创作、文学作品的风格与流派、文学作品的文化类型、文学消费与接受、文学的审美、文学欣赏、文学批评、文学技巧,理论知识的介绍简明、透彻,每章后配有相关思考题,便于学生系统掌握相关章节的教学内容,扩大文学理论的知识面。

　　与目前市场上的其他同类教材相比,本书具有以下特点。

　　(1)知识点完整。

　　本书全面讲述了文学的基础知识,并且难度适中,讲解深入浅出,力求以学生易于接受的方式使学生获得一个完整的知识体系。

　　(2)重点突出。

　　在阐述文学的各个具体知识点时,力求简化理论推导过程,让学生易学、易懂。

　　(3)实践性强。

　　培养学生的阅读能力和文学素养,以帮助学生更好地对所学知识进行总结和消化。

　　(4)素材丰富。

　　教师在讲授本教材内容时,可根据本校具体的教学计划和学时等实际情况,对书中内容有针对性地进行选择。

　　本书内容简明,论述力求通俗晓畅,适合汉语言文学专业的学生学习。

编　者
2021 年 5 月

目　录
Contents

第一章　文学的概论 ··· 1
　　第一节　文学的含义 ··· 1
　　第二节　文学的学科归属 ··· 9
　　思考题 ··· 18

第二章　文学发展论 ·· 19
　　第一节　文学与社会生活的矛盾运动 ································· 19
　　第二节　文学创作与接受的矛盾运动 ································· 32
　　第三节　文学创作中创新与继承的矛盾运动 ··························· 39
　　思考题 ··· 47

第三章　文学创作 ·· 48
　　第一节　文学创作的过程 ·· 48
　　第二节　文学创作的方法 ·· 62
　　思考题 ··· 67

第四章　文学作品的风格与流派 ······································ 68
　　第一节　文学作品的风格 ·· 68
　　第二节　文学作品的流派 ·· 71
　　思考题 ··· 73

第五章　文学作品的文化类型 ·· 74
　　第一节　民间文学 ·· 74
　　第二节　大众文学 ·· 79
　　第三节　高雅文学 ·· 82
　　思考题 ··· 86

第六章　文学消费与接受 ·· 87
　　第一节　文学消费与接受的性质 ······································ 87
　　第二节　文学接受的过程 ··· 104

  思考题 …………………………………………………………………… 110

第七章 文学的审美 ………………………………………………… 111
  第一节 文学审美的内涵 ………………………………………… 111
  第二节 文学是语言艺术 ………………………………………… 125
  第三节 文学的综合审美功能 …………………………………… 130
  思考题 …………………………………………………………………… 132

第八章 文学欣赏 ……………………………………………………… 133
  第一节 文学欣赏的性质与意义 ………………………………… 133
  第二节 文学欣赏的特点与规律 ………………………………… 138
  第三节 文学欣赏能力的培养 …………………………………… 142
  思考题 …………………………………………………………………… 145

第九章 文学批评 ……………………………………………………… 146
  第一节 文学批评的性质和意义 ………………………………… 147
  第二节 文学批评的标准和方式 ………………………………… 152
  第三节 文学批评的方法与文体 ………………………………… 157
  思考题 …………………………………………………………………… 162

第十章 文学技巧 ……………………………………………………… 163
  第一节 文学技巧的内涵与观念 ………………………………… 163
  第二节 传统表现手法与表达技巧 ……………………………… 166
  第三节 现代技巧概述与举隅 …………………………………… 174
  思考题 …………………………………………………………………… 185

参考文献 ………………………………………………………………………… 186

第一章 文学的概论

学习目标

1. 了解文学的含义；
2. 了解文学的学科归属；

　　文学是什么？这是一个令人困扰同时也令人着迷的问题。无数的文学家和学者试图对其进行解答，甚至一些哲学家也做出了尝试，然而遗憾的是，到目前为止，还没有人能够圆满地解决这个问题。凡是问某物自身"是什么"的问题，都属于本体论的范围。根据康德的观点，我们所能把握和理解的只能是关于事物本体的现象，而物自体，或者说事物的本体，是不可知的。如果我们认同康德，那么讨论"文学是什么"也就没有任何意义，因为文学本体是不可知的，它超出了人类认识能力的边界。

第一节　文学的含义

　　对事物本体的认知是困难的。古希腊哲学家苏格拉底曾经试图辨明"美是什么"，他和希庇亚进行了长时间的争论，然而他们最终也无法得出确定的答案，只好承认"美是难的"，肯定了认识事物本体的困难。在本体论的层面探讨"文学是什么"，其难度不下于苏格拉底对美之本体的追问。面对这样一个具有极强挑战性的问题，从历时性的角度梳理一下"文学"一词的历时语义变化，在感性上大致把握"文学"的内涵，然后再给予正面的回答，不失为一种良好的策略。

一、"文学"的概念在中国的语义流变

　　"文学"一词，较早见于先秦时期。据《论语·先进》所载，"德行：颜渊，闵子骞，冉伯牛，仲弓；言语：宰我，子贡；政事：冉有，季路；文学：子游，子夏"，这里根据孔门众弟子的学业专长，对学术进行了分类，分为德行、言语、政事、文学四项，后世称之为"孔门四科"。其中"文学"一项，有较明确的指示对象，指的是儒家文献知识，包括《诗》《书》《礼》《乐》《易》《春秋》等，内容则涵盖了哲学、政治、历史、文艺等诸多方面。汉武帝"罢黜百家、独尊儒术"之后，儒家的学术声望和影响迅速提升，儒学成为显学，"文学"常常专指儒学。如《史记·孝武本纪》"上乡儒术，招贤良，赵绾、王臧等以文学为公卿"，说的就是赵绾、王臧等人"学而优则仕"，凭借

对儒家学问的熟习而被擢拔为高官。不过，这一时期"文学"一词并不完全局限于"儒家经典知识"的含义，词义有时也会有所扩展。《史记·田敬仲完世家》："宣王喜文学游说之士，自如邹衍、淳于髡、田骈、接予、慎到、环渊之徒七十六人，皆赐列第，为上大夫，不治而议论。是以齐稷下学士复盛，且数千百人。"其中，邹衍是阴阳家的代表人物，田骈和环渊是道家学派的中流砥柱，慎到则推动了法家思想在齐国的传播。他们的学问分别属于不同的学术流派，能够被并称为"文学游说之士"，显然此处的"文学"一词所包含的意义已经扩大，超出了儒家经典的界限，可以泛指各种知识和学问。

以上"文学"一词的诸种内涵与今天的词义均有所不同。它虽然把今天视为文学作品的某些典籍纳入了其中，如《诗经》，但其立意并非出自审美的艺术标准，也没有把其中的诗歌视为审美欣赏的对象，而是把它们当作君子修身和从事政治与外交活动的工具。实际上，这一时期的"文学"概念所指涉的是一些具有实用价值的文献和知识，依据的是功利性的标准，在其最广泛的含义上，可以指代诸多有关社会科学的知识和学问。

魏晋南北朝时期，临川王刘义庆组织编写了《世说新语》。该书内容分为36类，其中纲目为"文学"的一类收录了104则名士逸事。在这些遗闻逸事中，前65则涉及经学、玄学、佛学等方面的内容，第66则以下却全都与诗文创作和文学评论有关。以此可见，魏晋南北朝时期虽然没有以审美属性为标准把文学与学问区分开来，从而赋予"文学"概念以现代意义，但终究还是表现出审美意识的自觉，在很大程度上把具有审美意义的文学内容纳入"文学"这一概念之中。这一时期的"文学"概念既含有知识和学问的意思，也涵盖了今天依据审美标准所界定的文学，其含义比今天的文学概念要宽泛得多。

"文学"还有一种特殊的用法，就是作为官职的名称。据唐代杜佑所撰《通典·卷三十》："汉时郡及王国并有文学，而东宫无闻。魏武置太子文学……自后并无。至后周建德三年，太子文学十人，后省。龙朔三年，置太子文学四员。属桂坊。桂坊废而属司经。开元中，定制为三员，掌侍奉，分掌四部书，判书功事。"可见，早在汉代的官僚体系当中，就已经有了"文学"这一官职，其职司约略等同于后世的教官。在这种用法中，"文学"就是一个职衔，和今天的"文学"完全没有任何联系了。

> **小贴士**
>
> 事实上，中国古代的"文学"一词，其含义与今天大相径庭，而且在古汉语中并没有一个专门的词与今天的"文学"在词义上严格对应。但有一些词，例如"文""文笔""文辞""文章"等，与今天"文学"一词的词义较为接近或相关。

"文"最初的含义是"色彩交错"，如《礼记·乐记》中的"五色成文而不乱"，有时也有"纹理""花纹"的意思。"文"与"文学"相近的含义则是专指文字或文辞，如《韩非子·五蠹》："儒以文乱法，侠以武犯禁，而人主兼礼之，此所以乱也。"曹丕《典论·论文》中根据文体本身的性质和功用，把"文"分为四类。"夫文本同而末异。盖奏议宜雅，书论宜理，铭诔尚实，诗赋欲丽。此四科不同，故能之者偏也，唯通才能备其体。"四类之中,"奏议"属于应用文体中的公文写作;"书论"主要指成一家之言的论说性作品,略似今天的学术著作;"铭诔"泛指记述死者经历和功德的文章,是一类特殊的文体;"诗赋"强调修辞与审美,则是纯粹的文学作品。从曹丕的分类可以看出,"文"的含义很广,毫无疑问也包括了文学这一层意思。"文"包括了文学,但又不限于文学,正因为其内容广泛,所以历来被寄予极高的社会预期,强调其政治作用、教化作用和其他社会作用。北宋时期,周敦颐就有"文以载道"的提法。

明清之际,黄宗羲、顾炎武、王夫之等人通过对儒家学说的阐释和恢复,强调经世致用,主张发挥"文"的时代意义、社会作用和批判现实精神,顾炎武也曾倡言:"文须有益于天下。"

中国古代与"文学"含义相关的另一个词是"文笔"。南北朝时期,"文笔"是所有文体的总称,具体被分为两类:韵文为"文";散体为"笔"。据刘勰《文心雕龙》载:"今之常言,有文有笔,以为无韵者笔也,有韵者文也。""文笔"中的"文"一类,属于韵文,讲究作品的声韵,重视语言的音乐美,这一类作品显然大都可以归入文学一类。

中国古代还有一个与文学含义相关的词——"文章"。"文章"最初的含义原本与文学没有任何关系,据《周礼·考工记》记载:"青与赤谓之文,赤与白谓之章。""文"与"章"显然是两个词,代表了两种不同的色彩,并且这两种色彩还是复色。到了汉代,汉高祖刘邦接受陆贾的谏言,认识到可以马上得天下,却不可以马上治天下的道理,出于推行文治的现实需要,使朝野上下对写作能力日益重视,"文章"一词开始被用于指代写作活动或者用文字写下来的东西。据《汉书·扬雄传》记载:"其意欲求文章成名于后世,以为经莫大于《易》,故作《太玄》;传莫大于《论语》,作《法言》;史篇莫善于《仓颉》,作《训纂》;箴莫善于《虞箴》,作《州箴》;赋莫深于《离骚》,反而广之;辞莫丽于相如,作四赋。皆斟酌其本,相与放依而驰骋云。"显然,此处"文章"的范围涵盖了经、传、史、箴、赋、辞诸种文体,按今天的标准来说,既包括了学术著作和历史著作,也包括了辞赋等以审美见长的文学作品。至唐代杜甫《偶题》:"文章千古事,得失寸心知。"虽以"文章"立论,整篇内容谈的却都是一生中自己在诗歌创作方面的经验和见解。所以明代王嗣奭在《杜臆》中说:"此公一生精力用之文章,始成一部《杜诗》,而此篇乃其自序也。"这里的"文章"显然语义较狭,专指文学中的诗歌创作。

> **小贴士**
>
> 无论是"文""文笔"或是"文章",甚至包括"文学"这一词语本身,在中国古代都没有产生过完全对等于今天的文学含义。"文学"一词开始转向当下含义的时间应当推算到近现代时期。在这一时期,国学大师王国维关于"文学"的若干论述,标示着现代意义上的文学观念正在逐渐形成。

王国维的研究对象是中国古典文学,但其研究方法和学术眼光却源于西方的哲学、美学和文学理论,他强调文学的审美性、非功利性和情感性特征,这些特征都是现代性

文学观念所特有的内容。王国维在《人间词话》中谈到文体的兴衰问题："四言敝而有楚辞，楚辞敝而有五言，五言敝而有七言，古诗敝而有律绝，律绝敝而有词。盖文体通行既久，染指遂多，自成习套。豪杰之士，亦难于其中自出新意，故遁而作他体，以自解脱。一切文体所以始盛终衰者，皆由于此。故谓文学后不如前，余未敢信。但就一体论，则此说固无以易也。"这里对文学各种体裁的讨论以辞赋和诗词为限，全都符合今天的文学概念范畴，以审美性为特征。在《文学小言》中，王国维把文学与实用的目的割裂开来，说："文学者，游戏的事业也。"以此强调了文学的非功利性。他还说："文学中有二原质焉：曰景，曰情。"把景和情视为文学构成中的两大基本元素，同时又强调了文学的情感性："文学者，不外知识与感情交代之结果而已。苟无锐敏之知识与深邃之感情者，不足与于文学之事。"

王国维的现代性文学观念还表现在以下两个方面。一是参照西方文学系统，依据抒情与叙事的标准，把中国传统诗词归于抒情文学，把叙事诗、戏曲等归为叙事文学。"上之所论，皆就抒情的文学言之（《离骚》、诗词皆是）。至叙事的文学（谓叙事诗、诗史、戏曲等，非谓散文也），则我国尚在幼稚之时代。"二是在叙事性文学作品中重视人物形象的塑造，强调人物性格的刻画。"元人杂剧，辞则美矣，然不知描写人格为何事。至国朝之《桃花扇》，则有人格矣，然他戏曲则殊不称是。要之，不过稍有系统之词，而并失词之性质者也，以东方古文学之国，而最高之文学无一足以与西欧匹者，此则后此文学家之责矣。"

王国维之后，"文学"一词的使用逐渐摆脱了中国古代的语义内涵，开始在全国范围内形成了深受西方影响的现代性文学观念，这一观念初步成熟的标志是五四时期的新文学运动。1917年，胡适在《新青年》发表了《文学改良刍议》，提出了自己对新文学的设想，其中，他强调新文学须"言之有物"，要求文学表现"真挚之情感"，也就是强调文学作品的情感性特征。随后，陈独秀发表《文学革命论》，提出要推倒雕琢阿谀的贵族文学，建设平易抒情的国民文学；推倒陈腐铺张的古典文学，建设新鲜立诚的写实文学；推倒迂晦艰涩的山林文学，建设明了通俗的社会文学。胡适与陈独秀的文学宣言，成为浩浩荡荡的新文学运动的革命旗帜。1918年5月，中国第一部现代白话文小说——鲁迅的《狂人日记》发表，被茅盾视为新文学小说的开篇。1921年，周作人、茅盾、郑振铎、许地山、叶圣陶、王统照、郭绍虞、孙伏园等人在北京成立了"文学研究会"，以"研究介绍世界文学，整理中国旧文学，创造新文学"为宗旨，将大量的外国文学作品和现代思想译介到国内，极大地丰富和扩展了国人对文学的理解和认识，视"新文学"为一种完全不同于中国传统文学的新生事物。此后，五四新文学运动期间所形成的现代性文学观念及其影响一直绵延至今。

二、西方的"文学"概念

英语世界中，与"文学"概念相应的单词是 literature，在漫长的历史中，其语义演变之复杂，同样颇为令人棘手。

literature 从14世纪开始出现在英语中，其拉丁文词源 littera 在英语中对应的意思是 letter，即"字母"。因而，literature 最初的含义与文字和书籍有关，用于指一切用语言文字写成的著作，在此含义上等同于"文献"。其引申义，也可以用于指"通过阅读所得到的高雅知识"，或者可以更简洁地解释为"学识"，这种"学识"是与读写能力和印刷书籍联系在一起的。

在中世纪末期和文艺复兴时期，随着印刷术的普及，literature 开始与艺术、审美、创造性、想象力等词交织在一起，其词义逐渐与读写能力和书籍不再密切关联，于是 literature 的含义开始更多地转向"具有想象力的虚构作品"。其实，在"具有想象力的虚构作品"这个层面的含义上，完全可以用 poetry 这个词来替代 literature，只是后来 poetry 一词被严格局限于韵文，彻底变成了如今的"诗歌"概念。由于 poetry 的词义缩小，literature 才得以成为一个指代"文学"概念的专属名词。当然这时 literature 一词仍然还有"文献"的含义。

17 世纪，法文词 belles lettres 被用于指"纯文学"，以区别于哲学、历史等方面的其他文字作品，后来 literature 就沿用了 belles lettres 的含义，但相对而言其内涵仍然不够明确。直到 19 世纪，literature 的含义才被限定于具有想象力和创造性的作品，想象力和创造性被作为 literature 的非常重要的特征，最终演化成现代意义上的"文学"概念。

> **小贴士**
>
> 英语中 literature（文学）一词的语义演变，其复杂性与"文学"一词在汉语语境当中的历史语义演变之复杂性不相上下，对其进行梳理无疑是一项相当困难的任务。然而，更困难的事情在于从本体上追问"文学"究竟是什么？关于"文学是什么"这个问题，历史上有不少回答。艾布拉姆斯提出文学四要素的理论框架，认为文学活动由世界、作家、读者和作品四大要素构成。根据这四大文学要素之间的关系，形成模仿说、表现说、实用说和客观说等文学观念。

从文学与世界之间的关系考察"文学是什么"，产生了西方文论中的模仿说。

古代西方，最有影响力的文学本体论是模仿说。模仿说的源头至少可以上溯到柏拉图。柏拉图认为，在现实世界之上存在一个"理念"的世界，现实世界中的每一样事物都可以在理念世界中寻找到与其所对应的"理念"；它们是各自"理念"的摹本，而艺术则是对现实世界的模仿，是现实世界的摹本，在这个意义上而言，文学模仿的是表象世界而不是本质世界，它是摹本的摹本，"影子的影子"，与真理隔着三层，不但没有认识价值，还会激起人们心中低劣的感情，不仅无益，而且有害。所以，在柏拉图对理想国的设想中，要把诗人驱逐在外。

亚里士多德继承了柏拉图的模仿说，肯定文学是对现实的模仿，但却扬弃了柏拉图的"理念论"，认为事物的本质就存在于事物本身。柏拉图的"理念论"把理念凌驾于现实事物之上，因而就贬低了现实与艺术的价值。亚里士多德则把现实和艺术从理念的光辉下解救出来，恢复了现实的地位，承认了艺术的价值。亚里士多德把史诗、戏剧、音乐、绘画等都称之为模仿的艺术，他认为艺术不但"照事物本来的样子去"，模仿还能够"照事物应该有的样子去模仿",与记述个别事实的历史相比,"诗所描述的事带有普遍性",符合"可然律和必然律"。这实际上是肯定了文学具有帮助人们理解社会现实的认识功能,从而也肯定了文学的社会价值。

19世纪50年代,模仿说体现为"自然主义"。自然主义的口号是"回到自然",法国作家左拉倡导"按照事物本来的样子去模仿",主张作家在再现客观生活的过程中要完全忠实于生活本身的面貌,"不插手对于现实的增、删,也不服从一个先入观念的需要,从一块整体上再制成一件东西。自然就是我们的全部需要——我们就从这个观念开始;必须如实地接受自然,不从任何一点来变化它或削减它"。在文学创作中,自然主义的特点是要求作者秉持科学家的态度和实验的方法,排斥主体的倾向性介入,强调价值中立,追求绝对客观地再现社会生活。

模仿说有种种不同的表现形式,以左拉为代表的自然主义流派强调文学应当完全模仿自然;理查德·赫德则认为"仅仅展示自然是不够的。因为这种自然在某些方面是粗糙的,不令人愉快的,他必须选取自然中美的东西,摒弃不美的东西……"也就是说,文学模仿应当是一种有选择性的模仿。约翰逊则主张文学应当模仿和表现生活中具有普遍性的东西,因为"除了给具有普遍性的事物以正确的表现之外,没有任何东西能够为许多人所喜爱,并且长期受人喜爱"。模仿说的诸种观点在模仿的对象和模仿的方法上各执一词,但其基本思路是一致的,都是从文学与社会生活关系的角度来把握文学的本质,这种文学观念统治西方近两千年,直到18、19世纪欧洲浪漫主义文学兴起,模仿说才被打破。

从文学与作者之间的关系思考文学,就出现了表现说。表现说强调作者在创作中的主观性因素,认为文学是作家情感与心灵的表现。

表现说产生于19世纪欧洲浪漫主义文学思潮,英国浪漫主义批评家基本上都是沿着文学与作者之间关系这条线索来谈论文学的。湖畔诗人华兹华斯曾经说:"诗是强烈感情的自然流露。"据此,批评家艾布拉姆斯把华兹华斯在1800年《抒情歌谣集》中的序言视为表现说取代模仿说的标志。同为湖畔诗人的柯勒律治也有类似的观点,他认为科学的目的在于获得真理、传播真理,而诗歌的目的在于"传播直接的愉快",因而,诗的最普遍、最清楚的特点"源于诗的天才本身",诗人"写诗是出于内在的本质,不是由任何外界的东西所引起的"。表现说的主要观点在于,文学本质上是作者内心世界的外化,是作者的情感、思想在受到激情支配的状态下的创造。

20世纪初,意大利的克罗齐在《美学原理》中提出表现主义美学的一个核心命题:"直觉即表现。"在此基础上,他又推演出一系列观点,其中包括"艺术即直觉"。他认为人可以通过直觉,不依赖概念而赋予无形式的物质以形式,直觉本质上就是一种表现;相应地,表现也总是一种直觉,它对所直觉到的东西赋以形式。这样,克罗齐就把艺术和表现紧紧地捆绑在一起。克罗齐认为艺术作为直觉已经否定了在艺术面前存在一个物质世界,他说:"诗的素材可以存在于一切人的心灵,只有表现,也就是说,只有形式,才使诗人成其为诗人。"

表现说的另一种形式是弗洛伊德的文学"升华说"。弗洛伊德认为推动个人进行文学创作的最深层动力来自人的"力比多",也就是性本能或内容更为宽泛一些的爱欲,它所对应的人格是"本我"。爱欲遵循快乐原则,它时刻处于冲动之中,试图冲破一切伦理规范的束缚,寻求自我实现。而在自我的约束和控制下,爱欲只能作为潜意识存在,常常在梦境当中,以幻想的形式得到替代性的满足。在这个意义上,作家进行创作,其实就是"在空中建造楼阁,去创造白日梦",是存在于潜意识领域中的爱欲的升华。

表现说还有许多不同形式。有人认为文学是情感的表现,例如列夫·托尔斯泰的传达情感说,他认为艺术是人类表达感情的工具,起源于人们把自己体验过的感情传达给别人;也有人认为文学是思想的表现,例如希尔恩在《艺术的起源》中把艺术看成是"交流思想的重要手段";还有人把文学与想象联系在一起,例如雪莱在《诗辩》中就说诗是一种"想象的表现"……表现说的诸种形式有一个共同之处,那就是打破了模仿说观念,强调文学与作者之间的关系,强调文学创作和文学作品的主体性色彩。

从文学与读者之间的关系探讨文学,就形成了实用说。实用说强调的是文学对读者的效用,把文学看作达到某种目的的手段和工具,往往以功利性的目的是否达成作为评价文学作品的标准。

实用说在西方有着源远流长的历史。古罗马批评家贺拉斯在《诗艺》中提出了"寓教于乐"的观点,他说:"诗人的愿望应该是给人益处和乐趣,他写的东西应该给人以快感,同时对生活有帮助……寓教于乐,既劝谕读者,又使他喜爱,才能符合众望。"根据这种看法,文学是一种娱乐手段,也是一种教育工具。"教"是目的,"乐"是手段,"教"必须通过"乐"才能实现,文学的教化功能不应脱离使人愉悦的文学形象,读者是在愉快的审美欣赏活动中潜移默化地受到陶冶和教化的。

实用说是西方历史上流传时间最长、影响范围最广、支持者最多的一种文学观。当然,不同的批评家对文学效用的强调重点会有所不同。菲利普·锡德尼认为文学的最终目标应当是对读者的道德感化,娱乐只能是辅助手段。德莱顿却认为,读者在阅读文学作品时产生快感才是最终目的。理查德·赫德的观点和德莱顿相似,他在《一般诗歌观念论》中指出,一般的诗歌无论属于哪种类型,都是以令人愉快为目的的艺术,"任何以给人愉悦为首要目的的作品都可以称为诗"。

> **小贴士**
>
> 在模仿说、表现说和实用说之外,还有一种比较有影响力的观点,即客观说。客观说拒绝从文学效用的角度探讨文学,认为文学存在于文学作品本身,转而尝试从文学作品的角度来进行解释。

在一定程度上,康德关于审美"无目的的合目的性"启发了法国"为艺术而艺术"的文艺思潮,法国诗人戈蒂耶反对文学艺术有实用的目的,认为"只有毫无用处的东西才是真正美的,一切有用的东西都是丑的"。这种对实用性的绝对摒弃,把文学研究的目光引向了文学作品本身。著名诗人艾略特说:"论诗,就必须从根本上把它看作诗,而不是别的东西。"他的诗论直接成为英美新批评派的先声。新批评派理论家兰色姆在《诗歌:本体论札记》中指出,诗是一种具有存在秩序的本体,他把文学作品看作一种

自足的客观存在，认为应该研究作品的内在因素而不是文学与外部的联系。类似的，韦勒克也认为艺术品"是一种独特的可以认识的对象，它有特别的本体论的地位"，把目光投向了文学的内部研究。同属新批评派的维姆萨特则提出"意图谬见"和"感受谬见"，认为在研究作品时，作者的意图和读者的感觉都是不可靠的，从而斩断文本与作者、文本与读者之间的联系，确立了文本在文学研究中的核心地位。

客观说的另一种形式是俄国形式主义学派的文学观。这一学派的特点在于运用语言学来研究文学，把文学看作一种特殊的语言建构，是对普通语言的系统歪曲。形式主义学派没有直接给"文学"下定义，他们把文学的本质归之于"文学性"，而文学性就存在于语言形式之中。因此，他们强调形式的"陌生化"，重视语言形式，关注文学语言对日常语言的离间和疏远。

三、当下共识

"什么是文学？什么不是文学？什么是文学的本质？"韦勒克说："这些问题看似简单，可是难得有明晰的解答。"我国著名作家老舍也说："什么是文学，恐怕永远不会得出最后的答案。"前文梳理了"文学"概念的历时语义，以及中外文学家、批评家各自不同的文学观念，这些都表明文学本体论是一个极其复杂的问题。要想得出一个让所有人都认同的文学定义，无疑是一个难以完成的任务。然而，在一定的历史时期内，依据多数人的看法，撷取代表性的理论观点，关于文学的本体论问题，大致上还是可以形成某些共识的。文学是什么？当下主要达成了三个共识。

第一个共识：文学是一种语言作品。

文学以语言作品的形态存在，语言就是文学的媒介，是文学讲述故事和抒发情感的信息载体，这是文学与音乐、绘画、舞蹈、戏剧、影视等艺术形式的重要区别。高尔基说文学用语言来创造形象、典型和性格，用语言来反映现实事件、自然景象和思维过程……文学的第一个要素是语言，在其他艺术形式中，音乐以旋律和节奏为媒介，绘画以色彩和线条为媒介，舞蹈以肢体语言和有节奏的动作为媒介，戏剧和影视则使用综合形式的媒介，它们所使用的媒介形式都与文学不同。加拿大学者麦克卢汉说："媒介即信息。"在一定程度上，用什么媒介形式传达信息甚至比传达信息的内容更为重要。由于文学使用语言这一特殊的媒介形式，这就使文学呈现出一些与其他艺术形式显著不同的特征。如表现和接受上的间接性，能够反映更为广阔的社会生活。

第二个共识：文学是一种审美艺术。

著名美学家朱光潜曾经讨论过人对待事物的三种态度。第一种是实用的态度，见到一个事物，首先考虑的是这个物对我有什么实际的功用，带来的是好处还是坏处，因利害而生趋避。第二种是科学的态度，客观、冷静，"把自己的成见和情感完全丢开，专以'无所为而为'的精神去探求真理"。科学的态度实际上就是以认知为目的，认知的结果产生知识。知识本可以实用，但是科学的态度并不把实用作为目标，其兴趣在于穷究世界的本原。第三种态度是审美的态度，既不考虑对象的功用，也不进行求知的推理与思考，完全诉诸人的直觉，对待事物的评价是"美"或"不美"。实用态度追求的是善，科学态度追求的是真，审美态度追求的是美。

历史上的许多作家和学者也都是从审美的视角来认识文学的。如清代吴乔在《围炉诗话》中说："文出正面，诗出侧面，意思犹五谷也。文，则炊而为饭；诗，则酿而为酒也。"这是著名的"文饭诗酒说"，"文"指的是"书以道政事"的应用性散文。显然，"文"具有实际的用途，好比吃饭求饱，延续生命；而"诗"的价值在于审美，好比美酒醉人，陶冶情操。现代学者胡适也说："文学有三个要件：第一要明白清楚，第二要有力能动人，第三要美。"文学具有审美属性，它是一种特殊的艺术形式，审美属性是文学的本质属性，凡不具备审美属性的作品，绝无资格成为文学。

第三个共识：文学是一种特殊的意识形态。

这一判断确定了文学在社会结构中的位置，是国内学界关于文学本质的一种共识。马克思在《〈政治经济学批判〉序言》中说："人们在自己生活的社会生产中发生一定的、必然的、不以他们的意志为转移的关系，即同他们的物质生产力的一定发展阶段相适合的生产关系。这些生产关系的总和构成社会的经济结构，即有法律的和政治的上层建筑竖立其上并有一定的社会意识形式与之相适应的现实基础。"在这里，马克思把社会结构划分为现实基础和上层建筑两个部分。其中，经济基础与一定的物质生产力相适应，由社会生产关系的总和构成；上层建筑则分为两个层面，一个层面是政治、法律等社会制度，另一个层面是"更高地悬浮于空中的意识形态的领域"，它包括宗教、哲学、艺术等。文学是一种审美的艺术，显然属于上层建筑中的意识形态部分。

> **小贴士**
>
> 与其他意识形态相比，文学具有一些特殊性。一般认为，马克思把理解和掌握世界的方式分成四种，分别是理论思维的方式、艺术精神的方式、宗教精神的方式和实践精神的方式，文学对社会生活的掌握，采取的是艺术精神的方式，其实质是对生活做出诗意的反映。

第二节　文学的学科归属

德国思想家威廉·狄尔泰根据认识对象的不同性质、特点，把人类的全部知识分成自然科学和人文学科两大类，肇始于西方的现代学科二分法框架就建立在狄尔泰知识二分法的基础之上。自然科学知识体系的建立源于人们对知识确定性的要求和对知识功利性的要求，它迎合了近代以来科学发展技术化的应用趋势，可以看作"知识就是力量"这种知识观影响下的结果。由于对知识确定性和功利性的要求，自然科学的学科性质和研究对象就得到了清晰的界定，相比之下，人文学科这种"与之对应的那种知识的形式就不那么明确了，人们甚至在给它起一个什么名字上都从来没有达成一致的意见。"它有时被称为文科（arts），有时被称为人文学科（humanities），有时被称为文学或美文学（belles-lettres），有时被称为哲学（philosophy），而在德文中被称为精神科学（Gei-

steswissenschaften）"。国内在 20 世纪 80 年代以后用人文社会科学统指哲学、历史、艺术、语言学、政治学、法学等诸多门类的知识体系，由于这些门类的知识体系在研究对象、研究方法和研究成果的性质方面都存在着自身的特点，这里我们采用"人文学科"的说法，以示与自然科学的区别。显然，文学的学科归属应当是人文学科。

一、自然科学与人文学科的差异

传统观点中一直存在着将自然科学与人文学科对立的二元论思路。自然科学被看作客观的，人文学科被看作非客观的；自然科学研究是一种"发现"的活动，人文学科研究是一种"创造"的活动；自然科学需要的是"说明"，人文学科需要的是"理解"；自然科学适用的是认识论，而人文学科适用的是解释学。美国哲学家罗蒂称这种思路为"精神—自然二分法"，人们习惯于在客观与主观、知识与意见、事实与价值、理性与非理性之间进行区别，在科学与人文之间制造对立。

当然，这种二分法的观点也不是没有道理，自然科学与人文学科之间确实存在着诸多方面的差异。

首先，自然科学与人文学科的差异，表现为研究对象的不同。

自然科学的研究对象是自然现象，既包括无机界也包括有机界的各种现象，既包括非生物界也包括生物界的生命现象。与人文学科交叉的地方在于，自然科学也可以把人作为研究对象，但是作为自然科学研究对象的人，必定是脱离了社会关系背景的人，是作为同类物种中没有任何生物性差异的一个生命个体，比如在生命科学和医学当中，我们研究的是人的生理构造和生理机能。作为自然科学研究对象的人，我们不考虑他高矮胖瘦、是帅是丑，也不考虑他的家世背景、是穷是富，不管他是一个叱咤风云的英雄，还是一个默默无闻的小人物，他只是作为生物样本呈现的一个个体，从自然科学的研究视角来看，人与人之间并没有什么不同。

人文学科研究的对象是与人、与社会相关的现象。作为人文学科研究对象的人，与自然科学研究的人不一样，这是以社会为背景的人，是处在与他人的社会关系之中的人。人文学科关注的是人的情感、心理、思维和行动，把握的是由人与人之间互动所构成的社会网络，考察的是由人的社会活动所构成的与人类个体和人类社会相关的历史。

文学是人文学科中独具特色的一个门类。如果说社会学、政治学、伦理学这一类的人文学科侧重于揭示通过人的群体行动所体现出的社会规律，那么，作为一门特殊的人文学科，文学更重视表现人物个体所具有的独特性的一面。作为文学表现对象的人，是具有独特的情感与经验的生命个体，每个人的生命都是不可复制的。作家一旦落笔，笔下人物就有了自己独特的性格，走向他们必然的命运。

法国作家福楼拜在写作《包法利夫人》的结局的时候，坐在地上伤心地痛哭了起来，朋友问他为什么哭，他伤心地说："包法利夫人死了。"朋友说："既然你不愿意包法利夫人死，可以把她写活嘛。"福楼拜却悲切地说："包法利夫人不得不死，没法写活呀！"福楼拜在写作中为什么不能改变包法利夫人的悲剧命运呢？因为这是作品中人物性格发展的必然性在起作用。英国理论家伊·鲍温在《小说家的技巧》中说："小说中的人物必须带着他们各自的必然性进入作品。当我们读到一篇故事的人物时,我们会感到这些人身上具有一些多半会把他们带到某种不可避免的命运、某种不可避免的结局的东西。如果这种必然性没有贯彻始终——如果作家强迫人物做出一些我们本能地感到他们不可能做的事,我认为这时我们都会感到小说的真实性出现了瑕疵。"

其次,自然科学与人文学科的差异表现为研究方法的不同。

德国学者狄尔泰说:"我们解释自然,我们理解精神生命。"他的这句话指出了自然科学与人文学科在研究方法上的一个重要区别:自然科学的"解释",实际上是解释自然现象、自然事件之间的因果关系;人文学科的"理解",则是一种体验,是对个人世界、社会生活和人类历史的体验,这种体验本质上也是一种解释,只不过与自然科学的解释不同。自然科学的解释是对自然现象的说明,具有明显的客观性;人文学科的解释则出自主体对社会现象的体验,具有强烈的主观性。

自然科学与人文学科在研究方法上的另一个区别在于:自然科学可以使用实验的方法,而人文学科却只能借助观察的方法。自然科学的研究对象是自然现象,大部分自然科学在进行研究时,可以设定条件,控制变量,使研究对象处于完全可控的实验条件下,通过调整预设条件和实验变量影响实验结果,经过反复实验和对比分析,从而得出十分客观的结论。人文学科的对象则是处在复杂社会关系中的人,是处在不可逆的时间历史中的人,无法像在自然科学中那样通过调整预设条件与实验变量来反复实验,因而只能用观察的方法来研究个体、社会与历史等社会现象,结合研究者的经验判断,带有极强主观性地做出推测性的解释。

以能否采用实验方法为分野,导致了自然科学与人文学科在研究方法上的又一个区别。由于可以采用实验的方法,自然科学研究所得出的结论是可检验的。结论是否正确完全可以通过实验的方式进行验证,比如说,氢气在空气中燃烧一定会生成水,无论让谁来做实验,做多少次实验,结果都不会有所不同。反之,如果进行同样的实验不能得出一致的结论,那就证伪了原来的结论,说明该结论不成立。人文学科不能采用实验的方法,因而其结论无法进行检验,也就是说,不具有可证伪性。不能证实其真,也无法证实其假,几乎所有人文学科的关键性命题都是无法像自然科学那样进行严格验证的假说,只能以自圆其说的方式自证,我们可以称之为"自洽",也就是说,人文学科的结论只需言之成理,得到常识认同即可。

> **小贴士**
> 在所有人文学科当中,文学艺术对"自洽"方法的依赖最为明显。

在对电影《金刚》进行文本解读时,有评论家认为,大猩猩金刚在帝国大厦之巅与飞机搏斗的画面具有时代性的象征意义:"金刚是蛮荒世界的强者,是自然力量最强大的体现,人类任何一个个体,在金刚面前都显得那么渺小无力;数百米高的帝国大厦与飞翔的飞机则分别代表了当时人类科技文明所能达到的历史高度,体现了人类的科技水平;自然力量最强大的代表——金刚,站在人类文明所能达到的高度——帝国大厦之巅,与体现人类最高科技水平的飞机进行了殊死的战斗,战斗的结果是金刚失败了,因

而，这一幕具有强烈的时代象征意义，反映了人类力量与自然力量对比的决定性转折，象征了人类科技文明对大自然的彻底征服。"

　　这种解读有没有道理？有一定道理。不过有趣的是，这部电影的导演在拍摄该幕画面时并没有想这么多，他只不过想要在当时世界上最高的大厦上拍一幕极具震撼力的画面以吸引观众的眼球。那么能不能说，导演并没有象征的意图，因而对这一象征意义的解读就是错误的呢？也不能这么说。读者从作品中体味出作者也未曾想到的意义层面，这种现象在文学艺术中本就屡见不鲜，只要读者的解读能够言之成理，自圆其说，就有存在的价值。

　　上面所谈的是"自洽"在文艺评论方面的体现，具体到文学艺术创作，"自洽"的作用就更为明显。以《爱丽丝漫游奇境》为例，小姑娘爱丽丝在田野里漫步，忽然发现一只小兔子，就追了上去。小兔子在前边跑呀跑，爱丽丝在后面追呀追。追着追着，小兔子忽然消失不见了，爱丽丝收不住脚，一下子掉进了兔子洞里。这里从常识来判断，明显是违背常理的，兔子洞这么小，小姑娘怎么可能掉进去呢？可是读者偏偏就接受了这个故事。为什么读者会接受呢？对于文学艺术作品，读者显然允许作者进行虚构，哪怕这种虚构的故事背景并不符合常理，甚至在现实中不可能发生。读者介意的只是在接下来的故事里，作者能否在设定的背景框架下自圆其说，讲出一个生动有趣的故事来。

　　最后，自然科学与人文学科的差异还表现为研究成果的性质不同。

　　自然科学的研究成果一般是客观的工具性知识，具有即刻的实用性，其应用效果可以进行较为精确的量化评估。人文学科的研究成果一般则是关于社会现象的解释，是具有主观价值立场倾向的意见，其社会效用难以量化，短时期内甚至无法确定其社会影响是好是坏。

　　自然科学研究得出的是客观化的知识，因而其成果具有确定性，在设定条件范围内，自然科学的结论是唯一的。人文学科则不是这样。人文学科研究的成果无论看上去多么客观，实质上都是暗含了价值立场的主观意见，因而不可能得到所有人的一致认同。于是针对同一社会现象，解释同一社会事实，就会出现不同学说和观点的争鸣，这就决定了，面对同一对象，人文学科的研究结论在很多时候是多样化的，缺乏唯一性和确定性。这样我们也就理解了，在文学阅读接受的过程中，为什么有一千个读者，就有一千个哈姆雷特，因为人文学科本来就是一种开放性的学科，其观点和结论在许多情况下都是可商榷、可提出异议的。而自然科学的结论具有客观性和确定性，因而其研究成果就具有普遍适用的特点，根据已知的事实，可以预测出必然出现的现象。人文学科的结论因为不具有客观性和确定性，所以顶多只能根据以往的经验，对可能出现的事情进行准确性不能得到保证的推测，人文学科的研究成果，更多是用来解释已经发生的事情，而不能预测将要发生的事情。

　　自然科学和人文学科都是人类文化的表现。自然科学体现了人与自然的关系，人文学科体现了人与人之间的关系。自然科学与人文学科之间确实存在着以上所述的多方面的差异，但是，自然科学和人文学科进行研究的最终目的都是服务人。虽然从研究内容上来看，自然科学研究的是自然界的各种现象和规律，但其终极目的还是扩展人的知识，用这些知识为人类服务。比如说，鸟类学对鸟而言没有任何意义，它的价值体现为对人类的功用。我们应当摒弃在各种知识之间建立等级秩序的诱惑，无论自然科学还是人文学科，在知识体系中的地位没有高低之分。自然科学追求的是"真"，人文学科追求的则是"善"和"美"。科学不是万能的，它有自身的边界。科学只做事实判断，不做价值追问，只考虑怎么做事，不考虑该不该做事、可不可以不做，后者则是人文学科需要考虑的问题。

二、文学的人文性

"人文"一词的含义比较复杂。

"人文"一词在中国最早见于《易·贲》："刚柔交错，天文也；文明以止，人文也。观乎天文，以察时变；观乎人文，以化成天下。"这里"人文"一词与"天文"对应，"天文"指的是日、月、星、辰等天体在宇宙中分布与运行的自然现象，"人文"指的是礼教文化等与人相关的社会现象。中国古代存在着一种神秘的"天人感应"思想，认为在"天文"与"人文"之间存在着某种内在的必然联系，天能干预人事，人亦能感应上天，天象的异动对应着人事的变化。

在西方文化语境中，"人文"的含义往往与"人性"和"人文主义"联系在一起。

"人性"（humanity）的拉丁语词源 humanitas 指的是理想人性的培育，包含强烈的礼仪、礼貌的含义，用于文明人同动物或野蛮人的区别，强调人的文明性和社会性。15 世纪末期，"人性"开始被用来与"神性"（divinity）进行区分，以强调人类的事情不同于神的事情。

"人文主义"（humanism）则是文艺复兴时期一个重要的文化思潮，被用于肯定人的价值，把人从宗教的贬抑和神学的束缚中解救出来，它崇仰人的理性，肯定人对现世幸福的追求。自 16 世纪初期以来，"人文主义"的广义用法被解释为人类的自我发展与自我完善。

> **小贴士**
>
> 无论在中国还是西方，"人文"一词的使用往往表示包含人的要素，与人类相关、与人的社会性相关。文学属于人文学科，以表现人、研究人为己任，文学最重要的特性就是人文性。

文学的人文性体现在文学是表现人性的。

汉语言文字是一种很有趣的象形文字。一人为"人"，二人为"从"。两个人在一起，就构成了某种关系：一者在前，一者在后；一者为主，一者为从；一为前驱，一为追随……至于二人以上，就是"众"字，构成了一个更为复杂的人际关系网络。文学中所表现的人，是处在社会关系中的人，他既有自然的欲望，也要受到社会关系和伦理行为规范的约束。人是一种群居的社会性生物，人的身上既有自然性，也有社会性，自然性和社会性都是人性的体现。文学对人性的表现，既表现人的自然性，也表现人的社会性，文学中所表现的人性，是在社会规范下所呈现的人的各种欲望，以及基于这些欲望所产生的各种情感形式。

人的自然性体现在，作为生物体的人，其基本的生命活动受到本能欲望的驱使。孔

子在《礼记》里讲:"饮食男女,人之大欲存焉。"这是孔子对人生最基本的需要的看法,是非常朴实的形而下的观点。饥则思饱,寒则求衣,衣食是个体生命延续所必需的物质需求;"关关雎鸠,在河之洲。窈窕淑女,君子好逑",异性之间的爱欲则是种族生命延续所必需的生理需求。就"饮食男女"所体现的物质需求与生理需求而言,人类在这方面与动物并无根本差异。

然而,人之为人,人之有别于动物的地方,在于人的社会性。孟子说:"人之所以异于禽兽者几希;庶民去之,君子存之。舜明于庶物,察于人伦,由仁义行,非行仁义也。"孟子的意思是说,人与禽兽之间的区别只有一点点,与一般人相比,君子能够更好地秉持。人与禽兽之间的这点区别是什么呢?孟子没有明说,但结合后面对舜的评价来看,指的应该是与仁义道德等有关的社会行为规范。

据《礼记·檀弓》所载:"齐大饥。黔敖为食于路,以待饿者而食之。有饿者蒙袂辑屦,贸贸然来。黔敖左奉食,右执饮,曰:'嗟!来食!'扬其目而视之,曰:'予唯不食嗟来之食,以至于斯也!'从而谢焉,终不食而死。"这里表现的是人的生理欲求与社会尊严的冲突,生,我所欲也,然而义不受辱,与其没有尊严地接受嗟来之食,还不如尊严地去死。与此相似的还有伯夷、叔齐的故事,据《史记·列传第一》载:"武王已平殷乱,天下宗周,而伯夷、叔齐耻之,义不食周粟,隐于首阳山,采薇而食之。及饿且死,作歌。其辞曰:'登彼西山兮,采其薇矣。以暴易暴兮,不知其非矣。神农、虞、夏忽焉没兮,我安适归矣?于嗟徂兮,命之衰矣!'遂饿死于首阳山。"这个故事比"嗟来之食"更令人震撼。伯夷、叔齐拒食周粟,绝食至死,不是因为个体的面子和自尊,而是为了遵从内心的道德法则。

爱情是人类最美好的情感之一,也是许多文学艺术作品表现的主题。在自然性的层面上,爱情体现为异性之间的爱欲,但如果仅仅表现这种原始的爱欲,就无法显现人与动物的区别,也就无法彰显爱情的纯洁与高尚。究其实质,爱情是人类的爱欲在社会伦理规范约束下的合理表达,是爱欲的社会化表现。在文学作品中,往往描写爱欲与道德的冲突,表现对社会伦理的尊重,通过对爱欲的克制,展现爱情的崇高或纯洁。

孔雀求偶的时候会展开它美丽的尾巴,用绚烂的羽毛赢得异性的青睐。然而,在求偶成功之后,孔雀不会拜天地,不会举行一场婚姻仪式以宣告天下。因为动物没有道德性,不必遵从社会行为规范。人类的爱情则不一样。《诗经》中有一篇《将仲子》:"将仲子兮,无逾我里,无折我树杞。岂敢爱之?畏我父母。仲可怀也,父母之言,亦可畏也。将仲子兮,无逾我墙,无折我树桑。岂敢爱之?畏我诸兄。仲可怀也,诸兄之言,亦可畏也。将仲子兮,无逾我园,无折我树檀。岂敢爱之?畏人之多言。仲可怀也,人之多言,亦可畏也。"诗中描写的正是年轻人在面对爱欲与社会伦理规范之间的冲突时的煎熬,最终还是道德自律占了上风。自律与克制是一种美德,诗中女子的情感,在自律与克制中得到了升华,格外显现出爱情的纯洁与珍贵。

人性不是永恒不变的,人性具有时代性。在不同的历史时期,理想人性的内涵会有所不同,在文学艺术作品中也会有不同的表现。

以爱情为例,中国古代的婚姻爱情观受到男权制思维的影响,对男女双方的要求极为不平等。这种不平等的爱情观,是封建道德伦理对女人的一场集体欺骗。在这种爱情观下,产生了神女峰的传说:据说楚王在出游中与巫山神女相会,一夕相处,神女便产生了永远忠贞于楚王的爱情,神女峰成了贞女不事二男的象征。对于一个命中注定永远也不会再回到自己身边的爱人,是否等待应当完全出自个人的自愿,从一而终、始终不渝的爱情当然是一种极为美好、崇高的人类情感,但是当它作为一种普遍应当遵循的伦理规范的时候,就成为窒息女性生命的虚伪的道德工具,缺乏对女性生命应有的尊重。现代女诗人舒婷在《神女峰》中对这种爱情观进行了尖锐的批判,她质疑是否应该"为眺望远天的杳鹤/而错过无数次春江月明",并且立场鲜明地表达了自己对待爱情的态度:"沿着江岸/金光菊和女贞子的洪流/正煽动新的背叛/与其在悬崖上展览千年/不如在爱人肩头痛哭一晚。"

> **小贴士**
>
> 文学的人文性不仅仅体现在对人性的表现,更重要之处在于,它体现为对人生终极问题的追问和反思。所谓终极问题,指的是与人的存在相关的各种基本问题。它包括人的自我认识问题:我是谁?我从哪里来,又到哪里去?也包括人的现实处境问题:人与人、人与自然、人与社会的关系。它还包括人生中超越性的一面,如人生价值、人生意义、精神追求等问题。

在人生终极的诸问题中,最重要的是生与死的问题,以及生活意义的问题。人的一切活动、情感和思想都以人的存在为前提,离开人的存在,一切关于人的问题也就失去了依附。文艺复兴时期,莎士比亚在《哈姆雷特》中提出了他对存在问题的思考:"活着还是死去,这是一个问题。"生或者是死,怎么就成了一个难以抉择的问题了呢?其实,孟子早在两千多年前就已经回答了这个问题:"生,亦我所欲,所欲有甚于生者,故不为苟得也;死,亦我所恶,所恶有甚于死者,故患有所不辟也。"(《孟子·告子上》)贪生畏死,人之常情,然而人生当中也有比生死更重要的东西,虽赴死而义不容辞。长篇小说《大秦帝国》中,商鞅为了实现变法的理想,使秦国的改革能够继续下去,毫不犹豫地付出自己的生命,以化解变法而造成的国内社会矛盾,那种"亦余心之所善兮,虽九死其犹未悔"的理想主义精神,超越生死,穿越时空,温暖着人类的历史。

始于第二次世界大战结束以后的长期和平,为社会长期稳定地发展创造了条件,在长达半个多世纪的时间里,我们远离了战争,远离了血与火。生与死,不再是普通人每天都必须关注的重大问题。然而,在和平、安逸而又富足的生活里,许多人面临着信仰失落的精神困境,在无止境的物欲追求中陷入物质主义和拜金主义的泥潭。文学通过对人生终极问题的关注,否定了实用主义与物质主义带来的弊端,引导人们思考人生意义问题,思考人应该怎样活着。

菲茨杰拉德在《了不起的盖茨比》中通过大人物盖茨比的悲剧揭示了金钱与物质并不能换来爱情,也不可能填补生活的空虚。奥斯特洛夫斯基则在《钢铁是怎样炼成的》中借主人公保尔之口说:"人最宝贵的东西是生命。生命对于我们只有一次。一个人的生命应当这样度过:当他回首往事的时候,不因虚度年华而悔恨,也不因碌碌无为而羞愧——这样,在临死的时候,他能够说:'我整个的生命和全部精力,都已献给世界上

最壮丽的事业——为人类的解放而斗争。'"其实，文学对人生终极问题的关注，其意义并不在于给我们指出一条确定的人生道路，或者提供一个明确的人生目标，其意义在于提醒我们：人生应该有一个目标！其意义在于提醒我们思考自己人生中真正重要的东西是什么。文学对人生终极问题的表现，可以给人带来一种超越性的眼光，使生活有一个更高的方向和定位，使人们更多地关注自己的精神家园。

三、文学的价值

价值反映的是客体能够满足主体需要的性质，价值是一种关系范畴，必须在事物之间的联系中把握。讨论文学的价值，就是要考察文学能够在哪些方面满足人与社会的需要，在哪些方面对人与社会有用。

德国古典哲学家康德著有《纯粹理性批判》《实践理性批判》和《判断力批判》，世称"三大批判"，分别表达了真、善、美的价值理念。在认识方面，人类追求的是真；在实践方面，追求的是善；在审美方面，追求的是美。许多文学家和艺术家都把真、善、美作为文艺价值的体现。鲁迅曾经高度评价卢那察尔斯基关于艺术的观点，认同"真善美之合一"。当代著名艺术家赵丹也曾说："艺术家在任何时候，都要给人以美、以真、以幸福。"

"真"是认识论的追求。文学活动包括文学创作和文学接受过程，在这两个逆向的精神活动中，都体现了人对世界的认知。文学反映论把文学看作对现实生活的反映，把文学作品比作镜子，在镜子中映现的就是社会生活的镜像。塞缪尔·约翰逊把如实反映社会生活作为对文学艺术的至高评价，他说："莎士比亚应该受到这样的称赞：他的戏剧是生活的镜子。"恩格斯之所以把巴尔扎克誉为"比过去、现在和未来的一切作家都要伟大得多的现实主义大师"，是因为巴尔扎克能够把小说写成百科全书，真实地反映当时的社会生活，"在《人间喜剧》里给我们提供了一部法国'社会'特别是巴黎'上流社会'的卓越的现实主义历史，……我从这里，甚至在经济细节方面（如革命以后动产和不动产的重新分配）所学到的东西，也要比从当时所有职业的历史学家、经济学家和统计学家那里学到的全部东西还要多"。

> **小贴士**
>
> 在文学创作中，曾经一度出现对科学认识事物方式的模仿。作为自然主义文学理论的倡导者，法国作家左拉强调，作家应当用自然科学那样的实验方法来进行写作，追求描写的客观性和真实性，从生理学、人类学和社会学的角度去理解小说人物的行动。他说："如果实验方法可以获得物质生活的知识，它也应当获得感情生活和智力生活的知识。"自然主义文学把这种理论应用在文学创作中，力图事无巨细地描绘现实，然而却给人一种照相式如实记录生活的刻板印象。左拉的错误在于，他忽视了文学艺术的独特性，文学反映世界的方式与科学认识世界的方式是不一样的。

自然科学的认识对象是自然现象，而文学的认识对象则是社会现象。文学反映的是

第一章 文学的概论

人与自然的关系、人与人的关系、人与社会的关系，展现的主要是与人相关的情感以及社会生活。由于认识的对象不同，文学与科学在认识世界的方式上有着根本性的差异，以不同的方式发挥认识作用。科学要求客观真实，而文学则追求艺术真实。文学对世界的反映是一种形象化的反映，是用感性的艺术形式来体现社会生活，这就导致了文学所追求的真实是一种主观真实和艺术真实，文学不仅描写生活中已经发生的事，还表现生活中可能发生的事，不仅反映社会生活的现实性，还揭示社会生活的必然性。正是在这个意义上，英国诗人华兹华斯说："诗的目的是真理，不是个别的和局部的真理，而是普遍的和有效的真理。"因为文学最终要揭示的是社会生活的普遍性和必然性，而不是具有偶然性的社会事实，因而文学允许虚构，也就是鲁迅所说的，艺术可以"假中见真"。通过虚构出来的艺术形象和故事，反映某些社会本质和一般性的社会规律。

文学的价值不仅体现在对社会的认识方面，还体现在人类的社会实践方面。实践领域的价值评判标准是"善"，就个人行为而言，"善"的评价落实为个人品质的"好"与"坏"；就社会行动而言，"善"的体现则是效用。自古至今，无数的文学家、思想家一直都很重视文学的社会作用。

孔子说："不学诗，无以言。"说的是文学的社会教育作用。在孔子生活的时代，善于利用诗歌来巧妙地表达自己的意思是一种具有较高人文素养的表现，在某种意义上还是贵族身份的标志。通过对《诗经》的学习，可以提高人的文化素养，在处事交往中得体地应对。五四时期，鲁迅弃医从文，是因为他觉得国民徒有身体的健全无济于事，要想改变国家的苦难命运，须得借助文学的启蒙，以教育国民、开启民智。即便在现代社会中，文学教育仍然被视为人文素质教育的重要组成部分。文学的教育作用还表现为道德上的教化，作家有自己的价值立场和价值取向，在文学作品中，作家或者对作品人物进行直接的道德评价，或者隐蔽地通过作品人物的命运进行暗示，使读者在潜移默化中接受道德的洗礼，升华情感，涤荡灵魂。

孔子曾经说："诗，可以兴，可以观，可以群，可以怨。迩之事父，远之事君。""兴、观、群、怨"中的"群"，孔安国的解释是"群居相切磋"，朱熹的注解是"和而不流"，大致可以把"群"理解为社会交往和处理社会关系，其至高境界是和而不同。在与他人进行社会交往时，文学可以起到促进交流、加深沟通的作用。"观"和"怨"对应的则是文学的政治作用。"观"是执政者"观风俗之盛衰"，以考鉴为政的得失；"怨"则是"怨刺上政"，即文学可以作为民情上达的舆论工具，用来批评时政，表达民意。

> **小贴士**
>
> 鲁迅说："文艺是国民精神所发的火光，同时也是引导国民精神前进的灯火。"在特定的历史时期，文学甚至会产生推动社会变革的作用。斯托夫人在1852年出版了《汤姆叔叔的小屋》，通过讲述黑奴汤姆叔叔的悲惨故事，深刻地揭露了奴隶制度的残酷本质，这部小说当年就卖出了30万册，产生了很大的社会影响，在一定程度上推动了当时美国的废奴运动和南北战争。据说总统林肯在会见斯托夫人的时候赞誉有加，称她是引发了一场大战的小妇人。

文学在客观上确实具备某些社会作用，不过，文学往往通过作用于人的情感和思想，间接激发人的行动，从而产生效果与影响，从作者的角度来看，并不一定有直接干预社会生活的意识。文学活动有其自身的规律，极端强调文学的社会作用可能给文学本身带来灾难性的后果。历史经验告诉我们，文学首先是一种审美的艺术，作为一种社会存在，文学当然会对社会产生实质性的影响，产生可以观察得到的实际作用，但这一切，都必须以尊重文学的独立性为前提。在审美方面，文学的价值表现为"美"。其实完全可以说，文学最首要的价值就是"美"，认识作用和社会作用只是文学本身的附加价值，文学存在的意义首先在于它的审美价值，不管对社会的反映如何真实，也不管有多大的社会价值，一部作品如果没有审美性、缺乏艺术的感染力，那就根本算不上文学作品。

席勒是德国文学"狂飙突进运动"的代表人物，他认为文学源于人的游戏冲动。席勒所说的"游戏"，其含义的侧重点在于游戏本身的无功利性，在于无目的的合目的性，其意义等同于"审美"。根据席勒的观点，人性分为感性与理性两个方面，与之相应的分别是人的感性冲动与形式冲动，当感性冲动与形式冲动同时发生作用时，就出现了游戏冲动，游戏冲动是感性冲动与形式冲动的和谐统一。席勒认为，现代科技分工和社会制度造成了感性与理性的分裂，只有通过审美或游戏使二者重新统一，才能重建人性的完善与和谐，使人性复归。

对审美价值的过度张扬导致了"唯美主义"的艺术主张。唯美主义者认为艺术的使命在于为人类提供感观上的愉悦，他们否定马修·阿诺德"艺术是承载道德的实用之物"的功利主义观点，认为"美"才是艺术的本质，艺术有独立的生命，正如思想有独立的生命一样。20世纪30年代，后期象征派诗人瓦莱里还提出，诗歌艺术的目的在于艺术审美本身，而不在于任何其他作用，所以他认为"一句诗并没有别人强加于它的意义"。在唯美主义登峰造极之时，甚至有人主张用艺术的审美价值来改造社会，实现日常生活的艺术化和审美化。后来的法兰克福学派也有类似的观点，马尔库塞就把人性自由与解放的希望寄托于审美之维度，寄托于文学艺术。

文学之美通过作家的创作得以展现，又经过读者的接受才得以实现，文学的审美价值体现为读者在阅读作品时所产生的精神上的愉悦与满足。真正具有艺术性的作品，是形式上的美与内容上的善完美结合的作品，它关注人的内心，展现人的精神世界，因而能够超越日常生活的庸俗与琐碎，使脆弱的灵魂受到洗礼和升华，从而保证人类在大地上诗意地栖居。

思考题

1. 文学以语言为媒介，与其他艺术相比，具有哪些特点？
2. 如何理解文学的审美属性和审美价值？
3. 文学作为一门人文学科的特点是什么？
4. 中国古代的文学观念经历了怎样的历史发展？

第二章 文学发展论

1. 了解文学与社会生活的矛盾运动；
2. 理解文学创作与接受的矛盾运动；
3. 掌握文学创作中创新与继承的矛盾运动。

第一节 文学与社会生活的矛盾运动

一、文艺的起源与原始人的社会生活

（一）对文艺起源问题的几种代表性观点的简要述评

一切种类和形态的文学艺术活动，到底是怎样起源的？要解释这个问题，仅仅着眼于文学或者艺术本身是说不清楚的，只能从分析原始文艺与原始人的社会生活的关系入手。

几千年以来，人们围绕着这个关系，进行了种种有意义的设想和探讨。其中具有代表性的有下列几种观点：

（1）摹仿说。

这是一种认为原始文艺起源于原始人对自然的摹仿的观点。这种观点开始是由古希腊哲学家德谟克利特提出来的。他说："在许多重要的事情上，我们是摹仿禽兽，做禽兽的小学生的。从蜘蛛那里我们学会织布和缝补；从燕子那里学会了造房子；从天鹅和黄莺等歌唱的鸟那里学会了唱歌。"以后，亚里士多德对此又做了进一步的发挥，他说："人从孩提的时候就有摹仿的本能（人和禽兽的区别之一，就在于人最善于摹仿，他们最初的知识就是从摹仿得来的），人对于摹仿的作品总是有快感，经验证明了这样一点，事实本身看上去尽管引起痛感，但惟妙惟肖的图像看上去却能引起我们的快感，例如尸首或最可鄙的动物形象。"这就是所谓的摹仿说。作为西方文艺理论中一种古老而且具有长久影响力的观点，文艺复兴时期提出的镜子论，以及近现代流行的反映论，都和摹仿说有着很深的渊源关系。从至今残存的史前艺术遗迹中确实可以发现许多摹仿自然的形象。然而，并非所有史前艺术，如音乐、舞蹈等，都能用摹仿说来加以解释。由此说明，将原始艺术的起源一概归之于摹仿，显然是片面的。

（2）游戏说。

这是一种认为原始文艺起源于原始人在精力过剩时的游戏冲动的观点。这种观点最

早可以追溯到康德，但明确提出和系统阐述这一观点的是席勒和斯宾塞，所以，文艺起源的游戏说又被称为"席勒—斯宾塞理论"。康德在《判断力批判》一书里认为，文学艺术和一切审美活动，都是自由的、非功利的。席勒从康德的这一观点出发，在《审美教育书简》中，以动物作比，说明诸如狮子的呼啸、昆虫的飞翔等，都是因为精力过剩的游戏冲动。而人一旦精力过剩，想象、追求的是审美的游戏，即艺术。在席勒看来，游戏作为自由的活动，其本身既是目的，又是手段。下面的一番话可以被当作席勒游戏说的集中表述，他说："在令人恐怖的（自然）力量世界之中以及在神圣的法律世界之中，审美的创造形象的冲动在暗地里建立起一个第三种快乐的游戏和形状的世界，把人从一切可以叫作强迫的东西（无论是物质的还是精神的强迫）中解放出来。"斯宾塞在1873年出版的《心理学原理》一书里，对席勒的上述观点做了进一步的发挥。他以为，低等动物必须把精力全部用于维持和延续生命所需要的活动上，而在高等动物特别是人类那里，由于有了较好的条件，在完成维持和延续生命的活动之外，还有剩余的精力。游戏和艺术，就是这种过剩精力的发泄。这就是所谓的游戏说。与摹仿说一样，游戏说在后世也有广泛的影响。例如，在唯美主义以及为艺术而艺术的思潮中，我们不难找到游戏说的影子。游戏说的观点有较大的合理性，特别是用以解释一些原始歌舞时，其合理性更为明显。但由于此种观点仅仅从生理学的角度去看待文艺的发生，无视影响文艺的社会根源，便不能不带有某种弊端。

（3）巫术说。

这是一种认为原始文艺起源于原始人的巫术活动的观点。英国人类学家泰勒是这一观点的提出者。泰勒在《原始文化》中指出，野蛮人的世界观建立于万物有灵论和巫术信仰的基础上，他们"给一切现象凭空加上无所不在的人格化的神灵的任性作用"，包括原始艺术在内的整个原始文化都受制于这种巫术信仰的世界观。

> **小贴士**
>
> 法国文化史学家雷纳克借鉴了泰勒等的理论观点，在研究欧洲旧石器时代原始艺术的过程中，将巫术说运用于艺术起源的探讨，认为史前人描绘动物或戴动物的面具跳舞，是要通过巫术对动物施展魔法，以保证狩猎活动取得成功。这就是所谓的巫术说。史前动物壁画的研究表明，原始艺术确实与巫术有着不解之缘。但是巫术说因为忽视艺术中的理智和情感因素，而备受非议。

（4）情感表现说。

这是一种认为原始文艺起源于原始人情感的表现和传达活动的观点。19世纪以来，随着各种心理学派的兴起，人们更多地从情感的角度来解释文艺的起源问题。其中，数英国浪漫派诗人和俄国作家列夫·托尔斯泰的观点最为明确。例如华兹华斯把诗定义为"强烈情感的自然流露"；柯勒律治称诗是"人的全部思想、热情、情绪、语言的花朵和芳香"；列夫·托尔斯泰说"艺术起源于一个人为了要把自己体验过的感情传达给别人，于是在自己的心里重新唤起这种感情，并用某种外在的标志表达出来"。这就是所谓的"情感表现说"。这种观点强调情感和心灵因素在文艺发生过程中的作用，无疑是可取的。但由于它把情感和心灵视为决定文艺起源的唯一因素,在否定其他心理因素的重要性的同时,也抹杀了自然和社会的客观因素在其中所起的作用,这样,也就使自己的理论陷入了片面性之中。

(5) 劳动说。

这是一种认为原始文艺起源于原始人的生产劳动的观点。恩格斯在《劳动在从猿到人转变过程中的作用》一文里,关于人类社会生活的起源,提出了劳动创造了人和人的世界的科学论断。恩格斯说:"首先是劳动,然后是语言和劳动一起,成了两个最主要的推动力,在它们的影响下,猿的脑髓就逐渐地变成人的脑髓……在脑髓进一步发展的同时,它的最密切的工具,即感觉器官,也进一步发展起来了。"只是由于劳动,由于总是要去适应新的动作,由于这样所引起的肌肉、韧带以及经过更长的时间引起的骨骼的特殊发育遗传下来,而且由于这些遗传下来的灵巧性不断以新的方式应用于新的越来越复杂的动作,人的手才达到这样高度的完善,以致像施魔法一样产生了拉斐尔的绘画、托瓦森的雕刻和帕格尼尼的音乐。

在此,恩格斯着重强调了以下几点:①劳动创造了人;②劳动创造了人的语言、人的大脑和人的感觉器官;③劳动创造了人的手,并以其灵巧性、复杂性及完善性创造了各式各样的艺术。在恩格斯科学论断的启迪下,普列汉诺夫在《没有地址的信》一书里,根据考古学和人类学所提供的大量资料,做出了艺术起源于劳动的具体论证。他认为,最初的艺术是劳动的产物,有着明显的功利目的。原始艺术是适应劳动的需要并在劳动实践过程中产生的,与原始人的劳动生活和生产斗争密不可分地联系在一起。鲁迅吸收了恩格斯和普列汉诺夫的观点,其《门外文谈》一文,就诗歌起源于劳动问题,以原始人抬木头需要有一个人出来叫号子为喻,进行了通俗而又形象的"杭育杭育派"的联想和推论。这就是所谓的劳动说。

恩格斯、普列汉诺夫和鲁迅的这一观点,可以从留存下来的原始文艺资料中得到验证。首先从内容看,原始文艺不外乎是关于生产劳动的场面、过程以及动作等的直接描写和关于生产劳动者在想象中征服自然与支配自然的表现。前者如我国古代的《弹歌》,记录的便是原始人从"断竹,续竹"到"飞土,逐肉"的完整的狩猎过程;后者如收藏在《山海经》《淮南子》中的羿射九日、精卫填海、女娲补天等我国古代神话,表现的是原始人战胜大自然的幻想。其次从形式看,原始文艺因为与原始人的生产劳动直接相关,常常是歌谣、舞蹈和音乐三位一体。

> **小贴士**
>
> 《吕氏春秋·古乐篇》载:"昔葛天氏之乐,三人操牛尾,投足以歌八阕。"就是指原始文艺中歌、舞、乐三者不分这种情况。其中歌谣来自人在生产劳动时的呼喊,舞蹈来自人在生产劳动时的动作,音乐来自人在生产劳动时由碰撞发出的声响。而把这三者用纽带紧紧地连接成一体的,恰恰是人在生产劳动时的那种强烈而且鲜明的节奏感。

从以上几方面看,艺术的起源确实与劳动有着至为密切的关系。然而,最早的艺术创作如何由功利转向审美？其心理结构如何转换？其精神动力来自何处？它们所需要的表现形式和传达手段等又何以形成？凡此种种，如果离开了摹仿、游戏、巫术和情感表现等多种角度的综合考察，单靠劳动说，显然难以做出令人信服的说明。

（二）文艺起源于原始人以劳动为基点的精神生活

以上所论列的几种文艺起源观，就各自所强调的每个局部看，都不无其合理成分，但要用它们当中的不论哪一个观点，单独地去阐释文艺起源问题，好像又缺乏充分的理据。正因此，我们能否用更具包容性的眼光，以劳动说为主导，将各种文艺起源观囊括在一起，既看到它们互斥的一面，更看到它们互补的一面，从而建立起一种一元论与多元论相统一的、新的文艺起源观呢？我们认为这是可行的。

这种新的文艺起源观，如果用一句话加以表达，那便是：文艺起源于原始人以劳动为基点的精神生活。对此，我们可以分三个层面加以讨论。鉴于史前文化和考古资料极其有限，我们的讨论更多地不能以实证，而只能以学理的推论来进行。

第一，文艺起源于原始人的社会生活。原始文艺，不管是诗歌、音乐、舞蹈，还是后起的绘画等，它们都是在刚刚完成了由猿到人的转化的原始人的社会生活中孕育并产生出来的；其产生的需要与可能性，包括采用的素材、创作冲动及表现欲，都是由原始人的社会生活提供的；其产生之初和之后，都是作为原始人的社会生活（主要是原始人的精神生活）的一部分而存在的。所以，在最宽泛的意义上，亦即强调社会生活是文艺的本源的意义上，可以说，文艺起源于原始人的社会生活。

第二，文艺起源于原始人以劳动为基点的社会生活。原始人限于其所处的恶劣的自然环境及低下的生产力水平，只能把他们的绝大部分精力投放在诸如渔猎、采摘和农耕之类的生产劳动当中。劳动虽然不能算作其社会生活的全部，但起码是主要的内容。原始人的物质生活，整个围绕着劳动而展开；其有限的精神生活，例如巫术活动、游戏活动、摹仿活动和情感表现活动等，也都是以对劳动的认知、体验和想象为主题，与劳动紧紧地联系在一起的。所以，在较为狭窄，也较为具体的意义上，亦即强调劳动之于原始人的社会生活的极端重要性的意义上，可以说，文艺起源于原始人以劳动为基点的社会生活。

第三，文艺起源于原始人以劳动为基点的精神生活。如前所述，文艺不论在什么时候，都是一种精神现象。它所反映的社会生活，主要是人的精神生活；即便涉及物质生活，也是具有丰富精神内涵的、充分精神化的物质生活。而劳动在原始人的社会生活中，虽然居于基础性的地位，但它作为物质生活，同作为精神生活的一部分的文艺之间，毕竟没有直接的关联。因此，仅仅用劳动说是不能说明文艺起源问题的。最初始的原始先民，因为刚刚由类人猿转化而来，尽管他们已有一定的精神生活（如果没有精神生活，就不成其为人类），但那种精神生活，还谈不到领域和门类的分工，基本是混沌成一团的。后来，随着生产力水平以及整个物质生活水平的提高，有了一定数量的剩余产品，原始人的精神生活便渐渐地丰富起来了。例如摹仿活动，使原始人对自己的劳动以及整个社会生活有了记忆和回味；巫术活动，使原始人有了万物有灵的想象；游戏活动,使原始人在产品和精力多少有些剩余之后,有了从功利走向审美的可能;情感表现活动,使原始人有了把郁积在心胸中的情感加以宣泄的机会。虽说原始人精神生活的这些方方面面,无论是哪个方面都未能单独地创生原始文艺,但它们所构成的精神生活的整体,却在劳动的基点上,共同为原始文艺的孕育创造了条件。英国学者李斯托威尔说:"游戏、性欲、饥渴、战争、魔术仪式、日常劳动、生产方式、思想与事件的传达和纪念,这一切都在或大或小的程度上对艺术活动的发展做出了贡献,并给它的产品打上了不可磨灭的印记。"这段话听来有不分主次平行罗列之嫌,但在主张文艺起源的多元共生这一点上,亦并非全无道理。总之,正是上述精神生活开始丰富起来的方方面面,在使原始人进一步人化的同时,也使其原本混沌一团的社会意识整体,开始有了最简单,也最初始的分工。要说文艺起源,其起源就应该确定在精神生活各领域的分工之初。

> **小贴士**
>
> 苏联文艺学家波斯彼洛夫的《文学原理》一书,在论及文艺起源时,所持的便正是这样的观点:"社会意识的这种划分并不是历来就存在的,而是在社会历史发展的较晚的时期,即从原始氏族制度向阶级的国家制度转变时期产生的。在这个转折时期社会物质关系急剧地复杂化了,新的物质关系为了确立自己的存在而要求对社会意识进行新的分类和区分。""正是在这个过程中,艺术就从其他社会意识中分离出来,成为精神文化的一个特殊领域。"

波斯彼洛夫把刚刚"从其他社会意识中分离出来",即我们所谓从精神生活的其他领域分离出来的文艺称作"前艺术"。这种"前艺术",准确地说,就是处在起源状态的、诗乐舞三位一体的原始文艺。基于此,所以,在相对严格的意义上,亦即在强调文艺起源应该以精神生活的分工为前提的意义上,可以说,文艺起源于原始人以劳动为基点的精神生活。

二、文学的发展与社会生活的发展

以上,我们通过对原始文艺和原始人的社会生活关系的分析,讨论了文艺的起源问题,这对于考察文学发展过程,仅只是一个起点。接下来,为了论证文学的发展问题,我们还须从这个起点出发,继续对文学发展和社会生活发展的关系做出分析。

(一)关于文学发展的概念

在进入具体的分析之前,有必要就文学发展的概念,从内涵到外延做一些辨析。发展作为在纵向的时间维度上动态地展开的一个概念,它要通过现在和过去的比较,表明事物在这一时间段内所发生的,从无到有、从小到大、从低级到高级、从简单到复杂的种种变化。具体到文学发展问题上,情况亦是如此。所谓文学的发展,也是指拿现在与过去相比,文学在一个特定的时间段内所发生的,从无到有、从小到大、从低级到高级、从简单到复杂的种种变化。

文学的本体在于作品，因此，讲文学的发展变化，当然主要是指文学作品的内容和形式的发展变化。但除此之外，诸如文学的体裁与惯例的发展变化，文学观念、文学思潮与文学流派等的发展变化，照例也应纳入文学发展这一概念的外延之中。

> **小贴士**
>
> 20世纪，在世界范围内流行的形式主义的几个文学理论流派，例如俄国形式主义、英美新批评、捷克和法国结构主义等，基于其对文学发展的形式主义理解，往往将文学作品之外的种种文学现象，如文学观念、文学思潮、文学流派等的发展变化，甚至将文学作品内容因素的发展变化，都不列入考察的范围，而仅仅将文学的发展归结为文学语言及其他形式因素的发展变化。这显然是不可取的。我们按照以上对文学发展概念的界定，在讨论文学发展问题时，将更多侧重于文学作品内容和形式的发展变化方面，如有必要，也将适当顾及由文学作品的发展变化而引起的其他种种文学现象的发展变化。

（二）社会生活发展是文学发展的客观基础

拿原始文艺与现当代文学加以宏观比较，作品的内容和形式已有了类似于从原始人到现当代人那样大的变化。看内容，从开始的较为简单、浅显，变得日趋复杂、深刻；看形式，从开始的较为粗糙、单一，变得日趋精致、多样。伴随着文学作品内容和形式的上述变化，一个个文学体裁与相应的文学惯例从无到有地诞生了，一种种文学观念从不自觉到自觉地形成了，一股股文学思潮以及一串串文学流派从小到大、从幕后到台前地发展并壮大了。这一切，恰如上升的螺旋、前进的波浪，构成了无比壮观的文学发展的过程。

究竟是什么力量造成了文学的发展呢？在这个问题上，历来存在着两种见解。唯心主义者认为，文学发展的原动力在于"绝对精神"或者"理念"的自我运动，如黑格尔就是这样看待问题的。而唯物主义者则把文学的发展与社会生活的发展联系在了一起。如刘勰在《文心雕龙》中，通过对以往文学史的论述，就得出了"文变染乎世情，兴废系乎时序""歌谣文理，与世推移"的结论。

应当说，像刘勰这样力图从社会生活方面寻找文学发展的根源，大方向是对头的。但他们终因历史条件的限制，无从把握社会生活及其与文学的矛盾运动的整个规律，所以，也就只能泛泛地指出文学"与世推移"的事实，而不能再突进一层，阐明文学为什么会"与世推移"，以及怎样"与世推移"的道理。

真正从本质上揭示文学发展的社会生活根源，并且把文学发展纳入社会生活过程的，是历史唯物主义学说的伟大奠基人马克思和恩格斯。马克思说：

"随着经济基础的变更，全部庞大的上层建筑也或慢或快地发生变革……我们判断一个人不能以他对自己的看法为根据，同样，我们判断这样一个变革时代也不能以它的意识为根据；相反，这个意识必须从物质生活的矛盾中，从社会生产力和生产关系之间的现存冲突中去解释。"恩格斯就此也说得非常明确:"人们首先必须吃、喝、住、穿,然后才能从事政治、科学、艺术、宗教等等;所以,直接的物质的生活资料的生产,因而一个民族或一个时代的一定的经济发展阶段,便构成为基础,人们的国家制度、法的观点、艺术以至宗教观念,就是从这个基础上发展起来的,因而,也必须由这个基础来解释,而不是像过去那样做得相反。"

马克思和恩格斯的历史唯物主义学说为我们提供了研讨文学发展过程的指南。文学作品的内容和形式,为什么会发生从简单到复杂、从浅显到深刻、从粗糙到精致、从单一到多样的种种变化?文学体裁与文学惯例、文学观念、文学思潮及文学流派等,为什么会发生一波未平、一波又起的种种变更?这个问题的最终答案,显然不能像唯心主义者那样,仅仅到文学自身,或者到与文学相邻近的社会意识和上层建筑领域去寻找,而只能如马克思、恩格斯所言,到由生产力和生产关系、经济基础和上层建筑的矛盾运动造成的社会生活的发展中去寻找。正是社会生活的发展,才使文学有了新的反映对象,有了发展的可能,有了新的服务对象,有了发展的需要。然后,立足于可能,着眼于需要,这才使文学作品的内容和形式发生由一个时代到另一个时代的种种变化,也才使文学体裁与文学惯例、文学观念、文学思潮以及文学流派等发生由一个时代到另一个时代的种种变更。

(三)文学随社会生活的发展而发展

以上我们依据历史唯物主义的基本原理,说社会生活的发展是文学发展的客观基础,作为理论的思辨和推断,这一点还须得到文学发展史的实证。

(1)社会生活的发展为文学作品的创新提供了必要性与可能性。

先拿文学作品的内容来说。人类从原始社会步入奴隶社会,经济基础以及整个社会生活发生急转直下的变革,文学作品的内容也相应由清一色地反映生产劳动,变为越来越多地揭露阶级剥削和阶级压迫。这一点,在我国第一部诗歌总集《诗经》中体现得非常清晰。到了封建社会,随着经济生活和社会生活的变革,文学作品的内容又有了新的变化。高尔基在谈到西欧中世纪文学时曾说:"王子与公主的神奇历险、骑士与英雄的无数战绩——这一类永无结局的故事,便一篇接着一篇出现了,构成那个时代的诗文的全部内容。而进入资本主义以后,社会经济、政治状况又是一变,我们在文学作品中看到,工厂主、银行家、高利贷者以及窃贼和骗子等相继登场,取代旧日的王子、公主、英雄、骑士而成为新的主人公。"在改革开放40多年后的今天,社会生活发生了前所未有的巨大变化,新兴的职业层出不穷,发生在这些新兴职业者身边的故事,又成了给文学作品内容提供创意的新的社会生活源泉。

再看文学作品的形式,其变化的脉络也大致相仿。在物质生活与精神生活都比较贫乏的古代,文学作品的形式往往比较单一。随着生产力的发展,社会的生产和需求日益丰富。原先单一的形式再难以适应变化了的反映对象和服务对象,于是,各种各样的语言及其表达手段、方式和技巧等便应运而生。

> **小贴士**
>
> 以中国古代文学为例，《诗经》作为我国第一部诗歌总集，它以四言诗为主，与春秋时期的社会生活大体相适应，而传至后世，不免令人有严整有余而变化不足之感。于是，到了战国时代，就产生了长短句穿插其间的《楚辞》。五四运动之前社会政治与文化的大变革，促成了用白话取代文言作为标志的新文学运动。至于"朦胧诗""意识流小说"等，它们的内容受社会生活变动的影响先不去讨论，单就其形式和技巧而论，如果离开整个社会生活自20世纪80年代起的大开放，离开西方文学，尤其是西方现代派文学如潮水般的涌入，也是根本说不清楚的。

（2）社会生活的发展推动了文学体裁与文学惯例的大幅度更新。

这一点在上文讨论文学作品形式的与时俱进时已有涉及。例如，从《诗经》的四言体到《楚辞》的杂言体，既是形式的变化，也是体裁的更新。这里，重点讲述以律诗和绝句为代表的古代格律诗在唐朝的最终形成。如果追溯其源流，古代格律诗早在六朝齐梁间，就已由沈约等通过永明体做了实践和理论方面的大量探索，但其作为一种体裁的完全成熟和广泛流行，却是在两三百年之后的盛唐时期。这是为什么呢？其中的原因很多，一个非常重要的原因是，唐代结束了自东汉末年开始的长达五六百年的社会大分裂、大动荡局面，到盛唐真正形成了社会政治、经济和文化的大一统，从而使封建统治达到了它的巅峰状态。这种社会的大一统，在盛唐时期，通过其政治观念、经济观念和文化观念，转化为一种以大一统为美的审美观念，然后折射到人们对诗歌体裁与诗歌惯例的期待视野里。于是，在沈约等人大量探索的基础上，五七言律诗和五七言绝句作为内容与形式完美统一的古代格律诗，才在王维、李白、杜甫等一代大师手里真正得以定型。

（3）社会生活的发展造成了文学观念从不自觉到自觉的转化。

所谓文学观念，指人们对文学本身的认识。因为文学是以文学作品的方式存在的，而文学作品又是以文学体裁的方式存在的，所以，文学观念从不自觉到自觉的转化，其关键在于人们心目中的文体意识的独立。孔子在《论语·先进》中讲："文学：子游、子夏"，其中"文学"二字，泛指一切见诸竹帛的文字典籍。这也就是说，在孔子时代，还没有独立的文体意识，因而，也就没有专门意义上的文学观念。到《庄子》《荀子》，通过对"六经"(《诗》《书》《礼》《乐》《易》《春秋》)的初步辨析，文体意识已开始在一片混沌中萌芽。两汉的"文学之分"，主张把文章与学术区别开来，这时有了文章作为杂文学的文体意识。但由于这个文章是包括诗词歌赋在内的各种杂文学的总汇，文体意识还远远没有独立，因此，文学观念仍处在不自觉的状态中。之所以如此，自然首先是文学自身还未充分发展的原因，但也和秦汉时代主流意识形态对文学的压制，尤其是汉武帝"罢黜百家，独尊儒术"的文化政策，以及把文学看作经学的附庸有莫大的关系。魏晋六朝是文体意识从不独立到独立、文学观念从不自觉到自觉的一个关键时期。鲁迅说，曹丕"反对当时那些寓训勉于诗赋的见解，用近代的文学眼光看来，曹丕的一个时代可说是'文学的自觉时代'，或如近代所说是为艺术而艺术的一派"。其他如陆机提倡"诗缘情而绮靡"、钟嵘强调"滋味",以及刘勰等开展"文笔之辨"。在文体意识逐渐趋于独立的同时,文学观念也慢慢走向了自觉。这当中除了文学自身的发展以外,还有一个极重要的原因:自东汉末年出现的分裂和动荡,打破了儒家思想的一统天下,意识形态控制的放松,为文体意识的独立,进而也为文学观念的自觉创造了条件。

(4) 社会生活的发展,特别是社会思潮的变动引发了文学思潮以及文学流派的更迭和变化。

文学思潮是指在特定的时空范围内兴起的文学观念运动,它往往体现了某个民族或某个大区域在某个时期的文学的主要潮流。文学思潮是文学自身演进和变化的结果,但同时也是社会生活的发展,以及由此而兴起的特定的社会精神文化思潮影响和带动的产物。在这方面,我们可以举西方现代主义文学思潮和五四新文学运动为例。19世纪末20世纪初,欧洲资本主义的发展进入了一个新的历史阶段。其自身固有的各种矛盾愈演愈烈,最终以激化的形式爆发,导致了两次世界大战。战争对于文明和秩序的摧毁,打破了人们的幻想,传统的价值观念像被洪水冲决的堤坝一样,陷于彻底的崩溃。现代科学的危机以及物理学的革命急剧地改变了人们的世界观,非理性主义和反理性主义一时间成了那个时代的哲学主潮。尼采哲学所表达的无所不在的危机感和弥漫在字里行间的悲剧意识,感染了越来越多的人。弗洛伊德的心理学揭示了人处在海平面之下冰山底部的无意识的黑箱和永远也清除不掉的动物性的残留。所有这一切,作为社会特定的精神文化思潮,都为以反理性、反传统为特征的西方现代主义文学思潮在20世纪的前几十年在欧美的勃兴,奠定了相应的思想基础。于是,诸如象征主义、表现主义、超现实主义等现代主义的文学流派相继登场,成为那个时期的文学主流。

> **小贴士**
>
> 1919年的五四运动,是我国在近现代之交爆发的一场伟大的新文化运动。这场运动高举科学与民主的大旗,反对封建礼教,在哲学、道德和整个精神文化领域,宣扬平等自由,要求个性解放,很大程度上发展成为全民族的一场思想启蒙运动。在文学领域,新文化运动的一批代表人物,一改因袭了数千年之久的陈腐的文学观念,以科学与民主的五四精神投身创作,如鲁迅的小说集《呐喊》《彷徨》、郭沫若的诗集《女神》、郁达夫的小说《沉沦》、冰心的诗集《寄小读者》等,它们虽然是分属于不同的文学流派的产物,但在总体上,却汇成了充分体现那个时代的精神特征的五四文学思潮。

(5) 社会分工对文学发展的影响。

在谈到社会生活发展对文学发展的制约作用时,有一点需要特别加以说明,那就是物质劳动和精神劳动的社会分工对文学发展的深远影响。前面我们曾谈到原始人精神生活的分工对文学起源的影响,这里将进一步阐述两种劳动的分工对文学发展的影响。具体而言,从积极方面讲,正是这种社会分工,使一部分人脱离物质劳动,专门去从事文学创作的精神劳动,从而使文学获得了前所未有的巨大发展;从消极方面讲,又恰恰是这种社会分工,使作家在脱离物质劳动的同时,也脱离了从事物质劳动的人民群众,这影响了他们创造才能的极大发挥,也剥夺了广大人民群众从事文学创作的正当权利,从而使文学发展受到严重阻碍。如果说在社会分工出现的前期,主要是积极影响在起作用,那么,随着社会生活的发展,社会分工的消极影响就显得越来越大。到了资本主义时代,社会分工陷入畸形状况,在很大程度上,造成了文学的病态。

(四) 社会生活推动文学发展的"合力"机制

文学随社会生活的发展而发展,但这只是一个笼统的表述。我们知道,社会生活本身是一个多层次相套叠的复杂结构。其中,生产力和生产关系构成社会生活的经济基础;政治和法律制度,以及包括文学艺术等人文意识在内的整个社会意识形态,构成经济基础之上的上层建筑。文学处在这样的一个复杂结构之中,说它随社会生活的发展而发展,实际上应该是指,其发展要受到来自经济的最终决定作用、来自政治的直接干预和制约作用,以及来自文化亦即整个社会意识形态的渗透和影响作用。下面,我们拟有分有合地讨论社会生活作用于文学发展的机制问题。

(1) 经济对文学发展的最终决定作用。

经济基础并不和文学发生直接的关系。经济的发展,只是通过政治和其他上层建筑的中介作用,才能最终决定文学的发展。在社会生活过程中,经济基础不是一成不变的。随着生产力的发展和生产关系的更新,作为二者统一的经济基础,也会一步步地向前发展。经济基础的发展,不能说没有反向倒退的先例,但作为历史的必然要求,其总体趋向是前进,即由落后变为先进。通常的情况是,经济基础有了前进的要求,首先通过政治革命表现出来,然后波及整个上层建筑领域,在那里引起一连串的相应变化。在全社会破旧立新的热气腾腾的形势下,文学不可能无动于衷,而必然要迎头赶上,以一种崭新的形象真实,崭新的情感倾向,崭新的语言艺术,朝着与前进了的经济基础相适应的方向发展。如我国 20 世纪 50 年代的文学发展潮流,大体上便是这样。

(2) 政治对文学发展的直接干预和制约作用。

如前所述,经济基础在发展中前进,作为这种经济必然性的集中体现者,先进的阶级和社会集团,为了用权力推进并用制度保证经济基础的前进,总是要先采取革命行动,造成现行政治的先行发展变化,这就是所谓的政治革命。在阶级社会里,政治的任何革命性的发展变化,都意味着阶级斗争的激化。此种激化了的阶级斗争的最高形式,便是武装斗争,亦即战争。革命战争(包括民族解放战争)是一个能把千百万人民群众召唤起来并投入其中的伟大实践活动。作家作为社会最敏感的器官,在这个实践中,除了眼界和胸襟得以极大地开拓之外,他们的政治观、人生观、审美观等也往往随之而发生剧烈的变化。有了这一世界观的变化作为前提,当作家提笔写作时,必将首先端正其情感倾向,然后,进一步追求形象真实以及语言艺术。于是,文学潮流就有可能大为改观,朝着"真、善、美"的方向发展。如苏联在十月革命以后出现的《钢铁是怎样炼成的》《铁流》《恰巴耶夫》等优秀作品,我国在解放战争期间出现的《太阳照在桑干河上》《暴风骤雨》等优秀作品,就都可以看成是革命战争带给文学的直接成果。

(3) 文化对文学发展的渗透和影响作用。

文学和经济基础发生关系,除了要通过政治这一强大的中介之外,还要通过一层接一层地笼罩在经济基础和政治之上的种种文化形态,亦即社会意识形态,如社会心理、道德,以及哲学和其他艺术等中介。如果说,文学和政治,因为同处在上层建筑的大层面上,所以二者的关系较之文学和经济基础的关系更具直接性的话,那么,文学和社会心理、文学和道德、文学和哲学、文学和其他艺术等,则因为同处在文化形态的小层面上,比起文学和政治来,关系无疑要更贴近、更内在和更深刻得多。为了说明这一点,下面我们将分别探讨社会心理、道德、哲学以及其他艺术等对文学发展所起的作用。

在各种文化形态中,数社会心理和文学关系最为密切。作家作为时代的风雨表、群众的代言者,他个人的审美感受是在社会心理的广泛渗透下形成的。作家在作品中表现什么样的情感倾向、塑造什么样的形象真实、运用什么样的语言艺术,这一切都不能不受社会心理的深刻影响。

和社会心理相似,道德也是较低层面上的文化形态。作为调整人与人、人与社会,以及人与自我诸方面关系的规范和准则,道德集中表现为一种人性和人道主义精神、一种善的观念。文学反映人与人的关系,离不开道德问题。道德可以渗透到文学之中,以其历史地形成并且发展的善的观念,影响作家本人的道德观,然后进一步影响作品的情感倾向。

相对于社会心理或者道德,哲学属于"更高地悬浮于空中的思想领域"。它是人对世界的规律性认识的总和,是一种真的观念。哲学,除了如上所述,可以通过它所代表的社会思潮引发文学思潮之外,它还可以渗透到文学之中,着重以其世界观和方法论指导作家认识生活及其规律,最终影响文学的真实性。

如果说,哲学之于文学、道德之于文学的渗透以及影响作用,主要在真和善的内容方面,那么其他艺术之于文学的渗透以及影响作用,则更多侧重在美的形式方面。这也就是说,其他艺术可以用它们的手段、方式和技巧,渗透以及影响文学的语言形式。

概而言之,不管是社会心理、道德、哲学,还是其他艺术,它们作为与文学处在同一小层面的种种文化形态,主要是通过对文学的渗透影响到文学真和善的内容或者美的形式,从而推动文学的发展的。

(4) 社会生活作用于文学发展的"合力"。

为了叙述的方便,前文分别论述了经济、政治和种种文化形态各自在文学发展中所起的作用。实际上,不论是经济的最终决定作用、政治的直接干预和制约作用,抑或是种种文化形态的渗透以及影响作用,它们在作用于文学的发展时,都是经过整合,最后以一种"合力"的形式体现出来的。这里所谓"合力",是恩格斯移用力学中的一个概念,在讨论历史唯物主义问题的一封信里最先提出的。他说:

历史是这样创造的:最终的结果总是从许多单个的意志的相互冲突中产生出来的,而其中每一个意志,又是由于许多特殊的生活条件,才成为它所成为的那样。这样就有无数互相交错的力量,有无数个力的平行四边形,而由此就产生出一个总的结果,即历史事变……各个人的意志——其中的每一个都希望得到他的体质和外部的、终归是经济的情况(或是他个人的,或是一般社会性的)使他向往的东西——虽然都达不到自己的愿望,而是融合为一个总的平均数,一个总的合力,然而从这一事实中决不应做出结论

说，这些意志等于零。相反地，每个意志都对合力有所贡献，因而是包括在这个合力里面的。

"合力"的概念在力学中指几个力同时作用于某个物体，由于它们各自用力的方向有别，在经过相互冲撞和相互抵消之后，最后形成的那个力。恩格斯把它移用于哲学，是为了说明创造历史的群体内的每个个体，其各自的意志在相互冲突后融合成的"一个总的平均数"。根据"合力"这一概念，恩格斯又进一步阐述了在社会生活的整体结构中，包括经济、政治和文化即社会意识形态等各个方面通过交互作用所产生出来的那个总的力量。我们认为，社会生活在推动文学向前发展时，经济的最终决定作用、政治的直接干预和制约作用，以及诸如社会心理、道德、哲学及艺术等文化形态的渗透与影响作用，就是以这样一种"合力"的机制综合地发挥作用的。

三、两种发展过程的局部不一致性

（一）两种发展过程是既一致又不一致的

通过以上对文艺起源和文学发展两个环节的考察，我们可以看得很清楚，文学的发展过程，要由社会生活的发展过程以及经济的发展过程最终决定。这也就是说，文学的发展过程和社会生活以及经济发展过程存在着某种大体对应的关系。

我们这样说，仅仅是就其总趋向和大轮廓而言的。实际上，文学的发展过程与社会生活的发展过程以及经济的发展过程，只是大体对应，并非完全一致。也就是说，它们在总体上是一致的，而在局部上则是不一致的。

关于文学的发展过程与社会生活的发展过程以及经济的发展过程在局部上的不平衡性，是马克思在《〈政治经济学批判〉导言》中最先提出来的。他说：

关于艺术，大家知道，它的一定的繁盛时期决不是同社会的一般发展成比例的，因而也决不是同仿佛是社会组织的骨骼的物质基础的一般发展成比例的。

文学史的大量事实可以为马克思以上的理论发现提供证据。具体说来，所谓不成比例，即局部的不一致，大致有两种情况。一种情况是，文学的发展落在了社会生活的发展、经济的发展的后面，这就是所谓的错后。在这种情况下，文学的发展更多地反映了社会生活的发展、经济的发展的现实成果。如我国唐代文学发展与其时社会生活发展、经济发展的关系基本上就是这样。论唐代社会经济、政治状况，最好的时期是在唐太宗的贞观之治到唐玄宗的开元之治这个时期。可是作为文学发展高峰的代表人物，李白和杜甫的创作活动却集中在晚于这个时期的安史之乱前后。另一种情况是，文学的发展走在了社会生活的发展、经济的发展的前面，这就是所谓的赶前。在这种情况下，文学的发展更多地反映了社会生活的发展、经济的发展的潜在要求。

> **小贴士**
>
> 如19世纪的俄国，经济、政治各方面都远远落后于西方各国，然而在文学方面却异军突起，群星闪耀，出现了普希金、果戈理、莱蒙托夫、屠格涅夫、冈察洛夫、列夫·托尔斯泰、陀思妥耶夫斯基、契诃夫等一批伟大作家。正如高尔基所说："在欧洲文学的发展史上，年轻的俄国文学是一种惊人的现象。我并非夸大事实：没有一种西方文学像俄国文学这样有力而迅速地诞生，放射出这样强烈而耀眼的天才的光辉。在欧洲，任何人都没有写过如此伟大并为全世界所公认的作品，任何人都未曾在如此难以名状的艰苦环境中创造出这样惊人的美。"

上面谈到的错后和赶前两种情况中，前一种情况有其普遍性，我们常说文学落后于生活，就是指此而言。后一种情况在文学史上也间或发生，但一般较为少见。

我们承认文学的发展过程与社会生活的发展过程、经济的发展过程，有上述两种赶前和错后的不一致情况，这不是对社会生活的发展过程以及经济的发展过程最终决定文学的发展过程，因而它们必然要在总体上保持一致的历史唯物主义基本原理的否定，而恰恰是对这一原理的补充。因为不管是赶前也好，错后也好，说到底，都只是如同政治经济学所谓价格围绕着价值上下波动一样，围绕着二者总体一致状态上下波动而已。波动的目的是求得总体一致；波动的结果也正好体现了总体一致。我们在前文引述过的马克思的一句话："随着经济基础的变更，全部庞大的上层建筑也或慢或快地发生变更"，其中"或慢或快"几个字，就可以用来作为说明它们在总体一致中的局部不一致的旁证。

（二）产生局部不一致的根源

我们说文学的发展过程与社会生活的发展过程、经济的发展过程，在总体上是一致的，在局部上是不一致的。关于总体一致，似乎不需要多加论证。需要论证的是，为什么会出现局部不一致的问题。下面我们分两个层次来谈这个问题。

先谈文学的发展过程与社会生活的发展过程的局部不一致问题。我们认为，文学发展的情况是复杂的。作为社会意识中的人文意识，文学一方面要依存于社会生活，另一方面又有它的相对独立性。缘于此，文学的发展，除了要以它与社会生活的矛盾运动为条件之外，还要以其自身的历史继承性，即所谓创新与继承的矛盾运动为依据。从前一意义上讲，文学发展是文学与社会生活矛盾运动的产物；从后一意义上讲，文学发展又是文学自身创新与继承的矛盾运动的成果。前者，即所谓文学发展的外部原因；后者，即所谓文学发展的内部原因。一个外部原因，一个内部原因，二者通过文学创作与接受的矛盾运动这一中介原因，从外到内衔接在一起，环环紧扣，层层传递，构成一个力的齿轮传动器。正因为如此，社会生活的发展过程与文学的发展过程之间，往往不是表现为直线的因果关系，而是表现为曲折的递进关系；也正因为如此，社会生活的发展过程与文学的发展过程，在总体保持一致的大前提下，往往有局部不一致的现象发生。

再谈文学的发展过程与经济的发展过程的局部不一致问题。文学发展是由多方面的原因造成的。撇开内部原因和中介原因不谈，单就作为外部原因的文学与社会生活的矛盾运动来说，情况也是复杂的。如前所述，社会生活本身是一个多层面相套叠的整体结构。这些层面，在与文学的相互作用中，由于所处地位各自有别，因而所起作用也就各自不同。自然，生产力和生产关系作为经济基础对文学发展起着一种最终的决定作用，但是，除此之外，还有政治和阶级斗争，作为核心的上层建筑，它们也对文学发展起着强大的干预、制约作用；其他如社会心理、道德、宗教、哲学以及艺术等，作为形形色色的社会意识，也都同样对文学发展起着渗透和影响作用。一个最终的决定作用，一个干预、制约作用，一个渗透和影响作用，三者通过社会生活的整体结构综合在一起，相互冲撞，彼此抵消，合成为一个力的平行四边形。

> **小贴士**
>
> 　　恩格斯说："政治、法律、哲学、宗教、文学、艺术等的发展是以经济发展为基础的，但是，它们又都互相影响并对经济基础发生影响。并不是只有经济状况才是原因，才是积极的，而其余一切都不过是消极的结果。这是在归根到底不断为自己开辟道路的经济必然性的基础上的互相作用。"这段话有助于我们理解社会生活各层面在对文学发展起作用时的复杂情况。正因为如此，经济的发展过程最终决定文学的发展过程，往往不带直接性和单一性，而带间接性和综合性；也正因为如此，经济的发展过程与文学的发展过程，在总体保持一致的大前提下，也往往有局部不一致的现象发生。

第二节　文学创作与接受的矛盾运动

一、文学发展中的他律和自律

（一）由他律和自律说到所谓的"文学史悖论"

　　前文我们在历时性维度上，从文学的起源到文学的发展，分两个阶段，讨论了文学与社会生活的矛盾运动。我们认为，此种矛盾运动具体表现为：一方面，文学要随社会生活的发生而发生、发展而发展，二者在总体上是平衡的；另一方面，文学与社会生活相比，常常有赶前或错后的现象，二者在局部上又是不平衡的。这种关于文学与社会生活的矛盾运动的讨论，只涉及了造成文学发展的外因。在我们看来，就文学的发展而论，除了外因作为推动发展的条件在起作用之外，更具根本性的，还有其内因作为实现发展的根据在起作用，那就是文学创作内创新与继承的矛盾运动。这里关于外因作为条件和内因作为根据的方法论辨析，源于毛泽东的《矛盾论》一书。毛泽东指出：

　　事物发展的根本原因，不是在事物的外部而是在事物的内部，在于事物内部的矛盾性。任何事物内部都有这种矛盾性，因此引起了事物的运动和发展。事物内部的这种矛盾性是事物发展的根本原因，一事物和他事物的互相联系和互相影响则是事物发展的第二位的原因。

唯物辩证法是否排除外部的原因呢？并不排除。唯物辩证法认为外因是变化的条件，内因是变化的根据，外因通过内因而起作用。

毛泽东讲外因和内因，是从唯物辩证法这一哲学方法论的角度进行分析的。文学理论中关于文学发展的外因和内因，人们习惯于用他律和自律这样的概念加以表述。具体而言，所谓他律，指文学以外的其他因素——主要是社会历史的因素——对文学发展所起的作用，即上一节讨论的文学与社会生活的矛盾运动；所谓自律，则指文学自身的因素对文学发展所起的作用，即下一节要讨论的文学创作内创新与继承的矛盾运动。

从理论上看，不管是外因和内因，还是他律和自律，它们都不应是水火不容的。学者杨晦以地球的公转和自转为喻，形象地说明了文学发展中他律和自律的关系。然而，一进入文学史的应用环节，人们却常常不是因为强调文学发展中的社会历史因素而忽视文学自身的审美因素，就是因为强调文学发展中的文学自身的审美因素而忽视社会历史因素；不是由于强调文学的社会历史依存性而忽视文学的审美自主性，就是由于强调文学的审美自主性而忽视文学的社会历史依存性。其结果，不是把文学史写成一般的社会发展史，就是像形式主义文论家那样，把文学史写成纯粹的形式发展史。一句话，或者只按他律来写，写得有历史而无文学；或者只按自律来写，写得有文学而无历史。就这样，在他律和自律的二律背反中，不由自主地陷入了使文学史家为之困惑和苦恼不已的所谓"文学史悖论"。

（二）汉斯·罗伯特·姚斯解决"文学史悖论"的思路及启示

汉斯·罗伯特·姚斯于1967年撰写的《文学史作为向文学理论的挑战》一文，被公认为接受理论的发轫之作。但如果追溯其写作动机，当初却更多是为了突破并解决"文学史悖论"，即批判种种将对文学的历史思考和美学思考对立起来、割裂开来的错误倾向，重建文学和历史的本质联系。

汉斯·罗伯特·姚斯的思路大概是这样的：首先，他批判了实证论的历史客观主义的文学史观。这种文学史观以为把大量文学现象按其发生的时间次序做编年史式的排列，就可以自动获得"历史性"。汉斯·罗伯特·姚斯指出，这样做"混淆了艺术作品与历史事实"。在他看来，历史事实的历史性在于它们处于一定的因果关系的客观序列中，而文学"事实"（即艺术作品）却不是如此。一方面，作品体现了艺术家创作的特性和意图；另一方面，作品对读者的影响和效果也是这一"事实"不可分割的一部分。所以，"文学事实"不是一种纯客观的历史性因果锁链，而是在两种主体（作家和读者）的参与和介入下，由作家、作品和读者构成的多重主客体进行交互作用产生的结果。

同时，汉斯·罗伯特·姚斯又批评了形式主义的文学史观。他认为，形式主义虽然对实证论有所超越，把分散的文学事实纳入到一个"形式演变史"的框架，在一定程度上体现了文学的审美特征，但这种文学史观仍然是封闭的，它将文学发展仅仅归结为形式自身的发展，也就割断了文学与社会、与其他思想文化形态的密切联系。依照汉斯·

罗伯特·姚斯的理解，仅仅凭新旧形式的对立和变化不足以解释文学的发展，因为它无法回答"文学形式的方向问题"。

汉斯·罗伯特·姚斯指出，要克服实证论的历史客观主义和形式主义的文学史观的局限性，必须把读者及其与时俱进地变化着的期待视野引入文学发展过程，建立起一种以读者为中心的新文学史的架构，即所谓接受理论。按其思路，在文学发展中，作品的内容与形式之所以不断更新，是因为作家的审美标准在不断更新；而作家的审美标准之所以不断更新，则是因为，"在接受过程中，永远发生着从简单接受到批判性接受，从被动接受到主动接受，从已被承认的审美标准到超越这种审美标准的新的生产性转换"。也就是说，作家审美标准的不断更新，很大一部分原因在于，受到读者期待视野不断更新的影响。这样，他就通过期待视野的概念，既把作家、作品和读者连接了起来，又把文学的发展与社会生活的发展沟通了起来。

汉斯·罗伯特·姚斯解决"文学史悖论"的上述思路给我们的最大启迪是，可以将读者的接受当作沟通他律和自律的一个环节，纳入关于文学发展过程及其规律性的探讨之中。在这里，读者接受的对象是作品，而作品又是作家创作出来的。因此，接受不单单是读者的个人行为，而是读者与作家两个主体之间的一场对话，或者说，是作家作为创作主体和读者作为接受主体这样两个主体的互动所造成的文学创作与接受的矛盾运动。"外因通过内因而起作用"，外因要通过某个中介，过渡并转化为内因，从而作用于文学的发展。如果和姚斯上述思路结合起来，那么，沟通外因和内因，亦即他律和自律的这一中介，恰恰正是文学创作与接受的矛盾运动。

二、文学创作作为生产与文学接受作为消费之间的供求关系

（一）文学生产与文学消费的概念

我们将文学创作与文学接受联系在一起，是因为二者从文艺经济学的角度看，体现的恰好是一种文学的生产和消费，即供与求的关系。我们在此把创作叫作生产，把接受叫作消费，并非比喻性的称谓。自马克思1857年在《〈政治经济学批判〉导言》中首次提出"艺术生产"的概念，到此后他在《资本论》和《剩余价值理论》中对"艺术生产"概念的明确界说，再到西方马克思主义者在其文艺论著中的广泛使用，文学生产与文学消费已经成了文艺经济学中的两个专门概念。

> **小贴士**
>
> 马克思指出，在社会化大生产过程中，广义的生产应该包括生产、流通、分配和消费四个环节。具体地对应到文学生产，则应该包括创作、出版、发行、阅读和接受等方面。但我们所说的文学生产，主要是狭义的文学生产，即作家用语言表达情感和形象的文本创造，以及出版商用一定的物质载体，将作家的文学文本变为文学读物，如杂志、书籍、电子光盘等形式的物态化存在。

与文学生产相对应，文学消费也有广义与狭义之分。狭义的消费专指读者对文学作品的阅读和鉴赏，即所谓接受。而广义的文学消费则除了包括文学接受之外，还应包括读者对文学出版物的购买和占有行为。毫无疑问，我们在这里所讨论的都是狭义的文学生产和文学消费。

（二）文学生产与文学消费的二重性

因为文学作品作为产品，既是文学生产的成果，又是文学消费的对象，所以，要谈文学生产与文学消费的二重性，就应该先从文学产品的二重性谈起。

我们是在文艺经济学的视野之内，阐述文学生产与文学消费的相互关系的。一旦把问题纳入这样的框架中，那么，文学产品所具有的特性，在它作为文学作品的人文属性和审美属性以外，还必须承认它作为消费品亦即商品所不可或缺的商业属性，例如可读性、通俗性和大众性等。这就等于说，文学产品既是作品又是商品。是前者，它须有审美－人文属性；是后者，它还须有能适应市场需求的商业属性。所谓文学产品的二重性，即指此而言。

为文学产品的上述二重性所决定，文学生产与文学消费也必然相应具有二重性的属性。在商品经济条件下，作家作为主要的文学生产者，其创作活动必须按两大规律行事：一是审美和艺术规律；一是市场的经济规律。按前一规律行事，其生产是审美－人文意识的生产，他必须使自己的产品尽可能充分地体现审美－人文属性，创造真善美相统一的审美－人文价值；按后一规律行事，其生产又是商品的生产，他又应该使自己的产品尽可能地体现商业属性，追求长销，甚至畅销的市场经济价值。一般来说，前者产生的是纯文学，即高雅文学，而后者产生的则是通俗文学。它们有如孟子的著名比喻中的鱼和熊掌，当然最好的结果是二者兼得，但往往更多的是不可兼得：或者多有审美－人文效益，而不具市场的经济效益，所谓叫好而不叫座；或者多有市场的经济效益，而不具审美－人文效益，所谓叫座而不叫好。这样说并不意味着二者没有兼得的可能性。文学史上不少经典之作，如《三国演义》《水浒传》，就是由民间流行的故事、说话和戏剧，经文人加工而成的，它们首先是通俗文学，然后才是高雅文学，走的是由大俗入于大雅之路；另外，如白居易的《长恨歌》《琵琶行》、曹雪芹的《红楼梦》等，都是由诗人或作家精心结撰而成的，但由于其内容和形式的雅俗共赏，问世之后在民间广泛流行，它们是高雅文学，又是通俗文学，走的是由大雅通向大俗之路。

其实，以上所分析的文学生产的二重性，已经涉及文学消费的二重性问题。读者作为文学消费者，其消费活动既是审美－人文消费，又是商业消费；既是有形的实物形态的损耗（如书籍、杂志、电子光盘的损耗），又是无形的精神文化的享受；既是产品的欣赏与接受，又是产品的再创造与再生产；既须遵循审美和艺术规律，又须服从市场的经济规律（如等价交换及市场供需原则）。总之，文学消费既是一般的商品消费，又不同于一般的商品消费。作为一种特殊的审美－人文产品的消费，它是既享用又创造的一种精神活动。

（三）文学生产与文学消费的互动关系

从生产到产品，再从产品到消费，构成了文学的社会化大生产的整个流程。在这一流程中，文学生产与文学消费之间的互动关系，特别引人关注。早在一百多年前，马克思就曾颇具预见性地论述过这个问题。他说：

生产直接是消费，消费直接是生产。每一方直接是它的对方。可是同时在两者之间存在着一种媒介运动。生产是消费的媒介，它创造出消费的材料，没有生产，消费就没有对象。但是消费也媒介着生产，因为正是消费替产品创造了主体，产品对这个主体才是产品。产品在消费中才得到最后完成……没有生产，就没有消费，但是，没有消费，也就没有生产，因为如果这样，生产就没有目的。

马克思的这段话是针对一般的商品生产和商品消费的互动关系而言的，但其基本精神也同样适用于文学生产与文学消费的互动关系。这里所谓互动，包含着两个要点：一是文学生产规范着文学消费；二是文学消费制约着文学生产。

我们先来看看文学生产对消费的规范作用：其一，文学生产源源不断地提供着文学消费的对象，即文学产品。我们知道，文学消费作为一种通过阅读和鉴赏来进行的接受活动，必须以一定的文学产品为对象，而此类产品，只能由作家这一文学生产者生产出来。进而言之，读者所消费的文学产品的质地、品位以及类型等究竟如何，读者自己不能决定，只能由作家所从事的文学生产来决定。例如1966—1976年，没有真正的诗歌，也没有像样的散文，唯一能消费的，只是几个样板戏和《金光大道》之类的小说。那时的读者，在无可选择的情况下，便只能去接受这样的文学产品。现在的情况截然不同了，各种各样的文学产品，可以说应有尽有，尽管质量上乘的精品佳作为数尚少，但读者在进行文学消费时，可供选择的余地毕竟大了许多。

其二，文学生产规定着文学消费的方式。传统意义上的文学生产，只是单一的文字方式。在大众文化传媒普及的今日，文学生产的方式在文字方式之外，已经拥有了包括广播影视的视听方式和电子网络的视频方式在内的多种方式。与此相对应，文学消费的方式，也就不仅仅是文字阅读，诸如广播影视的视听阅读和电子网络的视频阅读，也都成为读者进行文学消费的方式。

其三，文学生产在适应文学消费的需求的同时，又引导着文学消费的需求，或者说，它培养并创造着适应自己产品的消费者。马克思说艺术对象创造出懂得艺术和能够欣赏美的大众，任何其他产品也都是这样。因此，生产不仅为主体生产对象，而且，也为对象生产主体，其所谓"为对象生产主体"，指的便是文学生产培养和创造适应自己产品的消费者这样一层意思。接受理论讲视野的融合，除了作家为适应读者的期待视野而调节自己的审美标准的一面之外，也还有作家通过自己的产品同化读者，使读者的期待视野得以改观的一面。事实上，一个时代或一个民族的文学消费者，其审美的观念、理想和趣味等，往往是由文学产品创造出来的。高层次的文学精品，创造的是高品位的文学消费者；反之，那些粗制滥造的文学产品，培养的则是低品位，乃至无品位的文学消费者。

在文学生产与文学消费的双向互动中，一方面，如上所述，文学生产对文学消费起规范作用；另一方面，文学消费对文学生产也起制约作用。这种制约作用，同样可以归结为三点：

其一，文学消费代表着文学生产过程的最终完成。不管是文学生产，还是文学产品，它们都是指向消费、为了消费、归于消费的。文学生产及其所创造的产品的价值，只有通过文学消费，才能得以最终地达成；文学生产的过程，也只有通过文学消费，才能算是最终地完成。一部作品，无论它写得如何精妙绝伦，如果未能出版，或者出版了未被读者购买和阅读，那么，它充其量也只能叫作潜在的文本，就好比堆放在库房里或者积压在货架上的产品不能称为商品一样。阿诺德·豪泽尔说得好："一件印刷文本只有被人阅读的时候才会获得美学价值，倘若无人问津，那只是一组文字而已。"

其二，文学消费参与生产文学产品。文学消费区别于物质消费的一个关键之处，就在于它不仅是对产品单纯的占有与享用，而且还是对产品的价值和意义的再生产、再创造。文学消费者在其消费过程中并非产品的被动接受者，他对产品的精神内涵的理解，也并不一定与作家所赋予的全部一致，他作为接受主体完全可以经由创造性的解读使产品的精神内涵得以增值和进一步丰富。在这个意义上，文学消费者就转化为文学生产的参与者和合作者了。有人形象地说，作家是作品的第一作者，读者是作品的第二作者。

其三，文学消费蕴含并体现着文学生产的目的和动力。文学消费不只代表文学生产过程的最终完成，也不只参与文学产品的意义的再生产，更为重要的一点是，它作为文学生产的目的和动力的来源，无所不在地制约着文学生产从构思传达到编辑出版的全过程。无论是作家，还是出版家，他们心目中都有一个隐含的读者群。其构思传达，其编辑出版，说到底，都是为这个隐含的读者群服务的。上面我们在论及文学生产对消费的规范作用时，曾强调文学生产可以引导文学消费，可以按作家的审美理想塑造读者的一面；讨论到这里，我们又必须强调文学消费也可以反过来制约文学生产，可以按读者的期待视野塑造作家的一面。如果说，前一面涉及的是接受理论所谓视野融合中的同化问题，那么，后一面则关乎视野融合中的调节问题。姚斯为什么那么自信地认定，以读者为中心的接受理论是解决"文学史悖论"的不二法门，甚而至于说，读者是"一种创造历史的力量"？其玄机很大程度上即在由调节与同化而造成的视野融合之中。

（四）文学生产与文学消费的矛盾运动的调适机制

我们从文学生产规范文学消费和文学消费制约文学生产两方面，讨论了二者作为供求关系双方的互动，亦即矛盾运动。其实，在这一互动中，矛盾运动的双方之所以能够获得协调统一，关键在于二者之间存在着一个能够按照艺术和审美规律以及市场规律，有效地加以调适的内在机制，即文学批评以及市场调节。下面我们将分别讲述这两者在文学生产与文学消费之间所起的调适作用。

先谈文学批评。文学批评来自文学欣赏，面对文学创作，处在欣赏与创作的中介点上，承担着释义、评价、导向的三重任务。实际上，这三重任务，归结到一点，就是沟通创作与欣赏，亦即把生产者的审美意向转达给消费者，把消费者的审美期待再转达给生产者，然后在此基础上，促成生产者与消费者的互相靠拢，通过调节和同化，达成真正意义上的视野融合。作家作为文学生产者，通过文学批评了解到读者的期待视野，懂得应该如何调节自己的审美标准，以进行内容和形式的创新，从而适应文学消费的需求；反之，读者作为文学消费者，通过文学批评被作家的审美意向同化，懂得应该如何修正自己的期待视野，从而适应文学生产的实际。这样一来，作家成了读者心目中理想的作家，读者成了作家心目中理想的读者。文学创作的发展和繁荣，也就不会是一句空话了。

同是作为文学生产与文学消费的调适机制的一部分，如果说文学批评更多地体现着艺术和审美规律，那么，市场调节则必然更多地反映了市场的经济规律。一本文学图书上市，到底能否受到读者的欢迎，作家与出版商心中并没有什么确定的把握，一切都需要在文学的流通领域接受检验，最终由图书市场说了算。假如这本书能进入畅销书的行列，或者退一步讲，虽则不能畅销，但起码可以长销，那就说明，它具有市场的经济效益，是受到读者欢迎的；反之，假如这本书一上市即滞销，那就说明，它不具有市场的经济效益，不受读者的欢迎。我们所谓的市场调节，便是指此而言的。诚然，有无市场的经济效益，只能衡量某一文学产品的商业属性，而并不反映这一产品的审美—人文属性，亦即不能以经济效益的有无对文学产品做出盖棺论定。但是，在市场经济的大环境中，不仅是出版行业，而且也包括作家本人，都不应自命清高地置产品的经济效益于不顾。因为这样的经济效益，表面上看仅只是一组数字，实际上体现的却是读者大众的反应。对于某些确属阳春白雪的文学产品，国家可以采取适当的保护措施，但文学生产者却不可因此而拒绝市场调节，相反，倒是应该争取在以后的创作中求得审美和市场、艺术和经济的多赢。

> **小贴士**
>
> 　　文学批评，其话语表达，是在可见可闻的明处；而市场调节，其趋向呈示，则是在不知不觉的暗处。一个健全的社会，正是通过它们或明或暗的调适活动，使文学生产与文学消费围绕着供求关系而展开的矛盾运动，得以既合于审美和艺术规律，又合于市场的经济规律，健康有序地进行，并且最终使这一矛盾运动作为由他律（文学与社会生活的矛盾运动）向自律（文学创作中创新与继承的矛盾运动）过渡和转化的中介，而起到促进文学一步步地向前发展的枢纽及核心作用。

三、他律－中介－自律：关于文学发展过程的大概描述

上文我们以简单的笔触勾画了文学生产与文学消费的矛盾运动，怎样从它所处的中介地位出发，在文学批评和市场调节的调适下，沟通作为他律的文学与社会生活的矛盾运动和作为自律的文学创作中创新与继承的矛盾运动二者，在化解因其二律背反而导致的"文学史悖论"的同时，促成他律向自律的过渡和转化，最终使文学在创作内部的创

新与继承的矛盾运动中,完成其整个发展过程。为了将这样的一条思路更加清晰地显示出来,以下稍作展开,对文学发展过程进行较为具体的描述。

先从作为他律的文学与社会生活的矛盾运动说起。在这一矛盾运动中,社会生活通常是走在前面的。它以自身发展的现实成果或者潜在要求,一方面,创造出许多新的反映对象、新的人物和新的故事、新的审美特征,为文学提供发展的可能;另一方面,又创造出许多新的服务对象、新的读者和新的听众、新的审美需求,向文学提出发展的需要。前一方面,即发展的可能,实际上是就文学创作亦即文学生产而言;后一方面,即发展的需要,实际上是就文学接受亦即文学消费而言。所以,文学与社会生活的矛盾运动一旦展开,就变成了文学生产与文学消费,也就是文学创作与文学接受的矛盾运动。而要解决此二者的供求矛盾,或者是扩大生产供给,或者是压缩消费需求。后者显然不是合理的选择。唯一可行的办法是,发展文学生产,从繁荣创作入手。为了使社会生活提供的发展可能得以实现,也为了使社会生活提出的发展需要得以满足,文学创作的繁荣,不能仅仅追求量的扩充,而必须更多地追求质的提升。为此,就只有一条路:突破旧的规范,从作品的内容到形式进行民族化的创新。而文学创作自身,又有其历史继承性。它要根据发展了的社会生活,对作品的内容和形式有所创新,先必须在学习古今中外的文学遗产的基础上,对文学传统以及整个文化传统有所继承。于是,在文学生产与文学消费的矛盾运动,也就是文学创作与文学接受的矛盾运动的推动下,又引起了以"推陈出新"的方式展示出来的文学创作中创新与继承的矛盾运动。我们前面讲他律过渡和转化为自律,最后通过自律而起作用,具体到文学发展中,大概就是这样的一个过程。

第三节　文学创作中创新与继承的矛盾运动

一、文学的发展与文学的创新

(一) 文学的发展是靠创新实现的

文学要想与它的反映对象和服务对象相适应,就必须随社会生活的发展而发展。而文学要想有所发展,又必须从内容和形式两方面革除旧例,开创新路。从这个意义上讲,文学的发展是靠创新实现的,或者说,创新就是发展。一部文学史,是文学发展的历史,也是文学创新的历史。清人赵翼的《论诗》云:"李杜诗篇万口传,至今已觉不新鲜。江山代有才人出,各领风骚数百年。"他在这里谈的便正是文学的发展和创新问题。

那么,到底什么叫文学的创新呢?所谓文学创新,是指文学在发展了的社会生活的召唤下,为了反映新的审美特征,表达新的审美感受,从内容到形式、从写什么到怎样

写所进行的一种革命性的变革。这种变革，常常意味着对传统的对抗和与习惯的决裂；意味着文学发展的渐进过程的中断；意味着突破与飞跃。变革的结果是内容和形式的推陈出新，是新的文学和新的社会生活在新的基础上的适应。

通常在工农业生产中，也有所谓的技术革新，产品更新。就推陈出新这一点而论，文学的创作与之相仿。所不同的是，前者是物质生产的创新，而后者则是艺术生产的创新。如果说，物质生产追求产品的规范化和标准化，这些规范、标准，随着人的物质需要的变化，也要不断地有所创新的话，那么，艺术生产作为个性化和多样化的生产，其本身必须以产品的不雷同或者不重复作为前提，所以，它的创新较之物质生产的创新，无疑也就有更大的紧迫感、更多的必要性。李渔说："新也者，天下事物之美称也。而文章一道，较之他物，尤加倍焉。"便是指此而言。不仅如此，他还进一步就"加倍"二字做了阐发。"非特前人所作，于今为旧，即出我一人之手，今之视昨，亦有间焉。昨已见而今未见也，知未见之为新，即知已见之为旧矣。"这里他强调了两点：对"前人所作"的东西要创新，对"出我一人之手"的东西也要创新。也就是说，对人对己都要"以独创为贵"（鲁迅语）。李渔的这一见解是深刻的。

文学应该"以独创为贵"。这个独创即创新，就作家而论，是指要突破别人，也要突破自己；就作品而论，则是指要变革内容，也要变革形式。有人把文学的创新，理解为单纯形式的变革，如语言的变革，叙述角度、结构的变革，修辞手法的变革，或者技巧的变革等，这是一种片面性。

> **小贴士**
>
> 苏联作家列昂诺夫说："一部真正的艺术作品，尤其是一部语言作品，总是具有形式方面的发明和内容方面的发现的。"列昂诺夫讲到了文学创新的两个方面：一是"形式方面的发明"，即形式的创新；一是"内容方面的发现"，即内容的创新。事实上，在这两方面之中，内容的创新比形式的创新要显得重要得多。可以说，它是整个文学创新的基点、核心和灵魂所在。我们在文学史上见得很多，一些作品"旧瓶装新酒"，只有内容的创新，而没有形式的创新，然而，它们却不失为创新之作。如李白的很多古乐府诗便是如此。反过来，北宋诗坛上"江西派"的一些篇什，仅仅在语言的"点铁成金"上下功夫，只讲形式的创新，而不讲内容的创新，导致为形式而形式的形式主义。

（二）内容的创新和形式的创新

文学的创新包括内容的创新和形式的创新两方面。

衡量文学作品的内容是否创新，其标尺只有一个，那就是看它有没有表现新的情感，创造新的形象。如果一个作品对作家自我的主观理想做了新的表现，透露出一种与众不同的情绪和情思；或者对社会生活的客观现实做了新的再现，描绘出一种前所未有的人物、故事以及环境，那么，这个作品的内容就应当说是创新的内容。反之，如果作品只是一味地拾人牙慧，重弹老调，情感是抒写过多少次的情感，或者形象是描写过多少次的形象,那么,这个作品在内容上也就谈不到什么创新。

> **小贴士**
>
> 列夫·托尔斯泰说:"艺术作品只有当它把新的感情(无论多么微细)带到人类日常生活中时才能算是真正的艺术作品。就是因为这样,所以小孩和年轻人在接触到那些把他们未曾体验过的感情初次传达给他们的艺术作品时会有那样强烈的感受。"这里,列夫·托尔斯泰更多是从表现新的情感的角度来看待内容的创新的。而契诃夫则相反,他说:"在我的文学生活里,我觉着经常需要使我笔下的形象面目一新……"显然,契诃夫更多是从创造新的形象的角度来看待内容的创新的。

不论是情感也罢,形象也罢,它们作为作家自我的审美感受,都来自其对社会生活的审美特征的反映。由此决定,要求创新内容,表现新的情感、创造新的形象,对于创作来说,实际上包括以下两层意思。

第一,作家为了表现新的情感、创造新的形象,应该写在他之前还没有人写过的东西,寻找并且反映新的审美特征,开拓新的题材领域,使内容有新材料可选。传说李白到了黄鹤楼前,看见崔颢的诗,便叹了一声:"眼前有景道不得,崔颢题诗在上头。"事实上,不独是李白,许多有创新意识的作家,也都是这样做的。他们不惯于踩着别人的脚印走路,而总是努力地在社会生活中寻觅属于其本人所有的新的题材领域。以当代小说为例,张弦写的《被爱情遗忘的角落》、叶蔚林写的《没有航标的河流》、贾平凹写的《鸡窝洼人家》等,便都是证明。这些作品的内容之所以给人耳目一新之感,在很大程度上,就是因为其中所写的那个"角落"、那条"河流"、那几户"人家",作为审美特征,作为题材,是尚未开垦的处女地,所以,一旦进入文学,就必然给人以新鲜感。

第二,如果作家一定要写在他之前已经有人写过的东西,那么,他们为了表现新的情感、创造新的形象,就应该灌注进去新的审美感受,赋予它们新的主题内涵。一句话,内容要有新意可采。歌德说:"独创性的一个最好的标志就在于选择材料之后,能把它加以充分地发挥,从而使得大家承认压根儿想不到会在这个题材里发现那么多的东西。"就是指这一层意思而言。从某种意义上讲,要在旧题材中引发出新主题来,比直接选用新题材难度更高,因而意义也更大。一般说来,只有慧眼独具的创新高手才能做到。文学史上写赤壁的诗不算少,但杜牧的《赤壁》:"折戟沉沙铁未销,自将磨洗认前朝。东风不与周郎便,铜雀春深锁二乔。"就是以主题的翻新而引人注目的。此外,如莎士比亚的许多历史剧、鲁迅的《故事新编》等,也都应该作如是观。这些作品,叙述的是老故事,尽在人意料之中;包容的却是新内涵,大出人意料之外。看来普通至极,读后回味无穷。其中的奥妙就在于,莎士比亚和鲁迅通过自身的创新实践,给了这类题材以不得不使人刮目相看的全新的艺术生命。

> 小贴士
>
> 毛宗岗在评点《三国演义》时这样说："作文者以善避为能，又以善犯为能……"他所谓"善避"，即内容创新的第一层意思，也就是要寻找并且反映新的审美特征，要选择新的题材；他所谓"善犯"，即内容创新的第二层意思，也就是要灌注进去新的审美感受，要开掘新的主题。一个选新材，一个出新意，如果说，内容创新有什么秘诀可言，秘诀就在于此。

我们强调作家应该以新的审美感受反映新的审美特征，不是要他们去创造稀奇古怪的形象，去表现莫名其妙的情感。这里有必要划清一个界限：真与善和假与恶的界限。提倡内容创新，是为了揭示新的生活规律，体现新的社会目的，而不是相反。如果有人以创新为幌子，在内容上背离生活规律而进行形象的胡乱编造，背离社会目的而进行情感的任意宣泄，那样，就只能陷于虚假与伪善的泥坑之中。

内容创新的标尺在于，表现新的情感、创造新的形象。与此相联系，形式创新的标尺则在于，发明新的语言手段。文学作品发明新的语言手段，是基于表现新的情感、创造新的形象的需要。如果新的情感和新的形象，还可以容纳在旧的形式之中，那么，语言手段就没有发明的必要。但只要内容中确实包含有新的情感和新的形象，它就总是相应地要求有语言手段的新的发明——或者是局部上的革新，或者是整体上的更新——来适应自己。旧瓶可以装新酒，但需要补充的是：这个旧瓶，不可能是原封不动的旧瓶，而必定是局部革新了的旧瓶。否则，就很难和所装的新酒完全适应。恩格斯说："古代人的性格描绘在今天是不再够用了。"诗人北岛在谈到20世纪80年代的中国新诗时也说："诗歌面临着形式的危机，许多陈旧的表现手段已经远不够用了，隐喻、象征、通感、改变视角和透视关系、打破时空秩序等手法为我们提供了新的前景。"他们都是在新的形式与新的内容完全适应这个基点上提出问题的。同样，诗人梁小斌也说："新的内容，逼迫我去重新组合词汇，重新发现新的节奏，重新表现现代人的一种高级的痛苦和情感的新领域。"强调发明新的语言、手段对于表达新的内容的必要性。

纵观文学史，发明新的语言手段，大概有以下三种途径：一种是改造和革新传统的旧形式。如马烽、西戎合著的《吕梁英雄传》，采用的便是经过改造、革新的旧章回小说的叙述方式；再如赵朴初写的《某公三哭》，则显然是改造并且革新了元明套曲的旧形式。第二种是引进和移植外国的形式，例如王蒙后期所写的小说，大多采用颠倒时空、自由联想的叙述方式，此类形式，便是他从西方意识流小说中引进和移植过来的。王蒙说："我们搞一点'意识流'，不是为了发神经，不是为了发泄世纪末的悲哀，而是为了塑造一种更深沉，更美丽，更充实也更文明的灵魂。"再如上面提到的北岛、梁小斌等诗人的诗，里面经常使用意象跳跃的手法，也和西方象征派、意象派的诗歌形式有关。第三种是发掘和提炼民间的形式。如赵树理的小说常常开门见山，从话说某时某地有个某人开始，这种单线贯穿、一环套一环的讲故事方式，是他发掘以及提炼说书和曲艺等民间形式的产物。再如李季的《王贵与李香香》也一样，发掘提炼了陕北民歌的信天游形式。

除了以上三种途径，自然也有创新作家在毫无依傍的情况下独立地加以发明的。但一般说来，这种对形式的独立发明，在文学史上较为罕见，更多的是如鲁迅所言，或是"采用外国的良规，加以发挥"，即我们说的第二种途径；或是"择取中国的遗产，融合新机"，即我们说的第一和第三种途径。表面上看，它们只"是旧形式的采取"，然而，"这采取的主张，正是新形式的发端，也就是旧形式的蜕变"。

除了作品内容和形式的创新之外，文学创新另一个重要的方面是文学风格与流派的创新。文学的个人风格是作家的创作自我在文学中的体现。而作家的创作自我是因人而异的，亦即说，有多少个作家，就有多少个创作自我。所以，文学风格要创新，实际上，不是让作家像涂抹化妆品一般，再额外去装饰或增添什么，而是用一种诚实的态度面对自己，把最真实的自我，以不受外力影响和干扰的独立姿态，通过作品呈现给读者。这样才能够表现出文学的个人风格，而且此种个人风格，将形成独具面目的创新的风格。关于这一点，我国古代，尤其是明清两代的诗学、画论多有阐发，例如，袁枚说："诗者，各人之性情耳。""作诗不可以无我，无我，则剽袭敷衍之弊大，韩昌黎所以'惟古于辞必己出'也。"石涛说："我之为我，自有我在。古之须眉，不能生在我之面目；古之肺腑，不能安入我之腹肠。纵有时触着某家，是某家就我也，非我故为某家也。"他们所强调的，其实正是文学风格创新必须不受干扰地表达真实的自我。

文学的流派与风格有千丝万缕的联系。苏联学者波斯彼洛夫在其所著的《文学原理》一书中，将文学流派定义为"在具体感受的世界观方面相一致的作家群"。而他所谓具体感受的世界观，其意与创作自我，或者说文学的个人风格大体相当。据此类推，文学流派也就是个人风格相近或相通的作家群。正因此，为求得文学流派的创新，必须以文学个人风格的创新为基点。倘若作家都能真实地表达自我，都有自己独立的个人风格；那么，其中那些风格相近似者，或者以散漫的无组织形态，或者以某种社团的方式集合在一起，这样涌现出来的流派，就必定是特征明显的创新的文学流派。如我国五四时期的"文学研究会"和"创造社"、俄国19世纪的"自然派"等，它们便都曾以创新而极大地促进了文学的发展和繁荣。

（三）文学创新的民族化

文学创新，不管是内容创新也好，形式创新也好，风格与流派创新也好，里面都存在着民族化的问题，即与本民族的文学传统相衔接的问题，与由这个传统造成的本民族的欣赏习惯相符合的问题。

> **小贴士**
>
> 毛泽东在《反对党八股》一文中，要求中国新文艺具有"新鲜活泼的、为中国老百姓所喜闻乐见的中国作风和中国气派"。他讲的"喜闻乐见"四个字，正是对文学创新的民族化的一个概括。

那么，究竟如何才能使文学创新为本民族的读者所喜闻乐见呢？我们认为，这涉及形式问题，但关键在于内容。内容反映了民族的审美特征、表达了民族的审美感受，才更易为本民族的读者所接受。北岛说："民族化不是一个简单的戳记，而是对于我们复杂的民族精神的挖掘和塑造。"以鲁迅的小说为例。它们在形式上，与我国传统的章回小说大相径庭，然而，论内容，它们则又都充满着地道的"中国作风和中国气派"。正因为如此，这些小说尽管在刚刚问世之初，被一些崇尚"国粹"的人视为异端，然而，事实证明它们是民族化的，随着时间的推移，越来越为"中国老百姓所喜闻乐见。"我们的民族化，不能总停留在一个水平上，而应该与社会生活一起不断地有所发展。这就向作家提出了一个问题：如何在尊重我们民族的文学传统以及欣赏习惯的前提下，通过自身创新实践，把我们民族的文学传统，发展到一个新的高度，把我们民族的欣赏习惯，改造成一个新的格局？这个问题，在扩大对外开放的时代潮流中，其紧迫性无疑是大大地增加了。

二、文学的发展与文学的继承

（一）文学发展的历史继承性

文学的发展要通过创新来实现，而创新本身又要民族化，要与本民族的文学传统相衔接，这实际涉及文学的发展与文学的继承问题。

马克思在《路易·波拿巴的雾月十八日》一文中说："人们自己创造自己的历史，但是他们并不是随心所欲地创造，并不是在自己选定的条件下创造，而是在直接碰到的，既定的，从过去继承下来的条件下创造。"马克思在此讲的是整个社会生活发展的历史继承性。这种历史继承性，在物质生活的发展中存在，在精神文化生活的发展中也存在，而且从某种意义上讲，更为明显。十月革命前后，以波格丹诺夫为代表的"无产阶级文化派"，曾经扬言要"从现代生活的轮船上扔掉普希金、托尔斯泰和其他古典作家"。列宁针对这种思潮，曾经批评说："无产阶级文化并不是从天上掉下来的，也不是那些自命为无产阶级文化专家的人杜撰出来的，如果认为是这样，那完全是胡说。无产阶级文化应当是人类在资本主义社会、地主社会和官僚社会压迫下创造出来的全部知识合乎规律地发展。"列宁的这番话强调的便正是精神文化生活发展的历史继承性。

文学的发展有历史继承性，意思是一种新的文学不可能从零开始，凭空产生。一方面，它固然要反映新的审美特征，表达新的审美感受；另一方面，它又必然要学习旧的文学传统，借鉴旧的文学遗产。这前一方面，即文学的创新；而这后一方面，则是文学的继承。

> **小贴士**
>
> 不言自明，文学继承，主要指继承本民族的文学传统和文学遗产，同时也包含向其他民族的文学传统和文学遗产学习并且借鉴。有人把前者称为竖的继承，把后者称为横的继承。历史的经验教训告诉我们，只重视竖的继承，或者只重视横的继承，都不能保证文学的健康发展。时无论古今，地不分中外，只要是为人类所创造的优秀文学传统和文学遗产，我们就都有重视和继承它的必要。

(二) 内容的继承和形式的继承

正像前文谈文学创新可以区分为内容的创新和形式的创新两个方面一样，文学继承，也可以相应地区分为内容的继承和形式的继承两个方面。形式的继承是文学继承中比较明显的一面，更深刻、更复杂的是内容的继承。

古今中外一切优秀的文学作品，尽管其审美价值的大小各不相等，但作为共同点，它们在内容上都多多少少地包含有某种合于生活规律的真的东西和某种合于社会目的的善的东西，在形式上也都多多少少地包含有某种合于审美法则的美的东西。我们基于创造新文学的需要，把里面真和善的东西吸收过来，作为表现情感和创造形象的有用资料，这就是所谓内容的继承；把里面美的东西吸收过来，作为驾驭语言的有用资料，这就是所谓形式的继承。

以中国古典文学为例，我们读杜甫、白居易的诗，读关汉卿的剧作，读曹雪芹的小说《红楼梦》，从中不仅可以感知到为它们所反映的特定时代的真实面貌，而且还可进一步把握千古兴亡的历史轨迹。有了这种历史的感知和把握，对于我们透视现实、预见未来，创造合于生活规律的形象真实，无疑是一种很好的借鉴。

我们在《诗经·硕鼠》对不劳而获者的控诉中、在《史记》对刺秦王的壮士荆轲的赞叹中、在汉魏乐府对受苦受难的老百姓的充满同情的描述中，分明可以感受到一种关心民生疾苦、抨击专制暴政的民主主义精神；我们在屈原的《离骚》中、在《木兰辞》中、在陆游和辛弃疾的诗词中、在《说岳全传》以及《杨家将演义》等小说中，分明可以感受到一种关心国家安危、反抗异族侵略的爱国主义精神。我们在屈原的那种以美人芳草自况的高洁情操中、在陶潜的那种"不为五斗米折腰"的人格尊严中、在李白的那种"天生我材必有用"的自我理想中，以及在《孔雀东南飞》《西厢记》《红楼梦》所描写的男女主人公对爱情的追求的自主意识中，分明可以感受到一方面是自尊自爱、一方面是尊人爱人的人道主义精神。把类似这样的精神吸收过来，对于塑造我们的政治观和道德观，净化我们的心灵，表现合于社会目的的情感倾向，无疑也是一种很好的借鉴。

除此而外，还有形式的继承。仍然以中国古典文学为例，它们那炉火纯青的语言、富于变化的结构、丰富多彩的手法，对于我们在新的条件下，熔铸一种合于审美法则的语言艺术，无疑也是很好的借鉴。毛泽东说："有这个借鉴和没有这个借鉴是不同的，这里有文野之分，粗细之分，高低之分，快慢之分。"

如同文学作品的内容和形式，在创新的同时必须对遗产有所继承一样，文学风格与流派的创新，也必须建立在对传统加以继承的基础之上。我国古代的文学和诗学理论，特别重视风格与流派的"通变"，即流变与师承。其所谓流变，即风格与流派的创新；而所谓师承，即风格与流派的继承。只谈流变而不谈师承，有如无源之水，是不可思议的。其中涉及的关系，也就是我们在前文所引石涛的话中提到的"古"与"我"的关系：一方面，"我"必须师承"古"的传统；另一方面，"我"之师"古"又不能泥"古"。古柏论风格时提出："个人风格是当我们从作家身上剥去那些并不属于他本人的东西，所有那些为他和别人所共有的东西之后，所获得的剩余或内核。"古柏的观点与袁枚讲师承"其佳处不在能与古人合，而在能与古人离"，在大的思路上是不谋而合的。一个"剥"字，一个"离"字，恰如其分地道出了文学风格与流派在创新和继承问题上的要义所在。

（三）文学继承的批判原则

文学的发展，必须对古今中外的文学传统和文学遗产，从内容和形式，包括风格与流派等方面加以继承，但这种继承，并非全盘照搬，并非复古或者崇洋，而是要有所分析，有所批判。

马克思在《资本论》第一卷第二版跋中，关于批判做过很好的说明。"辩证法在对现存事物的肯定的理解中同时包含对现存事物的否定的理解，即对现存事物的必然灭亡的理解；辩证法对每一种既成的形式都是从不断的运动中，因而也是从它的暂时性方面去理解；辩证法不崇拜任何东西，按其本质来说，它是批判的和革命的。"马克思在此论述得非常明白，所谓批判，既有其否定的一面，又有其肯定的一面。更准确地说，它是对事物否定和肯定的统一，是"扬弃"。把这种批判原则，具体运用于文学继承，也就是说，对于文学传统和文学遗产，对其中合理有用的因素，要予以充分的肯定；对其中不合理的和无用的因素，则要予以充分的否定。用鲁迅的话讲，要采取"拿来主义"，"运用脑髓，放出眼光，自己来拿"，然后根据情况，"或使用，或存放或毁灭"。

那么，继承文学传统和文学遗产，为什么要从否定和肯定两方面加以批判呢？这是由文学传统和文学遗产自身的性质决定的。文学传统和文学遗产，是前人对其所处的社会生活加以审美反映的产物。一方面，它们代表着文学发展的历史高度；另一方面，又不能不受前人所属的时代和阶级的种种限制。正因如此，在继承这些传统和遗产时，就必须按照马克思主义的批判原则，对它们一层一层地加以鉴别、区分。

其一，我们必须把经过社会实践检验证明是真善美的文学和经过社会实践检验证明是假恶丑的文学鉴别、区分开来。拿唐诗来说，我们在批判地继承这个传统和遗产时，要做的第一件事，便是把李白、杜甫、白居易等名家之作和御用文人的应制之作以及无聊文人的应酬之作进行鉴别和区分。

其二，我们必须把真善美文学中的精华部分和糟粕部分鉴别、区分开来。还拿唐诗来说，李白、杜甫、白居易等名家之作，里面有对人民苦难的同情，有对社会黑暗的抗争，有对祖国山河的赞美，这是精华；但与此同时，个别诗中也流露着及时行乐的思想等，则不能不说是糟粕。

> **小贴士** ▶
> 我们在文学传统和文学遗产中所要继承的，主要是真善美文学的精华部分。

三、文学创作中创新与继承的矛盾运动的表现

如果说，我们强调文学创新的民族化，是要把创新与继承相联系的话，那么，我们

强调文学继承的批判原则,则显然是要把继承与创新相联系。总体来讲,文学创新与文学继承,它们是作为整体的文学自身发展中不可分割的两个方面,既互相对立,又互相统一。

说它们互相对立,是因为文学创新从本来意义上讲,代表着对文学传统和文学遗产的中断、突破以及决裂的一面;而文学继承从本来意义上讲,代表着对文学传统和文学遗产的保持、延长以及承续的一面。

说它们互相统一,是因为文学创新必须以继承为手段,把文学传统和文学遗产化为自己的血肉,从而达到创新民族化的要求;反过来,文学继承要想有意义,必须以创新为目的,对文学传统和文学遗产加以鉴别、区分,从而体现批判继承的原则。

文学创新与文学继承就是这样既对立又统一,构成了一种相反相成的矛盾运动。所谓文学的发展过程,归根到底,便是在作为他律的文学与社会生活的矛盾运动的推动下,通过文学创作与接受的矛盾运动的中介所引起的作为自律的文学创作中创新与继承的矛盾运动的过程。这个运动过程,对于文学传统和文学遗产,既是中断,又是保持;既是突破,又是延长;既是决裂,又是承续。

> **小贴士**
>
> 鲁迅说:"新的阶级及其文化,并非突然从天而降,大抵是发达于对于旧支配者及其文化的反抗中,亦即发达于和旧者的对立中,所以新文化仍然有所承传,于旧文化也仍然有所择取。"这正是对文学自身创新与继承的矛盾运动的一个总结。

思考题

1. 简述文艺的起源与原始人的社会生活。
2. 简述文学发展的概念。
3. 简述文学发展中的他律和自律。

第三章 文学创作

1. 了解文学创作的过程;
2. 掌握文学创作的方法。

文学是人对社会生活和社会现实的反映,但是这种反映通过作家的创作活动才能传达出来,生活现象要经过作家的创作才能转化为文学现象,因此,作家创作是文学活动的起点,也是整个文学活动的最重要环节。

文学创作是一项非常特殊的精神生产活动,它具有鲜明的创造性,比之一般的生产更复杂。生活现象经过作家的选择、提炼、加工、改造,转化升华为艺术作品,在这一过程中,作家倾注了自己的需求、欲望、意志、情感和心血,融进了作家的全部心理功能。

小贴士

作家在创作过程中怎样反映现实生活,塑造形象,把生活现象转化为文学现象,涉及创作方法的问题。从文学作品所呈现的艺术与现实的关系状况,我们可以看到作家在创作中运用的不同创作方法和原则。本章旨从创作过程和创作方法两方面切入,系统分析整个文学创作活动,使读者对文学创作有一个全面的理解和把握。

第一节 文学创作的过程

文学创作是一种旨在创作新的意识形态话语系统的生产活动,不能像其他物质产品那样批量生产,每一件文学作品都是千差万别的,其诞生过程也十分复杂和微妙。但是,这并不意味着文学创作过程毫无规律可循。本节按照文学创作的一般过程把文学创作分为发生、构思、传达三个阶段进行研究,从而具体地挖掘作家创作的心理机制和弄清文学创作过程中的某些特点与规律。

一、文学创作的发生阶段

文学创作的发生就是文学创作的端点和契机。自然存在、社会生活中的客体以美的形态引发艺术家的艺术感觉,激发起他的创作欲望,使创作客体与创作主体的精神旨趣融为一体,转化为创作素材和原型,这就是文学创作的发生阶段。文学创作的发生阶段主要包括艺术积累、艺术感觉、创作动机、艺术直觉。

(一) 艺术积累

艺术积累是文学创作的准备阶段,它主要包括两个方面的内容,即材料积累和感情积累。

材料,指作家在生活实践中逐渐积累起来而未经加工的生活材料在作家头脑中留下的印象,也称生活素材。艺术来源于生活,作家无论写什么,都是作家所经历、所感受、所想象的人生,皆取材于现实生活,因此丰富的人生经验是文学创作的基础。但是,生活经验并不等于就是艺术积累,两个经历并熟悉相同生活的作家,创作出来的作品的质量和风格却大不相同,究其原因,有思想水平和艺术素养的原因,还有艺术积累的原因。

一般说来,作家的素材积累,与作家自身的生活经历有着密切的联系。作家的生活经历越丰富,他头脑中储存的素材就越丰富。因为,在多数情况下,作家在作品中利用的素材,都与作家有着或直接或间接的联系。在任何作家笔下,都不可能出现与其生活毫无关系的素材,只是作家的生活在作品中以何种形式出现而已。在这一点上可以说作家深厚的生活经历、广泛的素材积累,是作家从事文学创作的基本前提。

> **小贴士**
>
> 现代著名作家沈从文之所以能创作出《边城》《长河》等优秀的湘西系列作品,即缘于他对童年生活过的宁静、古朴、自然的家乡湘西地区的深情记忆。周立波的小说《山乡巨变》中亭面糊、菊咬筋、刘雨生、李月辉等人物形象,都是他1955年回到益阳老家后,在深入生活的过程中有意识地观察、体验,形成审美表象的基础上创造出来的。生活是艺术的源泉,作家不深入生活,没有生活材料的积累,就不可能进入创作过程。

当然,并不是说一个人只有阅尽人间沧桑,才有可能进行文学创作,或只有亲身经历伟大的生活事件,才能创作出伟大的作品。素材与题材之间仅是一种影响关系,而非一种线性的决定关系,素材积累仅是创作成功的因素之一。文学创作活动,远不是生活、思想、技巧三者的简单相加,而是作家作为主体对客体的加工整合过程。一个作家是否伟大、一部作品是否成功,取决于多种因素,如作家的才气、技巧以及对素材的体验、开掘的深度。

艺术积累离不开作家对生活的观察。契诃夫说:"作家务必把自己锻炼成为一个目光敏锐、永不罢休的观察家。"观察也是一种才能,每个人每天面对丰富多彩的生活,有人毫无感触地让它从身边溜走,有人却善于把握生活的特征,这就离不开深入的观察。丹纳在《巴尔扎克论》中曾描述过他的观察:"它(指巴尔扎克的大脑)能在一个姿态里窥见一种性格、一个人的整整一生,把它们和时代结合起来,从而预见到未来,用画家、医生、哲学家的眼光,渗透他们的底蕴,展开一张无须意志推动的测度的罗网,包举了全部思想和事实。"

在这里,作家的观察并不是简单地观看,而是观察、理解、体会等多种能力的共同作用。作家观察生活与科学家观察事物不同,作家观察生活,"严格来说,看见东西的并不是眼睛;看见东西的是大脑和心灵。眼睛只是一件传递和改变光能的工具",用"大脑和心灵"看东西,是作家观察生活的基本特点。作家观察生活,不是照相式地全部摄入,而是在经验、知识、文化心理影响下的主动选择。作家对事物的印象,已有了某些主观化的色彩。

观察对于艺术积累非常重要,但是单有观察,并不能真正满足创作主体的精神需要,完成艺术积累的过程。作家不是作为一个冷漠的旁观者进行观察,而是在观察生活的同时投入自己的感情,带着情感、带着主体心灵对生活独特的感受和体验去观察,使其所积累的素材物思一体、情景交融。

> **小贴士**
>
> 现代诗人和美学家宗白华在回忆自己 17 岁时在青岛和上海的体验时说:"青岛的半年没读过一首诗,没有写过一首诗,然而那生活却是诗,是我生命里最富于诗境的一段。"对于他来说,这种生命体验的过程其实就是材料积累和情感积累的过程——生活被诗化了,诗成为生活本身的旋律,所以构成他"生命里最富于诗境的一段"。
>
> 也就是说,观察离不开体验,生活的积累离不开情感的积累,作家要用心灵、感受和情绪来积累素材,把握素材。作家在这种素材中生活过,思考过,痛苦过,快乐过,有着极深的感受和特殊的情感,郁积心中,不吐不快,才能一经碰触,即如开闸之水一发而不可收。

(二) 艺术感觉

材料积累和情感积累是文学创作的基本条件,但是要真正进入文学创作过程,还必须有艺术感觉,没有艺术感觉,再多再好的材料也只是杂乱无章地堆积于作家的大脑中。

艺术感觉是一种发现的能力,是作家在社会生活中积累了一定的生活材料的基础上,依据自己认识生活和评价生活的思想原则和审美趋向,心灵上产生的一种蓦然顿悟,对外在事物进行观察和审视时得到一种独特的感受。

具有艺术感觉的作家,他能在常见的事物中独具慧眼地看出某种新质素或新特征,在别人熟视无睹的现象中发现蕴含于其中的独特意蕴,在极平凡、极平淡的形式中发现不同的排列组合方式。艺术感觉是文学创作发生的契机,正是作家所发现和感觉的这一点,成为他从事文学生产的突破口。因此,罗丹说艺术家的眼睛就是能在别人习以为常的地方发现美。

鲁迅从"阿Q"身上发现了国民性的弱点(《阿Q正传》),叶圣陶从"倪焕之"身上感觉到了懦弱知识分子的灰色人生（《倪焕之》），萧红在故乡"呼兰河"发现了东北地域文化性格（《呼兰河传》），顾城发现了黑夜、黑色眼睛与光明之间某种奇妙的关联（《一代人》）。他们都以独特的眼力，在常见的人或事物上感觉到了不同。这种发现以异乎原来事物的方式呈现在发现者本人的眼前，使他发掘出隐藏的深层的意义。由此出发，他便生产出了让世人瞩目、惊赞不绝的文学作品。

艺术感觉的产生并不神秘，这种独特的眼光体现着作家深层的心理内容，他所以能在事物中发现别人不能发现的东西，是他当时的情绪、需要、趣味、价值观和早先经验的综合作用的结果。

艺术感觉作为创作的胚芽，它的产生具有突发性，是作家心灵的蓦然顿悟。这不是说一瞬间作家就发现了创作的契机，而是在它产生之前，作家对某一事物已经经过了长时间的观察。蓦然顿悟的发生，只不过是内心经验酝酿后，在一个偶然的助推力的作用下的破土而出。这个助推力是某种外在机缘，而这一外在机缘一旦和作家个人内心体验相契合，艺术感觉这种发现力量就产生了。

> **小贴士**
>
> 艺术感觉是文学创作发生的契机，没有艺术感觉，文学创作就不可能进行。如果说，生活是文学创作的源泉、材料是文学创作的起点，那么艺术感觉和艺术发现就是文学创作赖以发生的根由。

（三）创作动机

艺术创作的发生，除了敏锐、精细、独特的艺术感觉之外，还需要有创作动机的刺激。所谓创作动机，是指作家内心萌发的推动作家不得不进行创作的一种冲动或愿望。动机是由需要而引发的促使人行动的内在力量，它是引起和维持个体行为并导向某一目标的动力，它常以愿望、兴趣、理想等形式表现出来。

创作动机往往是偶然的，多种多样的。作家果戈理从别人那里听到一件新闻逸事，一个很穷的小官吏节衣缩食买了一支称心的猎枪，第一次打猎时，猎枪掉进了茂密的芦苇丛中，小官吏回到家中从此一病不起。在场的许多人听了这个故事，都一笑了之，唯独果戈理若有所思地倾听着，受此启发，这件逸事成了他的中篇小说《外套》的创作动机。当代著名作家冯骥才坐火车旅行时，同车厢有一对夫妇，丈夫个子很矮，妻子个子却很高，这对奇特的组合引起了其他人的关注，大家都感到奇怪和别扭，但是这对夫妻一路上相亲相爱，互相照顾，使得整个车厢的人都为之感动。这一偶然事件引发了冯骥才的感慨和创作的愿望，回去后，他开始了自己的艺术构思，写出了小说名篇《高女人和她的矮丈夫》。

这些都说明，合适的刺激对创作的开始很重要，正如巴乌斯托夫斯基在《金蔷薇》中写道："谁知道一次邂逅，一句记在心中的话、梦、远方传来的声音，一滴水珠里的阳光或者船头的一声汽笛不就是这种刺激。我们周围世界的一切和我们自身的一切都可以成为刺激。"正是这种"刺激"作为触媒，把作家头脑中储存的某些审美表象以及与

它相联系的情感激活了，使作家萌生了创造某一部作品的愿望。

创作动机看起来是一个偶然的触发，实际上是创作主体和客体必然的吻合而萌生出来的。在产生创作冲动的一刻，作家的理想和情感找到了可寄托和宣泄的具体对象，生活的材料也找到了升华为艺术作品的契机。可以说，作家敏感的心灵和外在刺激模式共同营造了艺术创作动机，使艺术创作有了可能。

创作动机是如何产生的？总体说来，当然是作家在现实生活经历中得到了暗示，但具体加以研究就会发现，创作动机作为文学生产活动的内驱力，它的产生和运作是作家极为复杂的生理和心理现象在文学生产过程中的表现。现代心理学研究认为，任何需要，只要它能调集人的心理能量并在大脑中形成优势兴奋点，便都可以成为行为活动的内驱力。艺术家也是这样，他的精神受到压抑或者有了更高的精神追求，心理失衡，就产生了平衡心理的需要，当遇有外部刺激的触动，于是产生了带有极强行动力量并对整个创作过程起支配作用的或隐或显的意图或想法。"披阅十载，增删五次"，终于写成皇皇巨著《红楼梦》，曹雪芹仰天长叹："满纸荒唐言，一把辛酸泪，都云作者痴，谁解其中味？"其实，他这是在倾吐自身那无穷无尽的感慨，道出之后，未必是寻求理解，而只是一种心理的需要，一种精神不堪重负的释放！

对于个体作家而言，创作动机并不是单一的，从作者自身来看，创作动机又可以分为心理动机、社会政治动机、经济动机等。从结构和表现形态着眼，创作动机还可以分为主导性动机、非主导性动机、高尚动机、卑下动机、显性动机和隐性动机等多种类型。

这些创作动机之间又可能有多种不同的交叉和组合方式，成为种种艺术发现的心理依据和创作意图的心理圆心，因而创作动机一旦触发，作家内心便经常发生激烈的动机冲突。动机冲突造成文学生产过程的多种复杂行为模式，给文学作品打上深重的冲突印记。可以说，文学生产过程都存在着不同样式和不同程度的动机冲突，文学产品恰恰是在各种不同的动机冲突中完成的。

创作动机作为一种心理机制，它的样态不是稳固的，它可能根据具体状况随时更改。外部环境的改变或者创作意图与生活、艺术的逻辑不相适应，都可能迫使作家重新调整创作动机，这种中途改变是很正常的事。

> **小贴士**
>
> 创作动机的作用是显而易见的，虽然表面上它依赖于从材料储备、艺术发现到艺术作品的完成这一整个文学创作过程，但是事实上，创作动机却具有暗中支配和决定作家搜集材料的范围及其艺术发现方向的潜在操纵力量。在一定程度上，它决定了作家某一具体作品甚至其一生文学创作和艺术思索上的走向。

（四）艺术直觉

在创作主体的艺术感觉中，有一种比较奇特和重要的感觉功能，即艺术直觉。艺术直觉是指主体在审美创造活动中不经分析和推论而直接、敏锐、迅速地感受、捕捉和透视具有审美价值的形象的一种特殊的认识和心理能力。

文学创作中的直觉跟科学创造中的直觉一样，是客观存在的极富创造性特征的思维现象，它对文学创作和科学发现来说都是极为可贵的。古希腊的毕达哥拉斯学派就认为对于数学来说，"思想是高于感官的，直觉是高于观察的"。主张艺术直觉的表现主义美学家克罗齐在《美学原理》一书中更是把直觉推向了极端，认为："直觉是艺术的本质，忽视直觉的客观基础和理性因素，有其严重的缺陷。"张岱年先生曾说："中国哲学中，讲直觉的最多。"老子所说的"涤除玄览"、庄子所说的"以明"与"见独"、墨子所说的"亲知"、张载所说的"德性所知"、王阳明所说的"求理于吾心"等，都是讲直觉思维与直觉知识的重要性。

但是，对于文学和艺术创作来说，直觉显得格外重要，这与艺术活动的性质和特点有关。艺术创作是运用形象和意象来思考的，这就需要艺术直觉来推进。艺术直觉和科学直觉不同，它关注的是事物的感性特征，而科学直觉虽然也不完全排斥感性的因素，但总是要指向一般规律，要对所直觉的印象进行逻辑加工，所以不能脱离抽象概念。

艺术直觉还具有整体性、瞬间性、直接性等特征，这也使得它与文学创作关系密切。一旦遇上某种契机，艺术直觉就会使作家的思维像闪电一样迅速越过逻辑的桥梁，获得顿悟的效果。

> **小贴士**
>
> 中国古代美学把艺术直觉称为"妙悟"，王夫之说艺术直觉的特点是"一触即觉，不假思量计较"。很多作品，常常就是作家的直觉印象直接转化而来的。如托尔斯泰在一棵牛蒡花的"提醒"之下，触发创作了《哈吉·穆拉特》。鲁迅创作《一件小事》，也是在一个车夫的直觉印象的触动下完成的。五四时期宗白华、冰心所提倡的"小诗体"，其中大部分小诗就是瞬间的印象和感悟。

另外，艺术直觉还具有情感性和模糊性的特点，读者是带着情感来把握文学作品的，因此能体会到更丰富的超出字面意思的意蕴。如李煜"问君能有几多愁，恰似一江春水向东流"，江水是具体可感的事物，然而作者缠绵的情志、无限流淌的愁绪和寂寞荒凉的人生感，却是只能意会不可言传的。

艺术直觉对文学创作来说，具有两大作用：其一，在创作中，艺术直觉保留了主体的感性经验，保留了感性个体的生命存在。这样，作家对某事物或现象就有了直观式的把握，由此出发，他可能迅速建构起一篇作品。巴尔扎克说，有时对一个细节、一个字的洞察就可能唤起一整套的意念，从这些意念的滋长、发育和酝酿中，又可以诞生显露匕首的悲剧、风趣横溢的喜剧，简直是"你想要什么，就有什么"。

其二，艺术直觉往往能够使作家穿透事物的外表，发现其背后发人深省的内蕴。直觉犹如思维的"感觉"，人们通过感觉器官的感觉能力只能认识事物的现象，而直觉却可以跨过逻辑的桥梁，直接进入意识，达到对事物规律性的把握，认识事物的本质。直觉虽然表现为无逻辑，无意识，非理性的感性直观的思维特征，但它又不是停留在感性认识阶段的一般的感觉，而是能在对事物的感性直观中直接洞知事物和把握日常思维难以把握的事物的真相，明悉和领悟到日常思维难以领悟的事理的真谛，即由对事物的感性直观飞跃到掌握事物本质的高级阶段的理性认识。它能从有限的局部把握无限的整体，从个别的偶然洞悉一般的必然，从事物的表层外观透知事理的深层内蕴。

陈子昂的《登幽州台歌》："前不见古人，后不见来者，念天地之悠悠，独怆然而涕下！"之所以具有博大精深的意蕴，原因便在于他对审美对象的那种感悟性直觉的深度。诗人面对辽阔的空间，俯仰古今，发现了自然的真理——宇宙的无限和永恒与人生的短暂易逝。这是一种对人生、时空的哲理性的大彻大悟，没有深邃的艺术直觉是达不到这种高度的。

巴尔扎克在《驴皮记》序言中写道："在真正的思想家、诗人、作家身上，出现一种不可理喻的、非常的、连科学家也难以说明的精神力量，这是一种透视力，能够帮助文艺家在任何可能情况下测知真相，说得确切点，这是一种难以明言的，把文艺家送到理想去的力。"

二、文学创作的构思阶段

作家有意识地观察生活、积累丰富的材料，有了艺术情感和创作冲动后，文学创作就进入了构思阶段。艺术构思阶段是由艺术形象的促发到具体艺术形象的酝酿，最后作品以它特有的形式在思考过程中定型的过程。艺术构思是文学创作的中心环节，它上承文学创作的发生阶段，下接文学创作的传达阶段。也是文学家思维非常活跃、精神高度紧张的阶段，因此，它是文学创作最重要的阶段，它在很大程度上决定着文学创作的成败与否。在这一阶段，需要掌握的是艺术构思的基本概念和它的心理机制。

（一）艺术构思

所谓艺术构思就是作家在艺术发现和材料积累的基础上，在某种创作动机的引导下，以心理活动和艺术概括的方式，创作出完整的呼之欲出的艺术形象的过程。

鲁迅讲到自己小说创作的经验时曾说，他和画家一样，"也是静观默察，烂熟于心，然后凝神结想，一挥而就……"鲁迅言简意赅地说明了艺术构思的主客体条件、特点以及所要达到的目标。艺术构思的主体部分是作家的头脑，客体部分是作家通过静观默察得来的、已经烂熟于心的生活材料，其特点在于"凝神结想"，所要达到的目标是主客体统一的、将要一挥而就的那个未来的作品。由生活材料到将要"一挥而就"的作品，关键在于"凝神结想"，即艺术构思。

文学运用语言符号塑造艺术形象来表现社会生活、传达思想感情的特点，决定了艺术构思的核心是孕育艺术意象。就一般情形而言，它包括主题意蕴的提炼、艺术形象的孕育、情节结构的安排和艺术形式的探寻等一系列环节。因此，艺术构思是文学创作最实际、最紧张、最费力的阶段。

> **小贴士**
>
> 俄国作家冈察洛夫把这个阶段比喻为建筑"小说大厦",他说,"单是一个结构,即大厦的结构,就足以耗尽作者的全部智力活动:思量和周密考虑参与主要任务的人物、他们彼此间的关系、事件的安排和过程、人物的作用,还要留神地检查和批评有关真实不真实、欠缺或过分等问题。总而言之,像喝干海水一样困难!"蒋孔阳说:"作家接受生活的冲突,产生感受,发现原型,还只是受胎。然后,他就全神贯注在这个胚胎上。他用生动的生活感受和印象作为原料,用自己的心血和思想感情作为营养,来不断地培育和滋补胎儿。"这个不断地"培育和滋补胎儿"的过程需要作家倾注全部的心血和精力,调动自己全部的心智能力去参与。

在构思中,从生活里蜂拥而至的一切信息、刺激不断地汇合、碰撞、不稳固地分散又聚合。千万个念头在作家大脑中刚涌现又倏忽逝去,杂乱无章,不可捉摸,作家的头脑飞速运转,心理承受巨大的压力。

当艺术触发已经开始,作者从产生了强烈的创作冲动的那一刹那起,所要着手的事情就是对引起自己创作冲动的这些信息和刺激郑重地掂量,反复地审视,看看到底是什么在自己的心里撞击出创作冲动的火花,这种火花是如过眼烟云,一飘即逝,还是经年累月,在自己心中燃烧不停?只有那些持久、有生命力的东西,才是值得作者加以艺术地表现的东西。作者对这种东西进行严格选择,反复提炼,深刻开掘,认真地推敲它所蕴含的意义,把它加工成艺术作品。

在艺术构思中,想象和推测弥补了事实链条中的不足和还没有发现的环节,突破了时空的限制,使作家能够在更广阔的时空范围内去创造艺术意象。作家生活在现实世界中,他的活动受到现实的种种限制,其生活经历和直接经验都是有限的,如果作家仅仅局限于此而进行构思,在时间上和空间上都是狭小的,有局限性的,孕育出的艺术意象也会极为单薄。艺术想象的超越性在于:作家可以从自己的经历、经验生发开去,让想象奔腾驰骋,跨越时空,从现实推演出理想,创造出他们所没有见到过的事物之意象。吴承恩头脑中的天宫、拉斐尔头脑中的圣母都是他们构思中想象的果实。艺术意象的形成,主要在构思阶段,艺术意象之成熟,即艺术构思之完成。

在这一阶段,作家心中比较模糊的东西逐渐清晰,形象也逐渐完整丰满,使未来作品呈现出隐约可见的轮廓来,艺术构思慢慢地趋向凝固。苏轼说:"执笔熟视,乃见其所欲画者。"经过艰难的思索,未来作品的大致形象在繁杂的材料中逐渐浮现,艺术构思逐渐完成。

当然,每位作家都是独特的创作者,在具体的创作过程中,构思的形态各不相同。有的构思时间较长,过程也比较艰难,从人物性格、情节设置、场景安排到形式和内容的关系,都力求完美。

> **小贴士**
>
> 曹雪芹写《红楼梦》，"披阅十载，增删五次"即一个例子。曹禺写《雷雨》也是煞费苦心，在写作之前，不仅制定了全剧的大纲，而且反复酝酿构思了五年之久。而有的作家则不等构思成熟就下笔，乔治·斯·西默农说："我一有了开头，就不能让它耽搁太久……两天后我就开始写起来。"然后，在创作的过程中边写边想，构思和写作几乎是同时进行的。不管是哪一种情况，都意味着作家心理孕育已经成熟，可以诉诸笔端进入传达阶段。

（二）艺术构思中的主要心理机能

处在创作构思阶段的作家其心理现象极其复杂，创作状态五花八门。他可能绞尽脑汁、冥思苦想却毫无收获，然而，在他绝望地要放弃时，那些百思不得其解的答案却倏忽而至。有的作家在创作时，如痴如醉，大异常态；有的作家思如泉涌，一挥而就……这些现象往往让人觉得不可思议，因此，有必要对艺术构思中几种重要的心理现象加以介绍和分析。

1. 艺术情感

情感，按照心理学的一般界定，也可以称之为感情，它是指人在活动中对客观事物所持的态度的体验。文学家的心理因素中最为活跃的就是情感，正如别林斯基所说："情感是诗的天性中一个主要的活动因素；没有情感就没有诗人，也没有诗！"

艺术构思的一个重要特征就是整个思考过程始终伴随着强烈的情感活动。作为创作主体的作家，始终带着强烈的爱憎态度去感受世界、体验生活，这是作家和科学家的区别。艺术情感也不同于自然情感，它不是针对某一事件的当下体验，而是在艺术构思过程中被唤起的推动艺术创作的再度体验的情感，这其中已经发生了某种不自觉的转换，带有了一定程度的理性评价内涵，这是在不同的人生经历的基础上所形成的对于宇宙人生的理解和认识。

艺术情感是文学艺术作品的最重要构成因素，能进入艺术家视野的事物，往往是能在情感上打动他的事物，是艺术家的创作动力。许多作家都强调过去生活所造成的情感经历促使他们走向了文学创作。巴金在谈到《家》的创作过程时说："我仿佛在跟一些人一同受苦，一同在魔爪下挣扎。我陪着那些可爱的年轻生命欢笑，也陪着他们哀哭。我一个字一个字地写下去，我好像在挖开我记忆的坟墓，我又看到了过去使我心灵激动的一切。"没有这样充沛丰富的情感积累，就难以进入真正的文学创作。

艺术情感能融化和丰富作家的审美体验和想象，又使它们深深渗入到艺术形象里面，化为艺术形象的血肉、灵魂，使形象饱含着情感，获得空灵活跃，激活艺术形象的生命。托尔斯泰说他写《两个生命》中将军之死时，一连数日，竟忧心如焚，仿佛真的在经受死亡一样。这正是由于情感渗透到形象之中，作家与所创造的人物完全融合为一体，因此能感同身受地体验他的思维对象。

作家情感的丰富性为文学形象灌注了奔腾的生命之浆，它是避免文学作品流于枯燥、乏味和板滞的关键。

> **小贴士**
>
> 马致远的《天净沙·秋思》将漂泊天涯的游子思乡、悲凉惆怅的情感体验，融入枯藤、老树、昏鸦、小桥、流水、人家、古道、西风、瘦马、夕阳、断肠人、天涯等景物，精心布置、排列组合成一个情景交融的意境，勾勒出旅途中的孤单与寂寥，显现出一派萧瑟与黯淡。这里虽无一字写情，却字字关情，字字流淌着情感的血液、洋溢着生命的情韵，作家情感的融入使它成为一首描述羁旅游子的极品。

艺术情感也是艺术生命的所在，是它使艺术作品具有了审美感染力。因为，作家情感不仅是他个人情感的体现，同时也是人类情感的共同载体。正是由于人类情感的相通性，文学作品才能以情感人。情感在文学作品中是无所不在的，因为文学作品就是以情感人，没有情感，文学形象就会显得苍白，没有生气。

黑格尔说，文学作品"按照内容的性质使我们忧，使我们喜，使我们感动或震惊，使我们亲历身受愤怒、痛恨、哀怜、焦急、恐惧、爱、敬、称赞、荣誉之类的情绪和热情……一切情感的激发，心灵对每种生活内容的体验，通过一种只是幻相的外在对象来引起这一切内在的激动，就是艺术所特有的巨大威力。"这说的就是情感在文学作品中的巨大功用。再如陆游的《卜算子·咏梅》："驿外断桥边，寂寞开无主。已是黄昏独自愁，更著风和雨。无意苦争春，一任群芳妒。零落成泥碾作尘，只有香如故。"表面上看写的是一朵风雪中绽放的梅花，而内涵却是郁郁寡欢、凄苦无助又清高傲世、孤芳自赏的情感。这种情感才是作品感动人的力量所在。

2. 艺术想象

艺术想象是艺术创造中最重要的心理运思过程，它是艺术思维的载体和展开形式。所谓想象，是指人们在头脑中改造以往记忆中对客观事物的直接映象（或称表象）而创作新形象的过程。无数次的感知、大量的观察、丰富的经验，以及一定的天才是艺术想象力腾飞的基础。

黑格尔高度推崇想象力，他说："如果谈到本领，最杰出的艺术本领就是想象……想象是创造性的。"我国晋代文学家陆机认为想象是"精骛八极，心游万仞""观古今于须臾，抚四海于一瞬"；南北朝时的文学理论家刘勰认为想象是"登山则情满于山，观海则意溢于海"。都生动地说明了艺术想象的特点。

艺术并不是生活的复制，艺术家想以一定的形式把涌动于心中的艺术情感呈现出来，只有通过艺术想象。从心理学的角度来说，艺术想象是指创造主体在原有感性表象（记忆所保持的客体的形象）的基础上，创造出具有生命情趣的艺术形象的心理能力。

艺术想象分再现性想象和创造性想象，再现性想象是指由文学语言的激发，想象到词语所指向的表象，即对外部事物和现象的复现的心理过程。创造性想象是指作家、诗人对头脑中原有记忆表象进行分解组合、加工重构，创造出新的艺术形象的心理过程。创造想象对于作家来说尤为重要。

艺术家的创造性想象不同于一般的想象，不仅是追忆以往生活过的情境和观察过的事物，黑格尔说："艺术家的创造性想象却不如此，它是一个伟大心灵和伟大胸襟的想象，它用绘画般的明确的感性表象去了解和创造观念和形象，展示出人类的最深刻最普遍的旨趣。"从他的论述可以看出，艺术想象的最重要的特质就是其创造性。

在文学创作活动中，一些孤立的事件或零散的意象，就是靠作家的创造性想象才得以连缀并演化为丰满的艺术形象的。比如巴尔扎克在《人间喜剧》中描写了上千个人物，描写的人物各不相同，各有各的性格。巴尔扎克说自己每天都过着他所描写的人的生活，这怎么能够做到呢？靠想象。

> **小贴士**
>
> 歌德在谈到自身创作时说："我把一些印象接受在内心里，而这些印象是感性的、生动的、可喜爱的、丰富多彩的，正如我的活跃的想象力所提供给我的那样。作为诗人，我所要做的事不过是用艺术方法把这些观照和印象融会贯通起来，加以润色，然后用生动的描绘把它们提供给听众或观众，使他接受的印象和我自己原先接受的相同。"这里歌德所说的"融会贯通""润色""生动的描绘"等，就是指作家的创造性想象。

艺术想象这种心理能力对文学创作有着突出的意义。它既能艺术地把握生活的某些本质，又充满着生命的情感意味，既是认识的，又是富于生命情味而透着人生意蕴和审美评价的。可见，想象对于艺术思维的意义非比寻常。它的突出作用表现在：

其一，想象可以突破时间、空间，以及生活真实等的限定，可以打破作家直接经验的局限，而使文学创作的自由能力得到最大限度的发挥，能弥补创作材料的不足，从更深、更广的范围去反映客观世界。

一般来说，作家的创作总是先在现实生活中获得经验和感受，获得创作的材料。但任何作家个人的亲身经验和感受都有一定的局限，他不可能只写自己亲身经验或亲身感受的事物。而想象的无比自由性却可以弥补这个不足。这正如陆机、刘勰对想象所做的精彩描述，他们认为想象具有上天入地、超越时空的无比自由。陆机曾经在《文赋》中以"笼天地于形内，挫万物于笔端"等，生动地形容了艺术想象超越时空的特性。刘勰在阐释相当于艺术想象的"神思"时也特别强调："文之思也，其神远矣。故寂然凝虑，思接千载；悄焉动容，视通万里。"由于艺术想象可以突破直接经验的局限，作家完全可以借助想象的翅膀飞翔到他所未曾经历过的世界，而从更广阔的时空领域，跨越上下几千年、纵横数万里地"补充事实链条中不足的和还没有发现的环节"。

其二，想象能促成文学的虚构性、推动作品情节的发展，以及结构布局等的完成。

艺术想象具有对形象的虚构整合作用，这是它不同于科学想象的一个显著特点。在科学思维中想象必须以科学家的观察实验所得的事实为根据。艺术想象却是一种生活实像的虚构，它可以通过虚构创造现实中可能有而并非实有的或者根本就不可能有的人物、情节和情景，如堂吉诃德、孙悟空等。《倩女离魂》中死而复生的情节、《长生殿》中月宫重圆的情景，这些无不是非现实的虚构，是由想象促成的。想象的虚构性对形象的虚构具有整合作用。这种虚构的整合，在现实中有幻想、形体中有本质、具有无限自由时空领域的艺术美，从而使生活真实转化为艺术真实，使生活美转化为艺术美。可见，艺术虚构乃是艺术想象所具有的本质特征，想象对虚构形象的整合性，正是文学创作典型化的要求。

其三，想象的情感体验性能强化形象的审美意蕴。

艺术想象与科学想象的最主要区别是它的情感体验性。在艺术思维中，作家的想象必须"入乎其内"，设身处地体验他所创造的对象而达到"物我交融"的境界，像福楼拜曾描述过自己的创作那样："今天我就是丈夫和妻子，情人和姘头，……我觉得自己就是马，就是风，就是他们的甜蜜的情语，就是使他们的填满清波的眼睛眯着的那道阳光。"正是想象的情感体验性，使作家化身为自己所创造的对象，从而能深入到对象最复杂、最丰富的内在世界中去，把每个最微小的细节和最隐蔽的心理活动真实地描绘出来，以强化形象的审美意蕴。

3. 艺术灵感

灵感是指人们在创造性的思维活动中因偶然机遇所引起的思路豁然贯通、文思泉涌，使创造获得意外成功的一种心理现象。它是创造性活动中的一种客观存在，是文学创作构思阶段最重要的思维方式。

对灵感的研究起源很早。灵感是英文 inspiration 的意译。中国古代文论中没有"灵感"这一术语，但"灵气""感兴""顿悟""天机""神来"等种种提法和称谓，指的就是灵感。

关于创作灵感，诗人、作家们有很多优美的描述。"我那不安的心灵就归于宁静"（莱蒙托夫）；"声音正由远及近，于是我的心灵就听命于这哀愁的声音，变得越来越年轻"（勃洛克）。灵感是艺术构思中一个重要的心理特征。

当然，灵感不是艺术创作中特有的心理现象，科学研究以及其他领域里的工作，同样有灵感存在。例如著名物理学家爱因斯坦在谈到科学定律的发现时说，"要通向这些定律，并没有逻辑的道路，只有那种以对经验的共鸣的理解为依据的直觉，才能得到这些规律。"这里的"直觉"主要指灵感。诺贝尔物理学奖的获得者杨振宁认为，科学家的发明创造也需要灵感，他自己的灵感常常就是在早上刷牙时产生的。

但是，应该说灵感在文学艺术创作中最为恒常，作用也更为突出。艺术灵感一般具有两种特征，即非预期性和稍纵即逝性，不及时捕捉就难以再现，所以作家特别珍惜灵感的袭来。灵感在偶然机遇中来临，常常是倏忽而来，稍纵即逝，既不能预测它的来临，也不能操纵它的离去。

> **小贴士**
>
> 歌德写《少年维特之烦恼》，缘由是有一天他听到一位少年失恋自杀的消息，突然间仿佛见到一道光在眼前闪过，立刻就想出了全书的框架。托尔斯泰在尘土飞扬的路旁，看见了一棵孤零零的牛蒡花，断枝上竟然还开着一朵沾了泥的小白花，于是他想起了哈吉·穆拉特，因为，"在这一片田野上，只有它把生命坚持到最后，不管怎样总算坚持下来"。在这一瞬间，他似乎看到了哈吉·穆拉特的一生，于是他"真想把这一切写出来"。由于这突如其来的启发，他很快完成了中篇小说《哈吉·穆拉特》。

由于灵感的外在形态表现为对问题突如其来的顿悟，或者是一种亢奋紧张、文思泉涌、不可遏止的状态，所以它往往被神秘化。其实，灵感并不是来自某种超自然力量的神赐。"长期积累，偶然得之"，大致道出了灵感产生的轨迹。托尔斯泰说"天才的十分之一是灵感，十分之九是血汗"，说明长期的生活实践，包括艰苦的艺术探索和追求，

才是灵感产生的基础。

三、文学创作的传达阶段

在实际的创作活动中,文学形象经过艺术感受力和艺术想象力的培育或重造,以及艺术情感力的鼓动和激发,要想成为文本的现实,就必须依赖于语言表达。语言表达也就是文学创作的传达阶段,它也被称为文学的物化、外化或者符号化阶段,是艺术构思形成文字,最终产生文学作品的阶段。

文学创作的传达阶段的具体步骤常常是犬牙交错地纠缠在一起的,对此我们不做具体描述,仅针对三个主要问题加以讨论。

(一)传达的复杂与困难

任何艺术形象的创造都面临一种传达的矛盾和痛苦,但是作为语言艺术的文学来说,这种矛盾和痛苦更为突出。在现实生活中,有些人不乏敏锐的感受力、丰富的想象力,乃至于强烈的情感,但由于缺乏一定的语言表现能力,只能抒古人之情怀、发前人之感慨,不能塑造出"人人心中皆有,个个笔下皆无"的形象。而有的人虽然已经胸有成竹,在内心中创造出了独特的形象,但真正使用文字符号来传递心中所想时,也常常感到力不从心。

古往今来的很多文学大师都曾为言不达意而苦恼过。高尔基曾经引用一位苏联诗人的话说:"世上没有比语言的痛苦更强烈的痛苦"。我国唐代诗人贾岛甚至是"两句三年得,一吟双泪流","吟安一个字,捻断数茎须"。可见,外语言和内语言的矛盾从根本上是无法消除的。

还有很多心理现象也是语言无法表述的。文学创作表现的对象是人、人的精神世界,而人和人的精神世界是世界上最复杂、最丰富、最微妙、最变幻无常的,因而也是最难把握和最难表现的。在人和人的精神世界中,有些是可以言传的。有些是难以言传的。我国古代文论家刘勰指出,"思表纤旨,文外曲致,言所不追,笔固知止"(《文心雕龙·神思》),肯定了语言无法表述的心理活动的存在。

为什么会产生这些矛盾和困难?究其原因,原因之一在于思维活动处于一种流动不定型的状态,是一种心理的观念性的存在,而作为艺术传达物质媒介的语言却是确定的、具体的。艺术构思只是作家头脑中对文学形象的设计,只有成为艺术形象的可能性,还不具有艺术形象的现实性,就要通过艺术传达来实现。但是在具体的语言传达过程中,在体现艺术意象的同时又限定了意象。

原因之二在于文学传达的过程依然是一个富于创造性的继续构思、不断更改变化的过程。如果在创作过程中,作家的创作意图不适应人物性格发展的逻辑,在具体的传达过程中,当人物性格逐渐形成、人物情感逐渐活跃、人物思想逐渐明朗时,他就会按照自身的情感方向运行、按照自身的性格逻辑发展,从而沿着作家在构思中预设结局的相反方向前进。

> **小贴士**
>
> 托尔斯泰对《复活》中的玛丝洛娃的肖像描写修改了十二次。创作开始，在托尔斯泰的心目中，她只是一个堕落的女人，因此被描绘成一个丑陋、淫荡和病态的形象，后来，作家意识到她的苦难不是由于自甘堕落，而是由于贫穷，因此对她产生了深切的同情，改变了创作方向，擦去了玛丝洛娃身上的丑陋痕迹，呈现出一个心地善良的下层妇女备受摧残的内在美。这种反复思索、不断修改的情况在创作过程中经常发生。

原因之三在于作家创作动机的中途转换。作家在开始构思的时候对未来作品有了一个粗略的意图，有时，"由于某种外在刺激或在材料中发现了新东西，作家会产生一种新的动机，此时后起的动机还可能取代原先的意图而左右作家的操作过程。"鲁迅创作《补天》、陀思妥耶夫斯基写《群魔》都曾发生过这种创作动机的转换。

（二）语言传达能力的培养

作家的语言传达能力实际上表现为两个方面：一是创作主体用心理语言构思意象、塑造形象的能力；二是创作主体将存在于自己心目中的、业已成熟的文学意象或形象用外语言传达出来，物化为文学作品的能力，即符号化的能力。作家要想提高自己的语言传达能力，应该注意语言的运用和语言表达能力的培养。实际上，外化的语言是很难完全传达出作家内心的审美图景的，但却可以通过词语的提炼达到一定程度的克服。

语言传达能力虽与先天素质有一定关系，但从根本上说还是来自后天的培养学习。传达能力的培养，重点应注意两个方面。首先，应充分了解、熟悉语言的局限性、特殊性，在对语言的适应中克服语言的局限，从而达到得心应手、心手一致；其次，应刻苦训练，不停地写作。果戈理说："写作的人像画家不应该停止画笔一样，也是不应该停止笔头的。随便他写什么，必须天天写，要紧的是叫手学会完全服从思想。"所谓笔头服从思想，也就是作家通过刻苦学习与训练，实现辞能达意，使传达与构思协调一致。最后，应注重词语提炼，准确生动地表达形象。寻找不可替代的文字符号把内心构思的意象固定在纸上，使之成为被读者接受的文学作品，这是很艰难的过程，但是在寻找到之后，却会收到意想不到的效果。"红杏枝头春意闹""僧敲月下门"，都是词语经过锤炼得到的佳句。

> **小贴士**
>
> 朱光潜先生指出："无论阅读或写作，我们必须有一字不肯放松的谨严。文学借文字表现思想感情，文字上面有含糊，就显得思想还没有透彻，情感还没有凝练。咬文嚼字，在表面上像只是斟酌文字的分量，在实际上就是调整思想和情感。从来没有一句话换一个说法而意味仍完全不变。"作家应该在语言传达能力上多下功夫，使自己的创作水平不断提高。

（三）即兴与推敲

即兴与推敲是文学创作的传达阶段的两种操作方式，即形成文学作品的两种手段。所谓即兴是指作家因受某一外在刺激或在内在冲动作用下，兴会来临，提笔凝思，一挥而就地创作出文学作品的情况。灵感来临时作家的内心构思意象被唤醒，便文思泉涌、不可遏止。李白"斗酒诗百篇"、王勃作《滕王阁序》都是即兴创作。

灵感的稍纵即逝性决定了它的特点是趁热打铁。苏轼曾说："作诗火急追亡逋，清景一失后难摹"。由于灵感是艺术创作的最佳状态，甚至出现"我不觅诗诗见我"的情形，一连串的形象、情节和词语排山倒海地自动涌现，所以必须抓住机缘，乘兴而作。这样产生出的即兴作品往往首尾贯通、情感炽热，有一气呵成之感。

即兴虽然是一种特殊的创作方式，但并不是没有酝酿、凭空出现的。它产生在作家具有丰富的人生经验和生活材料的基础上，还要有一定的氛围和契机的刺激。任何酣畅淋漓的即兴之作，都是作家调动早先的丰富的记忆而形成的。李白饮酒、巴尔扎克喝黑咖啡、郭沫若俯卧大地，实际上都是在通过创造情境，酝酿和引发情感，等待兴会（灵感）的到来。

由于艺术创作并不经常处于上述所说的兴会的状态，更多的时候，作家处在凝神思索和反复推敲的状态。推敲是指作家在文学传达阶段反复选择、调动词句，力求准确、生动地把构思的形象定型为艺术作品的操作方式。在文学传达中"推敲"不仅要追求语言的优美，还负有对艺术构思检查、修改、加工提高的责任，所以推敲的过程是反复思索、精雕细刻的修改过程，也是一个艰巨的过程。贾岛的"吟安一个字，捻断数茎须"、李频的"只将五字句，用破一生心"都证明了推敲是一个没完没了的修改过程，直到"把所有不属于感情方面的发展、感情本质的东西，统统勾掉"。

小贴士

即兴和推敲虽然是两种不同的操作方式，各有其特点，但是二者并不矛盾，不能把它们对立起来。在具体的文学创作中，可能有的作家以即兴为佳，有的以推敲取胜，但是，在大多数情况下，即兴与推敲是不可分离、相辅相成的。唐代诗人李贺每有诗兴就记录下来藏于囊中，回家后反复推敲，为我们留下了许多神奇瑰丽的诗句。当灵感袭来时，及时抓住，记下思维的闪光，然后对它反复斟酌、推敲、修改、润色，这是创作的最佳方式，许多伟大的作品都是由此产生的。

第二节　文学创作的方法

创作方法是指作家创造文学形象的方法，其中包括作家通过艺术形象反映生活时在处理文学创作和现实关系上所持的态度和遵循的原则。作家在进行文学创作的过程中，在如何看待生活、采用什么样的艺术手段塑造形象等一系列方法、步骤上，各人所持的态度和遵循的原则是不相同的，于是就产生了种种不同的创作方法。古典主义、浪漫主义、现实主义、现代主义是几种主要的文学创作方法，本节主要对它们进行一一介绍，使读者对文学创作的特点和性质有所了解。

一、古典主义

古典主义有广义和狭义之分，其中广义的古典主义是指 14—16 世纪的文艺复兴思潮。当时，为了摆脱中世纪宗教政治和神学禁忌的束缚和压迫，在文艺领域内，作家和艺术家们从古代希腊、罗马典籍中寻找精神武器，掀起了一场争取人性自由和解放的文艺复兴运动，具有强烈的人文主义色彩。

狭义的古典主义是 17—18 世纪流行于欧洲的一种文艺思潮，起源于法国而传播于欧洲。它以古希腊、罗马为典范，是文艺复兴运动的延伸。当时出现的古典主义的代表作家有莫里哀、拉辛等。

在文学理论史上所探讨的多是狭义的古典主义，它的特点是：

（一）崇尚理性，排斥感情

古典主义的哲学基础是以笛卡儿为代表的法国理性主义哲学。所谓"理性"，就是人的"良知"，是"人之常情"，是人们生来就有的辨别是非好坏的能力，是构成"人性"的核心。古典主义理论家认为，作家要有高度的理性才能写出真与美的作品。作家不必去表现人的感情和人的个性，只要写出人的共性、普遍性就行了。所以，古典主义作品的主人公都是从生活中抽象出来的缺乏生动个性的理念的化身，是对某种美德或恶行的图解，其作品往往掺杂着近似于公式化的理性概括。在《伪君子》中，其生活中所有伪君子的行为都概括到主人公答尔丢夫身上，使他成为伪君子的理念化身。理性及其表现成了古典主义的主要创作取向。

（二）具有政治倾向性

古典主义作为一种创作方法，主要表现于戏剧领域。其作品大多取材于古希腊、古罗马的传说和历史，其中一些作品虽然借古人之口揭露封建贵族的腐朽和荒唐行为，但却歌颂贤明君主。所以古典主义作品中多充满着君权主义的说教，以及对国家掌权者和历史上的爱国英雄丰功伟绩的歌颂和赞美，宣传个人情欲必须服从国家利益。

> **小贴士**
>
> 例如高乃依的悲剧《熙德》，通过主人公个人感情与家庭荣誉的冲突、家庭荣誉同国家义务的冲突，宣扬以国家、民族的利益为重，以小我服从大我，消除私怨的思想。剧中的国王被美化成一个明辨是非、贤明谨慎、很讲"人性"、不滥用命令、不用专制手段，而是以说理的方法来对待臣民的"贤君"。

（三）在表现形式上追求文字的典雅和修辞的高贵

古典主义在美学观念上追求崇高、壮美，热衷于超凡脱俗的描写，主张美与真的统一。在语言上，讲究典雅避俗，近乎雕章琢句；文体要匀整、合度；题材规范稳定，结构关节处无缝无痕；无极端的病态感情；无怪诞夸张的描写。这些主张和要求不但没有达到预期效果，反而可能损害艺术的自由和美感。

古典主义曾支配欧洲文坛两百余年，直到1830年雨果的浪漫主义戏剧《欧那尼》在巴黎上演成功后，古典主义才逐渐销声匿迹。

二、浪漫主义

浪漫主义也是文学创作的基本方法之一。它同现实主义相互联系、相互对应、相互区别。席勒在《论素朴的诗与感伤的诗》中，认为素朴的诗模仿现实、感伤的诗表现或显示理想。这就说明浪漫主义的主要特征是侧重于从创作主体的内心世界和情感生活的角度来表现外在客观世界。

> **小贴士**
>
> 浪漫主义的作品源远流长，世界各国的文学创作的最初阶段都带有不同程度的浪漫的精神和倾向。但是，浪漫主义作为一种文学思潮，则是盛行于欧洲18世纪末至19世纪30年代。当时，正值法国资产阶级革命后，欧洲各国人民群众反对封建主义和民族压迫的解放运动蓬勃发展，封建制度分崩离析，资本主义制度逐渐建立。人们对现实处于极度失望的境地，企图回到内心世界寻求个体的生存价值，在情感生活中寻求价值和信任。

浪漫主义文学思潮兴起的思想基础是德国古典哲学，它对主观作用的夸大符合了人们逃避现实、渴望回到内心世界的心理。

浪漫主义在特定的历史时期，有以下几个显著特征：其一，它最本质的特征是主观性。在对待现实的态度上，浪漫主义作家对现实生活和现存的人际关系极为不满，他们的理想与现实存在一定差距，甚至尖锐对立。于是，他们的创作转向人的自我心灵，他们从情感观念出发表现现实中不存在而理想世界中有的人和事物。英国诗人雪莱就曾表示："创造另一种人生，使我们成为另一世界的居民。"其二，由于对内心理想生活的描述超出了对客观世界的反映，作家情感的抒发处于首要的地位，作品往往带有浓郁的感伤色彩。例如现代小说家郁达夫的《沉沦》《银灰色的死》等作品就带有感伤的浪漫主义情绪。其三，浪漫主义的作品在艺术表现上变种想象、夸张、象征或者美丑、善恶强烈对比等手法，产生了出奇制胜的效果。

三、现实主义

所谓现实主义，指的是作家按照生活本来的样子，通过艺术概括和典型创造，以客观冷静的分析来逼真地、具体地再现生活的一种创作方法。

现实主义一词首先出现在席勒《论素朴的诗与感伤的诗》的美学论文里。现实主义作为一种特定的创作方法的概念，是到了19世纪50年代由法国画家库尔贝和文艺理论家夏夫列利提出的。其实早在古希腊，亚里士多德在《诗学》中就开宗明义地提出"照事物本来的样子去摹仿"的创作方法，这是西方现实主义理论的最早发端。

> **小贴士**
>
> 我国古代没有自觉地明确提出现实主义的创作原则，但也有不少类似的见解。如班固总结《史记》的重要特点在于"实录"："辨而不华、质而不俚，其文直，其事核、不虚美、不隐恶。"唐代白居易提出过"文章合为时而著，诗歌合为事而作"的现实主义诗歌理论。明清小说理论家强调现实主义文学关注和描写的是普通的实际生活，"描写世事，实情实理"。

虽然这些现实主义理论还处于一种非自觉的萌芽状态，但在中国文学史上，富有现实主义倾向的作品却有很多，如《诗经》中的某些篇章，长篇叙事诗《孔雀东南飞》《木兰辞》，以及《水浒传》《红楼梦》等小说。

现实主义作为最基本的创作方法，有着显著的特征：其一，注重客观生活的直接再现。现实主义采用选取现实的方式描写生活，重视对客观世界的观察和体验，始终把外部世界的本来面目放在第一位，而不是以自己主观的愿望、情感和幻想去代替对世界的本来面目的说明，这是现实主义创作的一个重要的美学特征。在人物塑造和事件描述上，现实主义作家都如实地展现，始终带有产生它们的环境和时代的鲜明特点，反映了社会生活的运动和矛盾。如《阿Q正传》中阿Q和他所生活的那个环境的社会实况，《茶馆》中所展现的中国20世纪初近半个世纪的一幅幅写生连环画，都以其真实的描写吸引着读者。

其二，作家的思想感情都寓于真实的描写之中。现实主义作家以冷静客观的态度不动声色地再现生活的本来面目。但是，这并不意味着作家没有个性，其主观感情和态度总会或隐或显、或明或暗地表露出来。只是，与浪漫主义的主观感情的毫无节制地直接抒发和宣泄不同，现实主义作家的主观情感一般并不是创作主体情感的直接流露，而是把自己对生活的情感态度在客观描写中自然而然地流露出来，即以情感外化的间接形式反映对周围世界的价值判断。

其三，要真实地再现典型环境中的典型人物，把细节真实同创造典型的艺术形象结合起来。现实主义作家笔下的艺术形象尽管以生活本身的形式再现出来，但它并不是以现实生活中的原始素材直接进入作品，而是通过对种种生活现象的实质的深刻洞察而创造性地反映出来的，即遵循典型化的创作原则。现实主义作家在创作中无一例外地进行着典型化的尝试，力图使笔下的艺术形象能反映出某些生活的本质的真实。无论是鲁迅笔下的阿Q，还是老舍笔下的骆驼祥子，无论是巴尔扎克笔下的葛朗台，还是司汤达笔下的于连，他们都不是现实生活中的真人在文学作品中的机械反映，而是作者在大量的生活感受中塑造的代表典型性格的形象，他们身上都不同程度地反映了特定历史时期某一阶层人物的本质特征。

四、现代主义

现代主义是从19世纪90年代开始，一直发展到20世纪中期的一种文学潮流，是西方许多流派的总称。它主要指以非理性为标志的各种文化潮流和哲学潮流影响下所形成的文学流派，包括象征主义、表现主义、超现实主义、存在主义、意识流小说、未来主义、荒诞派和黑色幽默等。

现代主义文艺思潮的产生有其深刻的历史背景。一方面两次世界大战所造成的生灵涂炭、哀鸿遍野的惨状，给人们带来了生存的恐惧和难以磨灭的心灵创伤，使人们对理性和社会道德法则都产生了怀疑。另一方面，科技的高度发展，推动社会进步的同时也带来了人文精神的失落，人的价值感和意义感受到挑战，精神信仰也随之动摇。因此，非理性是现代主义的本质特征。

现代主义流派诸多，以下我们选择几个重要的流派加以简要的介绍，以便读者对其有所了解。

（一）象征主义

象征主义是19世纪流行于欧洲的文艺思潮。象征主义作家强调神秘的暗示和启示，更多地采用梦幻手法写人的心灵和精神中隐秘和隐性的东西。代表作家有叶芝、艾略特、瓦莱里、里尔克、庞德和梅特林克等。

（二）表现主义

表现主义是20世纪初至30年代盛行于西方世界的一种文艺思潮。它首先出现在德国，盛行于奥地利，进而在瑞典、波兰、英、法、美等国广为流传。它起于绘画，后来在音乐、戏剧、小说、电影等整个文艺领域中获得发展。

> **小贴士**
>
> 作为一种文艺思潮流派来说，表现主义文学是以表现主观感受而著称的。他们的口号是"表现精神，不是描写现实"，竭力反对现实主义按照现实的本来面貌来描写现实的原则，主张表现外部世界在人的内心世界的折光。表现主义的代表作家有奥地利的小说家弗朗兹·卡夫卡，美国的戏剧家尤金·奥尼尔、捷克作家卡雷尔·恰佩克等。

（三）意识流小说

意识流小说是 20 世纪初兴起于西方，以表现人们的意识流动、展示恍惚迷离的心灵世界为主的小说，主张意识是一种不间断的无空白的流程，时间可以在心里自由组合。意识流小说不是一个统一的文学流派，也没有公认的统一的定义，其特点是打破传统小说基本上按故事情节发生的先后次序或是按情节之间的逻辑联系而形成的单一的、直线发展的结构，故事的叙述不是按时间顺序依次直线前进，而是随着人的意识活动，通过自由联想来组织故事。故事的安排和情节的衔接，一般不受时间、空间或逻辑、因果关系的制约，往往表现为时间、空间的跳跃、多变，前后两个场景之间缺乏时间、地点方面的紧密的逻辑联系。时间上常常是过去、现在、将来交叉或重叠。公认的意识流小说代表作有普鲁斯特的《追忆似水年华》和伍尔夫的《到灯塔去》《墙上的斑点》等。

（四）荒诞派

这一流派产生在 20 世纪 50 年代的戏剧领域，最早出现于法国，然后流行于欧美剧坛，其影响至今未衰。荒诞派作家看重人生的荒诞性，认为人的存在与不存在都是荒谬的，人活着就是一场梦，人的努力既无意义，也无用处。所以，他们的作品抛弃了章法结构的逻辑性、人物行为的理性原则以及语言的准确性，它仅仅设法把存在的荒诞性凝固成舞台形象，只是把丑恶、肮脏的现实在舞台上形象地表现出来。它主张把平凡的日常现实肢解开来，使之变形，引向极端，以荒诞的布景把人物的精神加以外化，让舞台道具说话。如用满舞台的椅子，站在三口缸里的三个人等来表现人物的处境和心理状态，或用丑角式的动作、刺耳的叫声，或用哑剧式的场面来展示理性的丧失和生活的毫无意义。荒诞派戏剧的代表作有尤奈斯库的《秃头歌女》《椅子》和贝克特的《等待戈多》等。

思考题

1. 结合具体文学创作实践，谈谈文学创作可以分为哪几个阶段。
2. 艺术积累对作家创作有何重要意义？
3. 试结合具体文学现象，谈谈创作动机对文学创作的影响。
4. 试论述艺术想象的意义。

第四章　文学作品的风格与流派

> **学习目标**
> 1. 掌握文学作品的风格；
> 2. 了解文学作品的流派。

第一节　文学作品的风格

风格问题是文艺美学理论中一个十分重要的问题。作家的创作个性和艺术的审美价值总是通过独特的艺术风格表现出来的。

一、风格的内涵

风格一词源于希腊，表示组成文字的一种特定方法，或以文字装饰思想的一种特定方式。我国魏晋时期刘勰最先在他的《文心雕龙》中写出专论风格的《体性》，将风格概念引进文艺理论和批评。风格一词在西方有着修辞、笔调、文风、文体多种相近的含义，我国则存在着一义多词的情形。

> **小贴士**
> 在文学活动中，风格常指作家在作品中表现出来的独特的创作个性。作家的作品风格是文学风格的核心和基础，但也包括时代风格、民族风格、地域风格、流派风格等内涵。

对于风格的本质历来有着不同的看法。一种是偏于形式方面的理解；一种是"文如其人"与"风格即人"的观点。扬雄认为言为心声，从诗文中可以看出人格的高低。钱锺书认为文格不等于人格，不能一味以文观人。他认为文如其人的"文"，不是指"所言之物"，而是指作品中的格调，格调是作者性格"本相"的自然流露。布封认为，风格"仅仅是作者放在他的思想里的层次和调度"，与作品表现的对象无关，"风格却就是本人"，即作家的创作个性。"风格即人"论者重视生成风格的内在因素，比较忽视风格与客观内容的联系。歌德认为，风格必须奠基于事物的本性上面。马克思既肯定了文学风格的"精神个体性"的本质特征，又肯定了风格的客观属性，认为文学风格就是作家用客观事物本身的语言表达和突出客观事物的本质特征的同时，表现自己精神个体性的形式和方式。

概括起来，文学风格是作家在艺术创造中表现出来的创作个性，并通过作品的内容和形式呈现出来的基本特征或总体风貌。它是主体与对象、内容与形式的特定融合，是作家的创作个性与具体话语情境造成的相对稳定的整体特色。作家的创作个性是形成作品风格的内在动因，语言、体裁、意象等构成的具体话语情境是作品风格的外在表现。文学风格的形成，是一个作家创作成熟的标志，也是一部作品达到较高艺术造诣的标志。

二、风格的标志

作品的话语情境由语词、体裁、结构和形象塑造等方面的因素所构成，作家的个性和作品的风格，就是通过这些因素综合体现出来的。风格特点往往通过语词表现的特点呈现出来，读者对作品风格的认识和感受，也首先从语词的格调、色彩、气势和节奏的特点中获得。体裁与风格的关系也十分密切，不同文体要求不同的表现方式，从而显示不同体势和效果。不同作家的结构安排各有特点，通过结构安排将作品造成完善的整体。只有完整的、统一的结构才能显示风格。形象创造与风格的关系尤其密切，题材选择与主题提炼、人物刻画、环境描写，都是创造话语情境、表现作家风格的重要内容。

文学风格具有独创性、多样性和稳定性的特点。个性鲜明、有独创性、艺术上日臻成熟的作家，才能具有独树一帜的风格，模仿和重复别人的风格，就等于没有风格。

> **小贴士**
>
> 风格具有相对稳定的特点，是因为作家的世界观、个性化的表达方式一旦形成就不会轻易改变；风格的多样性，则是由作家的创作个性和才能、对象的不同品格、读者的不同需求决定的，不仅不同作家有不同的风格，同一作家在不同情势下也会创造出不同风格的作品。

文学创作贵在独创，风格的独创性主要体现在三个方面：

其一，风格的独创性是建立在风格继承性基础之上的。任何优秀的作家其作品的独创性风格都自有渊源，继承了多方面的丰厚滋养而自成一家，好比树高百尺而根伸十丈，山矗千仞而足立大地。

其二，风格独创性表现于优秀作家的全部作品，成为一种照耀当时、影响历史的伟大创造。一般作家能在规则范围内变换风格，这已经算是有了独创性风格了；而伟大作家则能自定规则，独创文体规范和文体风格。遍观中外历史，那些风格卓异的伟大作家都创造了某种文体和文体风格，如楚辞在屈原手中发扬光大，人们提到楚辞风格必然提到屈原风范；近体诗七律一格在杜甫手中闪现辉煌，人们提到律诗必然提到七律圣手杜甫，提到杜甫必然想到他沉郁顿挫的诗风；中国杂文在唐代已兴起，经久不绝，而提到现代杂文就不能不提到鲁迅，提到鲁迅又自然想到那思深无穷、犀利无比的文风。

其三，风格的独创性是作家个性的展示。优秀作家的艺术个性往往比常人发展得更充分，这种艺术个性表现充分与否，决定了作品风格魅力的大小、风格表现的强弱。以鲁迅杂文为例，处处见出独特风格，嬉笑怒骂，皆成文章，从其杂文中可以看见和感受到一个独立、伟岸、正直、英勇的作家形象和战斗者风范。

风格的多样性。在风格的尺度下，所有作家的作品都应该具有独创性，这必然意味着所有作家作品汇合起来形成风格的多样性；在风格的创新性原则指导下，同一个作家既要有鲜明的个人风格，还要表现个人风格的多面性。就像布封所说："一个大作家绝不能只有一颗印章。"文学园地应是百花齐放的，万紫千红的，历史经验证明，任何阻碍多样性风格的呈现而定某种风格于一尊的努力，都是在扼杀文学的发展和繁荣的生机。

风格的稳定性。文学风格如同人的作风一样，人的作风不会轻易改变，文学风格也不可能说改就改。风格一经形成，就在长时间内基本上稳定不变，除非作家遭遇特殊事变。风格的稳定性便于作家把一种风格发展到底，便于卓然独立区别于他人。

> **小贴士** ▶
>
> 法国理论家丹纳说："一个艺术家的许多不同的作品都是亲属，好像一父所生的几个女儿，彼此有显著的相像之处。"大家都知道，鲁迅笔名甚多，但行文风格不可能改变，明眼人一看就知道是他。在写给黎烈文的信中说："夜里又做一篇，原想嬉皮笑脸，而仍剑拔弩张，倘不洗心，殊难革面，真是呜呼噫嘻，如何是好。换一笔名，图掩人目，恐亦无补。"也就是说，为着同黑暗社会斗争的需要，鲁迅想一时改变文风，却未能轻易做到。文学风格的形成，是成熟作家成熟的标志，也是作品成功的标志。

三、风格的形态

风格的形态，是作家的创作个性表现在作品中的客观存在形式。风格的形态异常繁多，就表现的内容、方式和效果等不同情况，现代学者陈望道在《修辞学发凡》一书中提到风格的八种四组：简约、繁丰，刚健、柔婉，平淡、绚烂，谨严、疏放。

简约是力求语词简洁扼要的文体风格。简约不是简单摹写，也不是简陋肤浅，而是经过提炼形成的精约简省，富有言外之意。其特点是简洁洗练，单纯明快，辞少意多。其弊在容易流于郁而不明的晦涩。

繁丰是不节约词句、任意衍说、说到似乎无可再说而后止的风格形态。其特点是内容充实，辞藻丰富，描述详尽，篇幅较大。其弊在于容易流于冗长。如吴均《与朱元思书》：

风烟俱净，天山共色。从流飘荡，任意东西。自富阳至桐庐，一百许里，奇山异水，天下独绝。水皆缥碧，千丈见底。游鱼细石，直视无碍。急湍甚箭，猛浪若奔。夹岸高山，皆生寒树，负势竞上，互相轩邈；争高直指，千百成峰。泉水激石，泠泠作响；好鸟相鸣，嘤嘤成韵。蝉则千转不穷，猿则百叫无绝。鸢飞戾天者，望峰息心；经纶世务者，窥谷忘返。横柯上蔽，在昼犹昏；疏条交映，有时见日。

简约作品如《左传》，繁丰作品如《史记》；同是美国作家，海明威作品简约，杰克·伦敦作品繁丰。

刚健是刚强、雄伟的风格形态。刚健的作品，气势豪迈壮阔，感情奔放激烈，笔力刚健遒劲，境界雄奇浑厚，具有阳刚之美。刚健者，如姚鼐所述："其得于阳与刚之美者，则其文如霆，如电，如长风之出谷，如崇山峻崖，如决大川，如奔骐骥；其光也，如杲日，如火，如金镠铁；其于人也，如冯高视远，如君而朝万众，如鼓万勇士而战之。"

柔婉是柔和优美的风格形态。柔婉的作品，内在和美，外表秀丽，抒情表意曲折委婉，具有阴柔之美，给人娴静和谐的感受。如辛弃疾《青玉案·元夕》：

东风夜放花千树，更吹落，星如雨。宝马雕车香满路。凤箫声动，玉壶光转，一夜鱼龙舞。蛾儿雪柳黄金缕，笑语盈盈暗香去。众里寻他千百度。蓦然回首，那人却在，灯火阑珊处。

平淡是少用辞藻、务求清真的风格形态。平淡的作品，其特点是单纯通俗、质朴冲淡，给人平实而悠远的感受。平淡不等于贫乏，贫乏是缺少内涵，平淡是把内涵、内美隐藏于深处。苏轼说"所贵乎枯淡者，谓其外枯而中膏，似淡而实美"，就是说外表平淡而内里丰富，具有内美、素美、自然美。平淡作品，如陶渊明的《饮酒》《归园田居》等，"外枯而中膏，似淡而实美"就是针对陶渊明诗而言的。

绚烂是尽遣辞藻、直逼富丽的风格形态。绚烂的作品，往往追求繁华奇艳、色彩绚烂。绚烂不同于刘勰所谓"轻靡"，"轻靡"之中有轻佻的意味，而绚烂则是内美与外美的综合表现。绚烂作品，如屈原的《离骚》、李白的《梦游天姥吟留别》，情感充沛，想象丰富，语言华美，极尽铺陈之事。

谨严是指构思严密、文笔精细的风格形态。谨严之作一般庄重严肃，在表现上，有时比较含蓄甚至拘谨。古代散文如魏徵《谏太宗十思疏》，古代诗歌如杜甫律诗，现代散文如叶圣陶散文、吴伯箫后期散文等，它们不仅文思周虑，而且语言文字都经过精心推敲。

疏放是指遵循自然，不加雕琢、文思放纵、率意挥写的风格形态。疏放之作往往谐趣不羁、随和畅达。疏放作品，如李白的《将进酒》《宣州谢朓楼饯别校书叔云》等，文思跳跃跌宕，情感如开闸洪水狂泻而出。

第二节　文学作品的流派

文学风格虽然主要是作家作品的风格，但一定的作家作品总是产生于一定的时代、民族和地域之中的，因而文学风格也有着特定的时代性、民族性和地域性。在文学发展过程中，一旦时代思潮、地域文化、民族等因素影响强烈，往往会促成诸多作家形成比较接近的风格，从而形成风格流派。

> **小贴士**
>
> 文学流派是一些思想观念、艺术见解、创作风格和审美趣味相同或相近的作家，自觉或不自觉地形成的派别或团体。正如丹麦文学评论家勃兰兑斯所说："一些自愿接受某些大体上得到明确地、系统地阐述的信念所指导的作家，有意识地结合在一起就形成了流派。"

文学流派的形成，有赖于这样几个条件：一是聚集了有影响力的作家群；二是作家们的思想观念、艺术见解等相同或相近；三是作家们具有大致相同的文学风格；四是在文坛或文学史上有地位、有影响力。

例如，宋代苏轼的词作意气风发、豪迈旷达，形成了豪放风格。其风格被辛弃疾等许多爱国词人继承并发扬光大，对后世词人影响颇为深远。二人因此被合称为"苏辛"。豪放派是诗词中常见的一种风格，它气势磅礴，感情奔放，是体现阳刚之美突出的代表。豪放，主要是作者的情志、气势的反映，由"豪"与"放"两种气势、风格构成。

再如，我国当代著名作家赵树理和孙犁，都是以写农村题材见长的，但两人的艺术风格却有很大的差异。这种不同主要表现在作品的结构、格调和语言的风格上。赵树理的作品，较多地使用群众语言，朴实、生动、风趣，富于乡土气；艺术格调显得粗犷、豪放。孙犁的作品，较多地使用文学语言，文字清新，描写细腻，善于用形象化的语言创造出诗情画意的意境，洋溢着白洋淀荷花的香味。正是由于语言风格的这一特点，人们将以赵树理为首的风格近似的一批山西作家称为"山药蛋"派；把以孙犁为首的风格近似的一批河北作家称为"白洋淀"派。

文学流派的形成大致有两种情况：一是不自觉地形成流派。例如唐代开元、天宝年间的"边塞诗派"，有高适、岑参、王昌龄、李颀等人，他们是不同地域的，而且并非每个人都只写边塞诗，所谓"边塞诗派"只是后人的归类。二是自觉地形成流派。例如现代文学史上的文学研究会，主要成员有周作人、郑振铎、王统照、沈雁冰、叶绍钧、孙伏园、许地山、俞平伯、朱自清、冰心、刘半农、徐志摩等，前后有170多人，他们有成立的具体日期（1921年1月4日），有共同发起人，有宣言（《文学研究会宣言》）和章程（《简章》），有鲜明的文学主张（提倡为人生而艺术和写实主义，反对为艺术而艺术），有自己的刊物（《小说月报》《文学旬刊》）和丛书（《文学研究会丛书》等）。

> **小贴士**
>
> 文学的流派和风格之间有着密切的关系。文学流派之所以形成，原因很多，其中一个重要原因就是作家们具有相同的思想观念和审美主张，相同的观念和主张派生出来的文学风格必然有相近或相似之处。可以说风格是流派所赖以存在的一个基础，如果没有风格的相近或相似，作家彼此趣味不相投合，很难走到一起形成流派。同时流派的聚合，又促进了某种风格的发展和深化，扩大了某种风格的影响。

思考题

1. 简述风格的内涵。
2. 简述文学作品的风格流派。

第五章 文学作品的文化类型

> **学习目标**
> 1. 了解民间文学的特点及发展历程；
> 2. 理解大众文学的特点；
> 3. 掌握高雅文学的审美价值。

第一节 民间文学

民间文学属于民间文化文本范畴。

在文学领域，民间文学属于一个特殊类别，是与高雅文学、通俗文学相对的一种文学类别。从外延上来说，民间文学主要包括神话、民间传说、民间故事、民间歌谣、民间叙事诗以及小戏、说唱文学、谚语、谜语等体裁的民间作品。从其创作主体、传播方式以及内容和形式等特质来看，民间文学是民间集体创作、口头传播、内容简单、不断变异、语言形式口语化的一种文学样式。从历史角度来看，民间文学是人类历史上最早出现的文学样式——早在文字出现之前就已经比较成熟了。因此，民间文学是各民族语言文学的源头。

一、民间文学的特点

（一）集体创作

民间文学的集体创作指的是民间文学由某个民族、地域或历史时期的广大民众共同创作、共同传承——在其口头传播过程中，有无数人曾经参与到其创作过程，并有所贡献，直到被人用文字记录下来才逐步定型。这种性质，一方面，体现了民间文学的创作活动与传播过程融于一体、同步展开的内在机制；另一方面，也反映出民间文学凝聚了集体智慧与艺术才华，并因此获得了强大的艺术生命力而历久弥新，它表达了根植于民俗生活的特定民族、地域或时代的集体思想、情感和世界观。民间文学是集体的创作，但并不是你一句、我一句凑起来的，而是传播过程中逐步加工成形的，它的传播过程就是创作过程。

当然，集体创作和个人发挥是辩证统一的两个方面，民间文学的集体创作中凝聚着丰富的个人才华。

(二) 口头传播

民间文学的一部分作品在文字出现之前就已经出现并在民间广泛传播了。在文字作为写作、传播媒介之前，口头创作是民间文学唯一的创作方式，口头传播也是民间文学唯一的传播方式。

在文字出现之后，甚至在印刷技术发明之后，受作者的教育水平限制，或者由于作品本身不宜以文字形式公开传播，所以仍然有许多民间文学作品是通过口头创作来完成，并通过口头传播来推广的。

(三) 口语化

民间文学是一种活跃在广大民众口耳之间的特殊的语言艺术，因此又被称为"人民的口头创作""口传文学"。广大民众用口头语言进行文学创作，并以口耳相传的方式把这些作品推广开来、延续下去。这种作品在语言形式上必须适合于口头讲述，适合于听说，由此便形成了民间文学口语化的语言特征。

(四) 内容简单

民间文学口头创作、口头传播的特点，决定了其线索必须比较单一、人物比较少、情节比较简单、篇幅比较短，只有这样才方便人们口头讲述和听取。如果故事过于冗长、复杂，人们听了一遍往往无法记住，或者无法一次性听完整，那么，持续的传播和推广就无法顺利进行。

正是由于上述特点，民间文学的创作、传播与接受非常顺畅。它不需要文字做中介，更不需要造纸、印刷等技术媒介来传播，广大民众直接用口头语言进行创作，以口耳相传的方式讲述和传播，将自己对生活最真切、最新鲜的感受及时地表达出来，这种表达直接明快，没有过多的条件限制，人们可以在生活情境中运用口头语言进行较为自由的创作活动。而且，这种创作活动诉诸口头媒介，包含着浓郁的情感因素，生活场景被绘声绘色地表现出来，讲者与听者之间平等地双向交流，整个创作与传承活动充满了生活情趣。

(五) 不断变异

民间文学是活的语言艺术，它保存在人们的记忆里，流传在人们的口耳中，永远没有定稿。纵然有时被整理出版或发表，也非最终定稿，不过处于暂时的稳定状态，一旦回到民间，又继续处于变化状态。民间文学的这种不断变化的特征叫作变异性。民间文学的变异性大量地、经常地表现在作品的语言变化上，同时也表现在作品的内容、情节、主题、形象、结构等要素的变化上。

变异性对民间文学发展的影响具有双重性：它一方面显示了民间文学不断变化的灵活性和适应性，使作品与人民生活一起发展，与时代的脉搏一起跳动，在不断变化中吸

收养分、日臻完善，获得充沛的生命力；另一方面也可能由于遗忘或误传而使作品的某些精彩部分失去原有的光彩，变得残缺不全，甚至面目全非，造成对民间文学的损害，这又是它的局限性。

> **小贴士**
> 民间文学的五个基本特征是一个有机的整体，它们相互联系、互相制约，共同反映着民间文学的本质。

二、中国民间文学的发展历程

中国民间文学源远流长，影响深远。从上古时期的神话传说、周代的民歌民谣开始，各民族历代都有大量的民间文学作品产生、流传。中国的民间文学是扎根于本土文化之上、具有悠久历史文化传统的民间文学，它是值得我们自豪的一份宝贵的民族文化遗产，是中华民族源远流长的文化之根。

（一）原始社会时期

民间文学源于原始社会时期的口头文学活动。在原始社会，人类的文化还是混沌一团的统一体，所以民间文学不是一种单纯的文学活动，它与先民的劳动、语言、宗教、游戏、风俗和人际交往等紧密连成一体。

原始形态的民间文学具体来说主要有三个方面：一是建立在劳动节奏基础之上，渗透于生活各个方面的歌谣活动；二是宗教活动中与仪式行为相伴随的神圣叙事，我们今天称之为"神话"；三是休闲时借以消遣的传说与故事。

在原始社会时期，我们的先民曾经有过无数的歌谣创作，可惜他们那原始的歌声与他们那粗犷彪悍的舞姿早已随着时间飘逝了。而神话的起源，既与先民们为争取生存而与大自然的斗争有关，也与人类心理的特定发展阶段联系在一起，反映了原始先民对宇宙天地、生命起源的种种奇思妙想，体现了先民的世界观与生命体悟。中国原始神话中的《盘古开天地》《女娲造人》等从其内容、形式观察，极可能就是发源于这一时期。原始人关于神的故事即神话，其讲述多与特定的宗教活动有关。对神的虔诚使他们在讲述这类神圣故事时存在着许多禁忌；而他们在平时的闲暇中，很可能会讲一些较为轻松的、带有传奇色彩的传说与故事。随着时间的推移，尤其是随着人类对自然认识的深化，原始的神话逐渐衰亡，民间传说和民间故事逐渐成为民间文学中数量最多的一种叙事作品。

（二）先秦时期

先秦时期古籍杂陈，很多民间文学资料从这时起就有了零散的记载。先秦古籍里，记载神话资料最为丰富的首推《山海经》。很多重要的神话都有赖此书得以存其大概，这些神话，脉络清晰，情节生动，不仅富于想象，而且包含有部族观念、图腾信仰，展现出我国不同地域的文化特质和不同时期的神话形态。但是这些先秦古籍并不是专门的神话书籍。

与神话相比，先秦古籍中所保存的歌谣更为丰富。除后人记录的生动概括了古人狩猎活动的《弹歌》"断竹，续竹，飞土，逐肉"，以及《孟子》引《尚书·汤誓》所载相传为反对夏桀虐政的歌谣"时日曷丧，予及汝偕亡"等外，《周易》里还保存了不少周以前的民间歌谣。

中国第一部诗歌总集《诗经》，被认为是我国采风之始。《诗经·国风》号称十五国风，有周南、召南、邶、鄘、卫、王、郑、齐、魏、唐、秦、陈、曹、桧、豳等地民歌一百五十多首，包括今陕西、山西、河南、山东、湖北等地区，是中国古代民歌的总汇。《国风》绝大部分内容都来自各地的民间创作，内容相当广泛，反映了当时民众的生活、思想、情感和愿望。《诗经》可以说是先秦时以黄河流域为中心的北方民歌的集合，与之相隔四百年左右的《楚辞》，则可以看作是以长江流域为中心的南方民歌的代表。《楚辞》在我国歌谣学方面的一大贡献是保存了楚歌，即楚地民歌。

> **小贴士**
> 除古代神话、民歌外，先秦古籍中还记载有大量的寓言。战国时代是寓言产生和蓬勃发展的时期，也是中国寓言创作的黄金时代。

（三）两汉时期

两汉是中国封建社会繁荣向上的时代，幅员广大，人口众多，经济也较发达。这时期记载民间文学资料的书籍很多，民间文学本身也比较繁荣。

对于神话的记载虽说历史文化倾向渐浓，但却比较丰富完整，以《淮南子》和《史记》记述最多。

汉代民歌的精华是汉乐府民歌，它是继《诗经·国风》之后的又一个丰硕果实，继承和发展了《诗经》《楚辞》的现实主义传统，民歌的艺术形式及表现技巧也有了新的发展和创造。当时的主要杰出代表作品便是《孔雀东南飞》。两汉民谣和其他时期的民谣一样，也是最敏感的社会晴雨表。它们被史籍记载下来的虽然不多，却有着重要的社会历史价值。

（四）魏晋南北朝时期

魏晋南北朝是一个动荡的时代，又是一个思想比较活跃的时代。这时期我国文言小说初具规模，分为志怪小说和志人小说，二者合称为笔记小说。志怪小说数量最多，保存下来的尚有三十余种，里面记载了大量来自民间口头的故事和传说。其中容纳民间文学材料较为丰富的有干宝的《搜神记》、王嘉的《拾遗记》、托名晋代陶潜的《搜神后记》、任昉的《述异记》、张华的《博物志》、托名曹丕的《列异传》、刘敬叔的《异苑》和吴均的《续齐谐记》等。其中，以晋代干宝的《搜神记》最为重要。

这一时期，还出现了被称为"天下之笑林，调谑之巨观"的中国第一部笑话专集——三国时魏邯郸淳所撰的《笑林》，现存 20 余则，从此各类笑话书盛传于世，到明清时期更为成熟发达。

> **小贴士**
>
> 民间歌谣在魏晋南北朝时期仍有很大的发展，这个时期的民歌有南朝民歌和北朝民歌两类。尽管都是同一时期的民间创作，由于所产生的地区不同、环境不同，南朝民歌和北朝民歌有着较大的差异。

（五）唐宋时期

唐宋时期我国文化高度发展，民间文学一方面继承了前代民间文学的优良传统，一方面又在此基础上有了新的创造和发展，显得丰富多彩。

民歌、民谣是历代民间文学的重要形式之一，这时也不例外。"山歌"一词在唐代就已产生，白居易有"岂无山歌与村笛"句，李益也有诗曰"山歌闻竹枝"。遗憾的是唐宋时期的民歌保存下来的不多，但民谣却很丰富。

随着市民阶层的形成，加上受西域音乐影响，唐代正式形成了一种新的民间文学形式，即民间词。唐宋民间词是随敦煌石室古代文物的发现而出现的，以唐五代为主，大部分民间词语言质朴，抒情直率，反映社会现实具有相当的深度。

唐宋时期民间文学的主要形式是说唱文学。中国民间很早就有以说唱形式进行娱乐、传诵故事的渊源。唐代时的说唱文学以变文形式出现并广为流传；到了宋代，说唱文学除以说白和唱词相间叙述故事的鼓子词、诸宫调外，多已转化为一种以说为主的民间说话，即讲故事，并产生了话本。唐代佛教盛行，随着大量佛经的翻译，带来了很多印度民间故事。宋代是中国民间故事集大成的时期，不仅有分类汇编古代传说故事的巨著《太平广记》，还有收录 2 000 余篇宋代故事的《夷坚志》（洪迈）问世。除话本外，宋代民间文学的一个重要组成部分是戏剧。宋时的戏剧以民间杂剧和南戏为主。

（六）元明清时期

元代民间文学，除了一些现实性、斗争性较强的歌谣外，以取材于民间故事和传说的民间杂剧为主。这些民间杂剧大都是以民间故事传说为基础写成的，反映了广大人民在外族统治者压迫下的痛苦生活和反抗诉求，都是极深刻的。此外，元末刘基选取民间故事加以改造，创作了大量寓言故事，这些寓言故事集中在他的《郁离子》一书中。

明清时期是我国民间文学史上采录民间文艺卓有成效的时期，出现了许多采录民歌民谣、搜集整理民间笑话和故事的文人，使当时的山歌、笑话、谣谚等被大量记录下来。这一时期，不仅涌现出一系列载有丰富民间故事的笔记小说，在《聊斋志异》《西游记》《三国演义》等优秀长篇小说中，我们还看到了民间叙事传统和作家创作的融合。

> **小贴士**
>
> 民间文学是一个民族世代传承的非物质文化遗产，是民族文化传统的重要组成部分。民间文学从原始时期的萌芽，经历风雨沧桑，不断地传承发展，不但为历代中国文学的发展提供了丰富的养料，也滋养了中华民族的灵魂，培养了中华民族特有的文化品质和民族精神，成为中华民族共同的文化之根。

第二节　大众文学

大众文学是大众文化重要的一部分，大众文学的审美价值自成系统，确定其系统的主要因素是大众文化，因而它的总的取向是世俗化、平民化，与先锋走向相反。它的世俗倾向既有历史的传统，又与当代大众文化的审美特征有相当的一致性。

一、大众文学的特征

所谓大众文学，是现代文学中一种具有广泛群众性或通俗性的文学样式的总称。它最大的特点是其受众群体、传播方式的大众化，因而它包罗的不仅仅是通俗的、可复制的、娱乐性的市民文学，也包含以新形式"包装"的高雅文学和古典文学。

大众文学是最贴近我们的生活、最能迎合大众的口味、最能反映普通民众的喜怒哀乐、最能展现人民的审美观，也最能体现一个民族的人文精神的文学样式。它适合各个阶层，因此有着最广泛的受众群体。

大众文学拥有最广泛的受众群体，其原因是多方面的。

当今时代是大众传媒时代，仿真的图像文本正在冲击着以文字符号为媒介的传统文本，媒介的转换在改变着我们的认知方式。社会的繁忙造成人们内心的空虚，亟须某一精神层面的东西进行填补。大众文学的出现恰恰实现了普通群众的期待。大众文学和快餐文化处于同一个层次，并且与大众传媒紧密联系，尤其是与娱乐相结合，为大众提供了一个寻求精神慰藉的栖息地，使人们可以在轻松愉悦的状态下迅速获得简单的精神满足与安慰。因此，大众文学传播的速度特别快、传播的范围特别广。

大众文学的主要特征是：商业化、类型化、娱乐化。

（一）大众文学的商业化特征

大众文学是大众文化的一部分，而大众文化具有明显的商业化特征。对此，美国著名学者詹姆逊曾明确指出："大众文化产品和消费本身——与全球化和新的信息技术同步——像晚期资本主义的其他生产领域一样具有深刻的经济意义，而且完全与当今普遍的商品体系连成一体。"受消费文化商业浪潮的冲击，作为大众文化生产、消费、传播的现代传媒，在走向市场运作的过程中，为追求商业利润努力挖掘受众的消费潜力。

（二）大众文学的类型化特征

大众文学的类型化特征是由其商业化品质决定的。类型化就如同一条加工商品的生产流水线，经由这条流水线生产产品不仅效率高，而且成本低，可以不断大量复制，因而能够让生产者在短时间内迅速获得巨大利润。

因此，我们看到了大众文学类型化的面目，即同一个类型的作品叙事的模式化特征。它不奢求创立"与众不同"的叙事程式，而是完全因袭传统叙事程式中的因素——大众钟爱的情节，老套的人物形象，大众乐于接受的政治、道德、伦理观念，众所周知的语言修辞手段等，大众文学的杰作时常是某种模式的化身。因为大众文学是从众的文学，追求的是娱乐大众，所以其最大原则当然也就是保持这种文学传统叙事规范的稳定性。

> **小贴士**
>
> 大众文学的叙事程式，从艺术的创造性和个性方面来讲，其降低了艺术标准，但从接受方面看，这正是大众文学缩短与读者的接受距离，使自己成为喜闻乐见的重要手段。

（三）大众文学的娱乐化特征

大众文化具有强烈的感官娱乐性。大众文化"不断地表现并再造自我以达到自我实现和自我满足"。作为大众文化特征之一的娱乐元素几乎已经渗透进我们生活的方方面面，作为大众文化一部分的大众文学自然"白沙在泥，与之皆黑"。大众文学要使自己受到世俗社会欢迎，它的内容就要富有情趣，有消遣游戏的娱乐功能，让读者沉浸于既熟悉又陌生的故事以及人物所织就的小说情境中，暂时抛却外界尘事俗物的缠绕，在其观览翻阅的休闲过程中获得精神的享受。

> **小贴士**
>
> 作为面向文化市场的消费性文学，大众文学的审美娱乐性主要体现在两方面：一是它的游戏消遣的趣味性、可读性；二是它的社会风俗、民族文化蕴涵以及作者与世俗生活的沟通性、融洽性。

大众文学的游戏娱乐功能在侦探推理小说中体现得尤为突出，读者在侦探推理小说的扑朔迷离、悬念丛生的迷宫里流连忘返。作者或按部就班或跳跃突进地拨开掩盖事实真相的重重疑云迷雾，使读者体验到极大的阅读快感。于是在读者和"隐蔽的"作者的共同参与下，这种小说显示出非同一般的大众投入热情，如20世纪30年代程小青模仿英国作家柯南道尔的《福尔摩斯探案》创作的《霍桑探案》等小说，一下子就为中国培养了许多侦探小说迷，至今还在发生着影响。

大众文学的审美情趣从表面上看是指向了娱乐，娱乐作为一种不干涉现实而能宣泄情感的方式，的确吸引了大众的阅读情趣。但是，大众文学之所以能够吸引大众，不仅仅在于它的悬念迭起、异趣横生的故事情节和跌宕起伏的人物命运等，还在于作者与世俗生活保持沟通的创作态度，使得大众文学具有了建立在普通读者日常阅读经验之上的可读性。这种可读性一方面表现为作品的语言、情境、内容的易读易解，读者没有阅读障碍；另一方面则是能给读者带来阅读快感。不论是琼瑶、三毛等给人提供的缠绵悱恻的情怀和温柔细腻的抚慰，还是金庸、古龙给人提供的激荡人心的悬念和刺激，都给读者带来了极大愉悦。

另外，出于吸引读者的情趣化的考虑，大众文学的作者大量地展示着当时当地的风俗文化与人情。在冯骥才、陆文夫的作品中，我们可以看到有关天津、苏州两地市井小巷生活的大量描写。在今天看来，这些作品已成了风俗文化史式的读物，颇具民俗学价值。可以说，大众文学情趣化审美特征的背景是中国的深厚文化传统，它所表现出来的积极意义也多在于对"爱""正义"这类永恒主题的肯定和宣扬。

二、文学的大众化

随着社会文化教育的普及，广大人民群众的文化水平不断提高，有能力进行文学创作、欣赏、批评，有文学消费需求的人群也越来越大。文学的大众化因而成为一个不可避免的文化事件和历史事件。文学的大众化主要体现在以下几个方面：

第一，创作主体的大众化。创作主体，简单地说就是作者。在网络文学盛行的当下，作者不再像传统文学一样，仅仅局限在极少的文人。现在的创作主体可以是全社会的人。

第二，创作题材的大众化。网络文学的题材主要是大众喜爱的言情、武侠、玄幻、侦探、惊悚等通俗的文学题材，真正实现了题材大众化。

第三，创作方式的大众化。网络文学创作是多元化的，它不像传统文学，必须要先构思，然后打提纲，而后才开始写作，写完后还要进行删改等。网络文学的创作甚至可以直接在计算机上想到什么就写什么，然后发表。

第四，传播方式的大众化。现在网络已经普及，网络传播无疑是最大众化的传播途径。

第五，受众的大众化。网络文学由于它的传播方式简单便捷，所以有了更广泛的读者。

第六，文学批评的大众化。以往的文学批评仅局限于专业批评家，一般人不能进行文学批评，只能是谈谈自己的看法。而网络文学时代，网络技术使每位读者都可以成为批评者。

> **小贴士**
>
> 文学大众化，一方面，它是大众文学推广的结果，另一方面，文学的大众化也必将进一步推动大众文学的发展，促使大众文学不断提升自己的水平、格调，从而不断满足大众持续上升的文学消费需求。

第三节　高雅文学

高雅文学属于高雅文化的一部分，它是与大众文学、民间文学相对而言的。通俗文学以煽情和娱乐为目的，侧重享乐，回避严肃课题，例如琼瑶的言情小说和金庸的武侠小说，它们往往回避政治、历史等重大话题，让故事迎合大众的心理愿望和阅读期待。而高雅文学则是在世界的关系中，力求整体呈现，反映生活面貌，表现作者的真实感情，启迪读者关注人生中的严肃问题，启迪读者对真理、良知的思考。它讲求技巧、注重形式，往往以小见大，一个故事便是一个时代的缩影，或在轻松的话题中探讨对生命、社会的思考。

一、高雅文学的文化追求

高雅文学是有其自身文化追求的文学样式，它具有强烈的艺术使命感和人文关怀。如果说大众文学追求的是现实的功利，那么高雅文学追求的则是非功利的艺术；如果说大众文学关心的是商业利益，那么，高雅文学关心的则是人本身。

（一）追求非功利的艺术

高雅文学区别于大众文学最根本的一条，不在于题材的选择、主题的开掘，而在于艺术形式的创造。评价高雅文学成就的高低也往往是以其艺术上的创新程度为主要指标的。高雅文学的这种唯美主义倾向，是由文艺自身的内在规定性决定的。

> **小贴士**
>
> 高雅文学作为文艺中较为纯粹的一种，往往集中了文学的主要形式因素。这种形式是"非功利的"，即并不为某种现实的实用目的而存在。因此，高雅文学总是热衷于文学形式的创新与尝试，不断地实验新的叙事方式、语言表达方式，或者是对传统观念进行挑战、否定，并试图以新的观念、思想来启蒙大众。

（二）关怀人的终极需要

艺术的非功利性，规定了人类艺术行为的审美向度与终极性价值追求。艺术反映人的喜怒哀乐、苦难与奋斗、理想与追求，把人的本质以一种特别的形式集中而又形象地反映出来，记录人类的心灵成长史，满足人高层次的精神消费需求。诺贝尔文学奖的评选标准之一，便是要求作品表现和反映人类对"理想性"的不懈追求。生存理想与心灵渴望永远是文艺内在的旋律。脱离了这一精神追求，艺术也就丧失了它存在的理由。

高雅文学一向以终极性的精神探求与有深度的艺术尝试为特征，这一特征本质性地限定了高雅文学的接受对象和消费主体不是一般的人，而是经受过特殊训练、具备一定文艺修养的少数群体。因此，它又被称为"精英文学"。

二、高雅文学的审美价值

高雅文学的高雅的文化追求，决定了其具有独特的审美价值。

（一）典型美

高雅文学中的形象的是作者选择生活中富有特征和审美价值的对象，再根据自己的观念和情感进行加工，从而改造成具有一定审美价值的文学形象，它是现实生活中的审美反映，是被创作者的情感和理想熏陶了的认识，具有突出的典型性——能够成为一类人的代表，甚至为一个时代、一个民族代言。例如鲁迅笔下的阿Q形象、莎士比亚作品中的哈姆雷特形象，还有曹雪芹笔下的林黛玉等，都是十分突出的典型。

典型美在诗歌中也有所表现。众所周知，中国古代诗歌尤以其内容的丰富和形式的简练而著称，这也让诗人在进行创作的时候，更有意地去选择一些最具有代表性、最能作为自己情感依托的客观事物为对象。例如陶渊明笔下的菊花、周敦颐笔下的莲花、古典文人笔下的柳等。

（二）语言美

文学作品的语言是读者了解作品内涵的主要渠道，也是读者对作家评价的重要依据。当作家的语言不能让读者了解其思想内涵的时候，就很难与读者产生共鸣，从这种意义上说，这不是一部好的作品。高雅文学的语言讲究一定的技巧，用各种修辞手法和表达方式来表达思想和内容，注重行文的流畅和个人风格的构建，因此它具有语言美。好的作品除了要有深刻的思想内涵，还必须讲究语言的美感。

> **小贴士**
>
> 诗人杜甫就有"为人性僻耽佳句，语不惊人死不休"的决心。因此，杜甫以他独树一帜的语言风格成为唐朝最受大家欢迎的诗人之一。高雅文学作品的语言美拉近了读者与作者的距离，而作者如果缺乏对语言的驾驭能力，那么即使他有再深沉的思想和再独到的观点，人们阅读其作品的时候，也如同嚼蜡。

（三）情感美

文学诞生于人们对苦难和体验的倾诉，孔子讲"诗可以怨"，中国自古就有"以文为哭""以文为戏"的文学思想，心忧而歌且谣，人们心有所感而喻之以文，这也使文学作品被赋予创造者的情感而具有独特的审美价值。高雅文学作品中的爱恨情仇较之其他的文学作品则更有真实性和超功利性。例如我国古代文学的奠基之作《离骚》，"'离骚'犹离忧也"，它表现的是作者屈原的赤诚之心，表现了他对祖国的热爱和忧国忧民的情

绪。《离骚》是诗人政治失败后用血和泪抒写的扣人心弦的哀歌,是其思想和情感的结晶,除了精彩的行文外,其情感的真实和凄美是《离骚》为后人所传颂的重要原因。思想感情是文学作品的精粹所在,而高雅文学中的情感美,是启迪读者对真理、良知进行思考,发掘人类灵魂深处思想的关键所在,是高雅文学重要的审美依据。

正因为高雅文学有着自身的文化追求和独特的审美价值,所以,在文学的发展史上,人们更多地把高雅文学作为时代的文学典范。高雅文学代表着文学发展的纯正方向,人们用它来规范和影响文学的基本走向,这是因为文学是包含着美的创造和审美活动的一种审美形态,而高雅文学的优美则更为符合这种审美形态的内在要求。

三、高雅文学的大众化

(一)高雅文学大众化的原因

高雅文学与大众文化相比具有更强的教育价值和引导价值,承担着社会教化、树立价值典范的社会责任,因此,高雅文学的大众化是一种必然趋势。

我国国民教育普及程度不断加大,国民整体素质不断改善,人们的文化吸收、消化功能也将会得到不断提高,高雅文学就会被更多的民众接受和认可,高雅文学大众化或者说高雅文学与大众文化兼容乃至融合,必将成为一种趋势。许多曾经的所谓高雅文学文本,正在以各种各样的方式成为大众文学消费的对象,就是一个明证。

(二)高雅文学大众化的路径

高雅文学曲高和寡,大众文化平易近人。但高雅文学与大众文化并不是相互对立的关系,它们只是当前社会文化环境下两种不同形态的文化表现。如何使高雅文学保持其追求的同时,又能做到平易近人,更具有普遍性,更体现大众化,是我国传统文化创造性转化的重要方面,也是我国文化大发展、大繁荣的重要内容。

1. 坚持"从群众中来,到群众中去"

人类的社会生活是文学艺术的唯一源泉,其中存在着文学艺术的原料矿藏,其是自然形态的东西,是粗糙的东西,但也是最生动、最丰富、最基本的东西。因此,高雅文学要坚持"从群众中来",即从群众生活中取材,经过去粗取精、去伪存真、由表及里等一系列的深加工,提炼精华,用于改造社会。

坚持"从群众中来"尤为重要,之后更为重要的是"到群众中去"。科学理论的最终目的是指导实践,并在实践中不断地检验和发展自己。"实践,认识,再实践,再认识,循环往复,以至无穷。"高雅文学也要坚持这个基本原理。高雅文学的大众化与马克思主义的大众化有异曲同工之妙。"但是什么叫大众化呢?就是我们的文艺工作者的思想感情和工农兵、大众的思想感情打成一片。而要打成一片,就应当认真学习群众的语言。如果连群众的语言都有许多不懂,还讲什么文艺创造呢?"因此,高雅文学应该借用大众文化生动活泼、为受众所喜闻乐见的表现形式，借助通俗易懂的文本，直接倡导正确的审美观念和价值理想，既在一定程度上满足大众的审美需要，同时引导大众文化走向一定的审美超越。"刻意地追求形式上的'精英'，有时往往会故步自封甚至顾此失彼，近年来一些学术味浓、文化味浓的节目火爆荧屏，和它们放下架子，主动照顾大众的需求密切相关。"

2. 保持高雅的格调，走大众化的道路

高雅文学具有丰富的内涵，但并不是所有内容都适用于大众传媒的方式，高雅文学完全可以尝试保持其"原始"的风貌与格调，略加"修饰""包装"后通过大众传播手段进行传播，使广大受众能够有机会真实地感受高雅文学的魅力。这样，不仅能使高雅文学得到广泛传播与分享，也会逐步改善大众文化受市场化的商品本性和商业原则的制约与操纵而使其价值取向流于低俗的现状。

> **小贴士**
>
> 在高雅文学大众化的过程中，应警惕低俗文化对高雅文学的侵蚀，保持高雅文学相对独立的发展空间。那么不仅高雅文学有普及的可能，而且广大受众的水平也会不断地提高，最终将使得高雅文学能够成为普通大众的大规模文化消费品。

（三）高雅文学大众化的现实意义

第一，高雅文学大众化是社会发展和进步的重要表现。衡量一个社会先进与否的一个重要指标就是文化的普及程度，文化与社会互为对方发展的表征。高雅文学注重精神意义的价值追求，它承载着社会的责任感，承载着人类的良知，起着引导社会发展方向和提升民族精神的作用，更具特别的价值和意义。高雅文学的大众化能够逐步剔除大众文化中的糟粕，保存大众文化中的合理成分，建构一个健康文明积极向上的文化环境，进一步促进社会的发展与进步。

第二，高雅文学大众化有利于更好地构建社会主义核心价值体系。在消费文化的大背景下，受市场化的商品本性和商业原则的制约和操纵，恶搞文化的出现严重影响着人们的价值取向，严重冲击着社会主义核心价值体系。当然，社会也呈现出许多精英文化大众化的典范，例如，中央电视台近年来制作的《汉字书写大赛》《成语英雄会》《中国诗词大会》《朗读者》等栏目，充分利用大众传媒将中国几千年来优秀的文化及精华充分展现在全国人民面前，让人们充分感受优秀文化成果的同时，也提高了人们的民族自信心和自豪感。它带给人们的不仅仅是视觉的冲击，更是心灵的震撼。这才是我们文化所应具有的价值取向。这也以事实证明，高雅文学只有大众化，才能更好地发挥高雅文学的社会功能及社会责任，改变恶搞文化对文化取向的冲击，从而引导人们往更高的层次发展，从而更好地构建社会主义核心价值体系。

思考题

1. 简述民间文学的特点。
2. 简述高雅文学的审美价值。

第六章　文学消费与接受

1. 了解文学消费与接受的性质；
2. 掌握文学接受的过程。

第一节　文学消费与接受的性质

在作家完成创作活动后，文学活动就进入到作品的传播、消费和接受阶段。在这个阶段，作品通过各种传播媒介成为消费品。从马克思对生产和消费的辩证认识来看，文学消费和文学生产相互影响和制约。不过，文学消费不同于一般的商品消费，它是一种特殊的精神产品消费，具有意识形态属性。文学接受具有丰富的文化属性，其中最基本的层面是审美属性、认识属性、阐释属性和交流属性等。

一、文学消费与一般消费

文学消费有广义与狭义之分。广义的文学消费是指人们用文学作品来满足自己的精神需求的过程，也即文学阅读或文学欣赏。这种意义上的文学消费是自有文学以来就存在的。当把文学消费与文学生产对举时，往往指广义的文学消费。狭义的文学消费则是在近代以来出现的，指的是在商品经济充分发展、印刷出版等传播媒介得到广泛运用的条件下，在文学成为一种特殊的商品以来，人们对它的消费、阅读和欣赏。当把文学消费与文学鉴赏对举时，往往指狭义的文学消费。

文学消费在整个文学活动中占有极为重要的地位。这是因为，作家创作出来的文学作品还只是一种观念形态的作品，要使之转化为可供广大读者消费的对象，还有赖于一个将其观念形态的文本加以媒介化和物态化的过程，即经由编辑、出版、印刷或电子数字化等阶段，使观念形态的作品变为批量制作和广泛传播的文学书籍，并进入文化市场（如书店、书市、书亭），被读者购买并阅读。这样，文学活动过程才构成一个相对完整的周期。

文学消费活动受到文学生产、文学媒介和文学传播的直接影响。从历史上看，文学的主要媒介先后有口头媒介、笔头媒介（或称文字媒介、纸质媒介，其中又细分为手抄本媒介、机械印刷本媒介）和电子媒介（如电视、计算机、电子光盘、互联网等媒介）。在原始社会时期，文学活动往往以诗乐舞浑然一体的综合形式出现。进入有文字的文明

时代以后，文学活动才主要付诸文字形式，依次经历了手抄、石印、铜铸印刷和木刻印刷等形式，形成了早期文学书籍。近代以来，随着大机器工业的发展，文学作品成为一种可以大量机械复制的消费品，广泛地被人们接受。商品经济和技术社会导致人们的生活方式、社会观念和审美需求发生了深刻变化，高雅文学（或称纯文学）和大众文学（或称俗文学）的分化与互渗现象比以往任何时候都更为显著。

> **小贴士**
>
> 19世纪末和20世纪初，人类从机械化时代进入所谓电子化时代。19世纪末，电影诞生；20世纪初，广播和电视诞生；20世纪中期，计算机诞生；20世纪80年代，互联网诞生。进入电子化时代之后，文学媒介也随之发生了深刻变化，新的大众文艺传播媒介，如广播、电影、电视以及互联网的出现使文学消费呈现出新的特色。一些重大的理论问题和文化生活实践问题，亟待人们去研究。诸如：文学消费与文学生产有什么关系？文学消费与其他商品消费有何异同？现代商品经济与电子传媒社会条件下人们的生存方式和精神需求有哪些新变？这些新变对文学生产、文学传播和文学消费有何深刻影响？高雅文学与大众文学的消费和接受各有什么特点？等等。这些问题不能回避。而要回答这些问题，就必须以马克思主义关于生产与消费的理论为指导思想，批判地借鉴吸收古今中外有关学者的研究成果，并结合我国的国情、结合中国特色社会主义市场经济和文化建设的实践经验来加以认真探讨。

（一）文学生产、传播与消费

依据马克思关于社会化大生产的一般原理，广义的生产包括狭义的生产及流通、分配、消费四个环节。与此相适应，广义的文学生产应当包括创作、出版、发行和阅读等要素。不过，我们通常所说的文学生产主要是狭义的文学生产，即指以作家内在心理意象形式存在的观念形态（或本体形态）的文本创造和出版商通过一定的物质载体将作家观念形态的文学文本物化为文学读物的物态化生产，如文学书籍、电影复制、录像带、录音带、电子光盘、电子图书、互联网超文本等的制作。文学传播兼指文学作品的出版与流通，而文学消费主要指读者的阅读。

不言而喻，作家创造出来的文本在物态化生产之前，只是一种观念形态的作品或者说是一堆涂满字迹的手稿，要使其转化为文学消费者的消费对象，还需要将其物化为文学书籍或其他媒体的文学读物，即经过文学的出版、制作和发行活动，这也就是我们所说的文学传播活动。

在历史上，最初的文学传播工作是由作家本人担任的。那时候，作家在公开场合宣读自己的作品。后来，出现了职业说书人，他们往往说唱别人创作的作品。虽然口头文学传播方式至今仍未丧失其全部功能，但随着印刷术的发明，它早已让位于文学书籍传播方式。文学书籍形式自身也有其特殊的历史沿革，开始是数量很少的手抄本，而后是手工作坊印刷的石印本或木刻本，其数量也很有限。随着资本主义大工业生产方式的出现，机械印刷等近现代印刷术先后问世，文学书籍得以迅速地大批量地机械复制。这种把作家创作的手稿印刷成文学书籍的印刷，是通常所称的真正现代的出版活动。文学书籍的出版、印刷、发行这一传播方式的出现，具有重大意义，它意味着一部依附于作家的观念形态的文学作品开始取得了物质外壳，与它的作者分离。此后，对作品的阅读、理解、阐释、评价，主要听命于它的新的主人——广大文学读者。在现代社会，批量复制的文学书籍和刊物已成为最广泛运用的文学传播方式之一。20世纪20年代以后，情况进一步变化，随着广播、电影、电视、计算机、互联网等新的大众传播媒介的出现，当代文学传播方式呈现出口头传播、书籍传播、视听传播及电子网络传播等多种方式并存和相互渗透的态势。

> **小贴士**
>
> 　　文学传播方式的现代化进程是与整个人类社会历史的现代化进程相吻合的。自近代以来，适应资本主义生产力发展的要求，文学欣赏不再像手抄本时代那样属于少数贵族阶级或骚人墨客的特权，而日益成为广大平民阶层精神生活的需要。加之现代大众传播媒体与文学的结合，使得读者大众迅猛增加。他们不仅可以阅读文学书刊，而且可以通过广播、电影、电视、计算机以及互联网等现代媒介消费文学作品，即欣赏到由畅销书或经典名著改编成的广播文学和影视作品，以及其他各种改编的或原创的网络文学。现代文学传播方式作为作家创作与读者消费之间的中介和桥梁，不断抹去传统意义上的文学消费与文学生产的固定边界，对文学生产和文学消费双方已经或正在产生深刻的影响。

　　在现代技术社会的大众传播媒介的冲击下，文学消费与文学生产之间形成了一种辩证的互动关系。一方面，文学生产规定着文学消费；另一方面，文学消费也制约着文学生产。

　　所谓"文学生产规定着文学消费"，主要表现在以下几个方面。

　　第一，文学生产为文学消费提供消费的对象，即文学产品。文学消费作为一种对文学产品的阅读欣赏活动，必须有一定的文学产品作为对象。没有消费对象的"消费"是不存在的。因此，文学消费的对象受文学生产规定，这是不言而喻的。并且，文学消费者究竟消费到何种类型的文学，是现实主义文学还是现代主义文学，是高雅文学还是大众文学，是手抄本读物还是印刷本读物，是纸质文学图书还是电子文学图书，是呕心沥血创造出来的优秀作品还是粗制滥造出来的文学赝品，等等，无一不受到作家的文学生产的规定。

　　第二，文学生产规定着文学消费的方式。传统意义上的文学阅读通常是一种文字阅读，但在文学生产的方式发生深刻变化和电子传播媒介普及的今天，文学消费不仅指文字阅读和纸质文学消费，而且也包括对广播影视文学的视听阅读和对电子网络文学的视屏阅读，出现了所谓读图时代的文化消费方式。又比如，创作说唱故事和剧场演出的时代是群体围坐在一块共同消费的时代，生产文学书籍的时代则是个人阅读的时代。随着电影生产时代的到来，消费者又必须聚集到一块。而在电视文学和网络文学问世之后，

消费者则可坐在家里进行文学消费。

第三，文学生产规定着文学消费的需要，或者说，生产着新的消费者。马克思指出："艺术对象创造出懂得艺术和具有审美能力的大众——任何其他产品也都是这样。因此，生产不仅为主体生产对象，而且也为对象生产主体。"一个社会或一个民族的文学消费者的文化层次、艺术修养、审美趣味和精神追求往往是通过文学产品自身创造出来的。扶持和生产优秀的严肃文学作品往往能"创造"出高品位、高境界的文学读者，而任由低劣、庸俗的文学作品的泛滥则可能"创造"出趣味庸俗的读者。

总之，没有文学生产就没有文学消费，这是一个基本的道理，也容易为人们所理解，但是，反过来，没有文学消费就没有文学生产这一点，却常常为人们所忽视。事实上，文学消费也同样反作用于文学生产，对文学生产起着重大的制约作用。这同样表现在三个方面。

第一，文学消费制约着文学生产，表现在文学产品在消费中才得到最后实现。这就是说，一个完整意义上的文学生产周期并非以作家创造出一部作品为终结。一部作品，无论写得如何精彩，倘若未能出版，或印出来了却未被读者购买和阅读，那么，它就只是一部潜在的作品，它的艺术价值和社会价值将无法得到实现，其认识、审美、交流等文化属性也不能得到体现。只有经过读者大众的消费，文学产品才成为现实的产品，文学生产才真正完成。在这个意义上讲，文学消费是文学生产过程中最后一个重要环节，缺少这个环节，文学生产就还未真正完结。也正是在这种意义上，现代接受美学家们才强调，文学作品有赖于作者与读者共同完成。

第二，文学消费制约着文学生产的方式和规模。文学生产如何进行、生产什么、生产多少，都要受到文学消费的制约。比如，文学消费者的文字阅读的消费方式，决定着文学作品的作者对语言文字技巧的重视，以及对文学形象、典型和情节等的关注；而读者大众对视听文学的消费，则决定了其作者不仅仅注意语言文字的运用，同时还要考虑到如何与表演、色彩、音响等因素配合。不仅如此，读者大众的审美要求、审美品位也是有层次的，这就决定了高雅文学生产和大众文学生产的生产规模有所区别。一般说来，不同层次的文学产品的生产规模与不同层次的文学读者在数量上呈现着相互对应的比例关系。

第三，文学消费体现了文学生产的目的和动力。这是文学消费对文学生产的制约作用中最为重要的一条。正是读者大众的文学消费需求决定和刺激着文学生产。如果脱离了读者的精神文化消费的需求，文学生产就失去了终极目的和意义。文学是人学，满足人的情感需求，是文学生产不竭的动力和源泉。

> **小贴士**
>
> 进入改革开放的新时期以来，我国人民在物质生活需求不断得到满足的情况下，对精神文化生活的需求日益增长和多样化，由此刺激了我国新时期以来文学生产的繁荣和高涨。并且，人民群众的文化水准、精神需求和审美能力也在不断提高，因而又激励作家、艺术家努力进行艺术创新，不断提高艺术质量，创作出更多、更优秀的文艺作品，以满足读者大众的审美需求。

（二）文学消费的二重性

文学生产与消费经历了一个不断演进发展的历史过程。在古代，文学创作人员大都有自己熟悉的固定的消费对象。就民间艺人创作而言，主要是面向自己的左邻右舍或街坊邻里；而就宫廷文人来说，他们的作品则主要是为皇室成员或某一位达官贵人服务。自近代社会以来，随着物质生产方式的变化，文化产品的生产方式也相应地发生了变化。最为明显的就是文化传播工业的出现和文化流通市场的形成。这种情况使文学的生产与消费像一般产品的生产与消费一样，必须经由商品流通这个中介环节才能实现，文学生产者与文学消费者发生了某种分离。文学消费者是作者无从认识的文化程度、兴趣爱好不一的群体，而且这些群体往往也互不相识，是流动的、隐性的。文学生产者与消费者之间的联系要借助于文化市场来实现。可见，从文化流通领域来看，文学产品具有明显的商品性质，文学消费也随之深深烙下了一般商品消费的印迹。由于文学产品的创造不仅凝聚了作家的智慧和心血，而且作为物态化生产过程的产品，还凝聚了其他劳动者所付出的劳动消耗，因而具有一定的交换价值或价格。文学消费者为取得对文学产品的消费权，就必须以购买或租借的方式，付出一定的货币，使文学再生产得以维持。在文化市场上，文学书籍作为一种物态化商品，也涉及破损、毁坏的问题，这种作为物质载体的耗损与一般商品的耗损是一样的。一本书、一本期刊被多次翻阅，在旧书店里就要折价出卖。这种旧书旧刊的降价买卖，除了受其文本的内在内容因素的影响之外，与图书外观的损耗也有一定关系，后者也常是书商和顾客要考虑的因素。文学产品消费趋向的市场预测也是困难的。这不仅仅是由于购书者是隐性的，同时也是与文化生产受整个社会一般商品消费心理的影响分不开的。当社会的一般消费心理处于趋新潮、赶时髦时，畅销书往往与某种走俏的物品一样为消费者争相抢购，而当社会的一般消费心理崇尚地位、声望时，一些装帧精美的经典文学名著则像名画、钢琴一样常常为消费者所收藏。

文学消费作为一般商品消费，对于作者、出版者、发行者以及广大读者有着重要的各具特色的作用和影响。在商品经济发达和不发达的社会里，文学消费的商品属性的表现有强弱轻重的不同。我国正在建设有中国特色的社会主义市场经济，与此相适应，社会主义社会的文化产业和文化市场也逐步走向繁荣和健全，广大人民群众对文化产品的多样化需求不断得到相应的满足。

> **小贴士**
>
> 　　文化市场对繁荣文艺具有积极的功能，它大大促进了文学生产与文学消费之间的联系；它意味着艺术生产者要树立市场观念和读者观念，按文化市场的需求来安排生产；它激发了艺术家的创造潜能，有助于艺术生产力的大解放；它使艺术资源得到合理配置，促进了艺术的多元化，人民大众的审美需求因而可以得到多方面的满足。此外，文化市场的竞争机制还推动了艺术家对文艺观念、写作方法和艺术技巧的探索与创新，促进了文学生产的繁荣与发展。总之，文艺市场和文艺消费对文艺发展是有一定的积极意义的，但也存在一定的负面影响。

当然，我们说文学消费具有商品消费的一般性质，并不意味着文学消费完全等同于一般商品消费。在马克思、恩格斯看来，文学艺术不仅具有商品属性，更具有意识形态属性，具有认识和审美等精神属性。因此，马克思、恩格斯一方面承认文学产品属于一般商品消费，同时注意到文学消费是一种特殊的商品消费，即它是一种特殊的精神产品消费，具有一般商品消费与精神享受以及意识形态再生产的二重性质，并主张必须维护文学产品的认识价值和审美价值。马克思、恩格斯在论述《荷马史诗》以及密尔顿、巴尔扎克、狄更斯等作家时对此屡有涉及。

文学消费之所以不能完全等同于一般商品消费，其理由在于：首先，一般物质产品主要满足人们的物质生活需要，而文学产品作为一种特殊的精神产品，主要满足人们的精神生活需要。因此，一般商品的消费价值对消费者来说是相同的，并有同样的衡量标准，而文学产品的消费价值对不同的消费主体来说会有不同的效果，因而具有不同的评价标准。其次，一般物质商品的交换价值是严格依据等价交换的原则进行的，而文学消费者所支付的货币往往与凝聚在文学产品的物态化生产过程中的劳动消耗相等价，而与其中寓含的作家的创造性劳动难以等价，后者的独特价值往往难以做定量评估，尤其是伟大的文学作品常常是独创的、不可重复的。再次，一般物质商品的消费是一种纯粹的价值耗损，其使用价值随着消费中的有形损耗与无形损耗，有一个必然被淘汰的过程。无论在什么时代，无论技术多么进步的物质产品，最终都要被性能更先进的产品所取代。它们当中的个别物品可能转化为文物被博物馆收藏，但绝大多数物质产品要退出消费领域。但是，文学产品则不然，尽管大量文学产品也存在着被淘汰的可能，然而，各个时代的优秀的文学产品却具有超时代性，它们以其永久的艺术魅力而为历代读者所共享。

> **小贴士**
>
> 例如中国古代的《诗经》、楚辞、唐诗以及古希腊神话、史诗和悲剧等至今仍为人们所喜爱。可见文学产品的消费具有超时空性，伟大的经典文学名著甚至具有价值增值性。最后，一般商品消费是名副其实的消费，而文学产品的消费不仅仅是一种商品消费，更是一种文化信息的传播与接受，并且往往具有再创造的性质，它要求消费者本人的积极参与。在我国，文学消费的商品属性应该从属于意识形态属性、认识属性、审美属性等精神属性。因此，作为文学生产者的作家，应该有高度的社会责任感，应该创造出思想内容健康的、艺术性很强的作品，传播到文学消费者手中。

正因为文学消费既是一般商品消费，又是特殊的精神产品消费，因此造成了文学产品及其消费具有商业（交换）价值与审美价值、价值规律与艺术规律、经济效益与社会效益等二重性，并且这二重性既是互补的，又常常是冲突的。在我国社会主义文化市场中，尤其要体现后者的主导性。这就要求作家、理论家很好地协调和阐释二者的关系，要求政府健全与文化市场有关的法律法规，同时辅以必要的行政干预和舆论引导，从而尽可能充分发挥文学消费的积极作用，消除和克服其不良的消极影响。

（三）文学消费与文学的意识形态性

在现当代，文学艺术产品的广泛的商品化所造成的最为不良的影响，就是文学消费的意识形态性被有意无意地淡化了。其实，文学从来就不是一种纯粹的抽象的美的物品，文学消费和接受也从来不是一种纯粹的个人消遣，尽管它要经由个人发生。文学消费总是与特定的社会、民族、阶级、阶层以及集团的利益相关，文学消费作为一种意识形态消费，历来起着肯定或批评特定的社会关系、社会结构的深刻作用。文学消费过程中产生的潜移默化的影响，实质上总是在传播和再生产着特定阶层的意识形态观念。简而言之，文学消费与接受就是文学生产者（包括作家、出版商、书商以及文艺管理机构）通过文学产品被读者阅读欣赏，以传播他们所属的那个阶级或阶层的意识形态观念。在这种文学阅读欣赏过程中，维系一定社会关系和社会结构所需要的某种意识形态观念被再生产出来，并进一步转化为接受者的日常生活意识。

文学消费和接受实为意识形态消费（从而也是意识形态再生产）的例子在中外文学史上比比皆是。例如，两千多年来，《诗经》这部中国最早的诗歌总集，历来被统治阶级所赞赏、所传播，这绝不是单单为了让读者去审美与消遣，同时也是想通过《诗经》的影响，向读者宣扬"怨而不怒，哀而不伤"的温柔敦厚的意识形态观念。又比如，在西欧，文艺复兴时期兴起的文艺生产与消费的高潮，实质上传播着与中世纪封建统治阶级的意识形态相对立的新的人文主义意识形态；出现在18世纪的法国启蒙主义文学，则传播着新兴的资产阶级的自由、平等、博爱等意识形态观念，并对法国资产阶级大革命产生了深远的影响。

尽管文学消费和接受无不渗透着特定的意识形态观念，但它们的具体表现却非常复杂，或隐或显，或轻或重。即便被认为是纯审美、纯娱乐的文学消费，也往往是自觉不自觉地与意识形态有关。一般来说，在社会矛盾激化的动荡时期，文学消费的意识形态性质往往表现得比较鲜明；而在社会矛盾缓和的情况下，文学消费的意识形态性质则表现得比较间接和隐蔽。

就文学消费的意识形态功能而言，文学消费对意识形态的反映大约有三种模式：第一种模式是文学消费直接为现行体制和社会结构服务，传播和再生产着现行政治、经济制度所需要的意识形态；第二种模式是文学消费为批判现行政治和经济制度服务，传播着批判现行制度不合理性的意识形态观念；第三种模式则是声称文学消费与政治无关，声称文学远离现行的政治、经济制度或超越主流的意识形态观念，即所谓非意识形态化。实际上，文学消费的意识形态性是不可能回避、不可能超越的。在这种情况下，文学消费的意识形态性质往往显得较为隐蔽，即使意在传播和宣扬某种别样的意识形态，也常常打着"为艺术而艺术"的旗帜，以致使人们在漠视其意识形态作用时不经意地受到影响。这是我们研究文学消费时必须加以注意的。

在古代，由于社会活动和文化活动的空间极为有限，文学消费和接受的意识形态性质往往为当时的统治阶级及其理论家所直言不讳。

> **小贴士**
>
> 例如,古希腊哲学家柏拉图很重视文艺消费的意识形态功能,他深深懂得文艺对人的心理和行为的巨大影响。因此,他明确反对那种不利于奴隶主贵族政体的文艺。又比如,先秦时期的孔子也极为重视文艺(主要是诗歌)的意识形态教化作用,认为诗可以为"事父""事君"及维护儒家政治伦理道德服务。此后,诗歌的教化作用一直为中国历代封建统治者及文人所重视。

说文学消费是一种意识形态消费,并不是说文学消费本身就直接是意识形态,也并不是说文学消费等同于对政治理论、哲学理论等观念的直接宣传。事实上,文学消费的意识形态性与政治理论宣传或哲学伦理思辨是不同的,它不是以概念形式的意识形态观念直接灌输给消费者,而是寓思想观念于艺术形式的审美结构和艺术娱乐的审美效果之中,往往是以潜移默化的形式影响或更新消费者的艺术感受力和艺术领悟力,进而影响其对整个世界的感受力和领悟力。一切真正伟大的严肃的经典文艺作品往往具有醒世的作用。

在我国,文艺事业既是一种文化产业,属于社会主义经济基础的一个产业门类,但更是一种精神生产,属于社会主义上层建筑的一个重要组成部分,文艺消费活动因而应承担传播社会主义意识形态的崇高使命。具体来说,我们的文学生产和文学消费应当坚持为人民服务、为社会主义服务的方向,面向世界,面向未来,面向现代化,尤其要面向亿万人民大众,创造出更多更好地表达人民群众文化意愿、反映社会大众审美需求、体现民族精神和时代风貌、符合社会先进文化发展方向的优秀作品,更好地为建设有中国特色的社会主义服务。我们的文学生产和文学消费应该为人民群众提供审美、娱乐、认识、教育以及人际交流等所必不可少的优秀精神文化产品,以满足读者的感性需求,丰富读者的精神生活,鼓舞读者的理想信念,陶冶读者的情感世界,净化读者的心灵世界,提高读者的精神品位,升华读者的人格境界,从而促进人的全面发展和整个社会的精神文明建设。

(四) 文学消费与文学接受

文学消费和文学接受作为文学理论术语,是在 20 世纪兴起并得到广泛使用的。传统文艺学习惯于用"文学欣赏"或"文学鉴赏"等概念,而现代文艺学则倾向于使用"文学消费"和"文学接受"等概念。从表面上看,文学消费、文学接受与文学欣赏、文学鉴赏之间意思差别不大,指的都是读者的阅读活动。其实不然,作为文学欣赏或文学鉴赏的文学阅读活动,明显地具有一种静观的、仪式的、膜拜的、审美的、无功利(或超功利)的性质,它所描述的其实是文学阅读活动的理想状态。德国古典美学尤其是康德美学所阐述的自由艺术的审美鉴赏即是这种理想的或纯粹的文艺鉴赏活动。而"文学消费"和"文学接受"则充分反映了文学阅读活动中的现实复杂性,具有更强的针对性和说服力,因而现代文艺学主张用"文学消费"和"文学接受"来取代传统文艺学的"文学欣赏"或"文学鉴赏"。正如有的论者所指出的:"许多研究者认为,从消费者出发能最有效地在社会的全部联系中讨论文学事实。他们很少以感知过程和意义过程为重点,而是以探讨作者、文学作品、接纳者——不管叫他接受者、消费者还是惯称的'读者大众'——之间的交际线为重点。"

更进一步地说,文学消费和文学接受虽然同属于现代文艺理论术语,但二者的含义也有所不同。文学消费和文学接受之间的区别主要有以下几点。

首先,文学消费具有物质消费和精神消费二重性,而文学接受则纯属一种精神文化范围内的活动。

文学消费属社会精神产品消费,它是现代大众日常生活中不可缺少的一部分,是一种普遍存在的社会性消费。这是因为,作为精神产品,文学作品已成为每一个人身心健康发育过程中必然接受的一种精神养料,并日益成为当代社会最重要的大众消费品之一。对每一个消费者来说,文学消费是他个人所有消费项目中的一个重要项目;而对于整个社会而言,文学消费也是整个社会经济消费行为中的一个组成部分。早在1819年,瑞士著名经济学家西斯蒙第就把诗歌、音乐、戏剧等艺术产品给人带来的"精神享受"归结为一种财富的消费,指出每个消费者都按自己的意愿用自己的收入来分享物质享受和非物质享受。他探讨了不同经济地位的消费者对文艺消费的不同态度及其原因,指出经济条件的好坏使文艺消费在他们的日常生活中具有不同的意义。总之,文学消费一方面满足人们的精神生活需要,给人带来精神享受;另一方面,为获得这种享受,消费者又必须付出相应的货币。因而文学消费兼具精神消费和物质消费二重性。文学接受概念则不然,当我们说"文学接受"时,可以不考虑他的文学书籍是买来的、借来的或别人赠送的,而仅仅关注接受者对文学作品的阅读这种精神活动本身。

其次,文学消费既包括阅读行为,也包括未含阅读活动的消费行为;而文学接受则一定是一种阅读或欣赏的精神活动。

文学消费固然主要指文学阅读,但也不尽然。有的文学消费者买来文学书籍,并不打算或并未进入阅读,而只是为了收藏、摆设或炫耀。法国文学社会学家埃斯卡皮就曾指出过,决不能把文学书籍的消费与阅读混为一谈,"我们可以举出那种'炫耀性的',作为财富、文化修养或风雅情趣的标志而'应当备有'某本书的现象(此为法国各书籍俱乐部最常见的购买动机之一)。还有多种购书的情况:投资购买某一种罕见的版本,习惯性地购买某一套丛书的各个分册,出于对某一项事业或某一位(深孚众望的)人物的忠诚而购买有关书籍,还有出于对美好东西的嗜好而购买,这是一种'书籍兼艺术品'。因为书籍可以从装帧、印刷或插图方面视作艺术品"。这种不阅读的文学消费包括在文学书籍生产和消费的经济周期内,因而对于文学消费研究来说,也是不能忽视的。匈牙利学者豪泽尔也分析过这种显示式消费,或曰夸示式消费:上层阶级中有相当一部分人在对文化产品进行这种夸示式消费,其目的纯粹是炫耀自己的社会地位。他们没有对艺术的内在审美需要,他们从未打算去阅读那些文艺作品,甚至对所收藏的艺术经典和文学名著一无所知或知之甚少,但为了装点门面,附庸风雅,显示自己既富且贵,因而喜欢购买和引人注目地摆设一些豪华精美的文学经典名著,以营造一种有教养的文化环境。而文学接受则不包括这种占有式的外在享用活动,文学接受活动只是对进入了具体的文学阅读过程的读者而言的。

再次,文学消费与文学接受的主客观条件不同。

文学消费与文学接受有着不同的主客观条件。欲使文学消费得以顺利进行，除了要求文学消费者具备必要的文化知识、阅读能力及消费心理等主观条件之外，还要求文学消费者具备必要的经济能力、闲暇时间和适当的空间等客观条件。文学接受的主客观条件则有所不同。就文学接受的主观条件而言，除了前面所说的阅读能力等之外，文学接受研究更关注接受者的个性、气质、性别、年龄、职业、经历、人生观、文化修养、审美趣味、美学理想、艺术经验、期待视野及阅读心境等。文学接受的客观条件则主要指接受的对象（文本）以及接受者所处的历史时代背景等。由此可以看出，文学消费和文学接受的主客观条件各有侧重。

最后，文学消费研究具有综合的多视角的特点，而文学接受研究则偏重于审美经验或艺术心理这一独特视角。

文学消费研究既涉及文艺社会学和文艺经济学领域，同时也涉及哲学、美学、心理学等多种角度。它关注的是整个文学大生产周期（生产、出版、流通及消费）中的最后一个环节，尤其重视对文学生产与文学消费之间的互动关系的研究。而文学接受研究则着重从美学、心理学角度来探讨整个文学活动过程（创作、作品及阅读）中的最后一个环节，着重考察接受主体的文本解读与文学作品的文本价值实现之间的辩证关系。文学消费研究虽然也要涉及消费心理，但主要是研究文学消费前的消费偏爱、兴趣或时尚，并不进入具体的阅读过程的审美考察。文学接受研究则要关注具体的阅读过程及阅读心理，关注接受过程的发生、发展和高潮等各个阶段，探讨文学作品是如何经由文学接受活动而由潜在的文本变成具体的审美对象，研究文本意义的形成过程。

尽管文学消费和文学接受有以上种种含义上的区别，但作为现代文艺学的两个重要术语，既然都有文学阅读这个共同的所指，因此它们的基本意思还是相通的，二者存在着紧密的联系。我们可以这样来大致概述它们之间既相互联系又相互区分的内在关联，即文学消费是初级状态的或者说低层次的文学接受，而文学接受则是高级状态的或者说高层次的文学消费，二者共同指向的核心均为文学欣赏或审美鉴赏这个文学阅读活动的最高层次。

二、文学接受的文化属性

（一）文学接受作为审美活动

文学作品作为一种特殊的精神文化形态和话语产品，其最基本的属性是审美的价值属性，文学的审美价值是文学艺术显著地区别于其他意识形态的特质之所在。因此，文学接受首先表现为审美活动。那么，什么是文学接受的审美属性？我们常有这样的阅读经验，读到某部文学作品时，往往被作品优美的语言或生动的描写吸引，为作品饱含浓郁诗情的故事、情节、人物或意境所感染，为作品深邃的思想意蕴所折服。总之，我们进到了文学作品所创造的那个充满诗情画意的艺术世界，从而发生某种情绪上的反应，或快适，或欣喜，或愤怒，或悲哀，或惊骇，或振奋……总之，我们被感动了。文学作品的这种从感官感受、情绪情感和思想深度等方面吸引读者、感染读者、震撼读者并给读者带来精神愉悦、人格自由感和心灵净化的价值属性，就是文学的审美属性。从文艺美学和文艺心理学角度看，文学接受的审美价值属性意味着文学接受给读者带来了令人愉悦的审美体验。

文学作品之所以能给读者以强烈的艺术感动或审美体验，之所以能以其巨大的艺术魅力引发读者的兴趣和激情，首先是因为文学作品并非对客观社会生活的机械描摹，而是深深地渗透着作家本人对社会生活的情感态度。人与物或人与机械的不同，首先在于人是有情感的，文学以其情感的力量滋润着读者的心灵世界，浇灌着读者情感的沃土，以避免人的情感向度的丧失。一般说来，当作家把他在生活中感受和体验到的真善美诗意地描写到文学作品中时，就会激起读者肯定性的情感评价，唤起人们对美好事物的热爱和追求；而当作家把生活中的假恶丑揭露在作品中，并给予批判性或否定性的情感评价时，则会相应地引起读者对假丑恶事物的厌恶、憎恨、愤怒等情感态度，并由此唤起对真善美的渴望与憧憬。此外，文学作品的艺术形式本身也是文学审美价值的重要来源之一。文学作品中叙述角度的独特、安排故事情节的机智、悬念设置的奇妙、抒情意象的奇特、文学结构的精巧，以及遣词造句的形式美等，都可能为作品增添美的魅力，给读者带来美的享受。当然，文学的审美价值属性的最根本的来源是文学作品中内容与形式辩证统一所造成的既源于现实又不同于现实的艺术世界或艺术境界，为满足读者的审美需要、审美趣味、审美理想提供一种其他意识形态不能替代的处所。

> **小贴士**
>
> 在阅读文学作品的瞬间，读者既可以由于沉浸到虚构的文学世界中而忘怀现实，从而获得一种精神上的愉快感、自由感和解放感，同时也可由于意识到现实生活与文学世界的某种差异而震惊、警醒，从而产生一种振聋发聩、耳目一新的审美震撼和情感体验。

文学的审美属性规定了文学阅读可以而且应当是一种审美方式的阅读。事实上，充分地接受、欣赏文学的审美价值，正是文学读者最为常见的阅读动机之一。读者往往是暂时从紧张的现实生活中抽出身来，出于消遣、娱乐、游戏和休息的需要，以一种"非趋利性"的态度来对待作品，尽情地在文学作品中得到审美享受。当然，消遣、娱乐、游戏和休息等仅仅是读者审美欲求的浅层次的心理动因，实质上在这种表层心理动机下，潜伏着更为深刻的心理背景。在众多读者中，有的是为了满足一种补偿和宣泄的渴望；有的则意味着对生活的积极介入，意味着充实自己的精神生活，提升自己的心灵境界，培养健全的人格结构，增强自己的生活智慧、力量和信念。因此，文学消费作为一种审美娱乐和审美享受，既可以抚慰读者失衡的心灵世界，也可以唤起读者崇高的审美理想。可见，文学接受的审美价值属性本身也是分层次的，大多数美学家都赞同把它们概括为悦耳悦目、悦心悦意、悦神悦志等相互联系又有所区别的三个层次。它们分别指接受者对作品艺术形式的审美感知（包括艺术通感）及其所引起的感性快适、对作品中人物性格的审美体验及其带来的情感和想象的愉悦，以及对作品中关于宇宙、历史和人生的深邃思想意蕴的领悟及其所带来的超越感、升华感和自由感。对于大多数读者或读者的大多数阅读活动来说，消遣、娱乐与放松的功能是文学接受的基本价值，很多作家、理论家都指出了文学接受给人以精神调节、休息和消遣的价值。如恩格斯在谈到民间故事书的审美娱乐价值时指出："民间故事书的使命是使一个农民做完艰苦的日间劳动，在晚上拖着疲乏的身子回来的时候，得到快乐、振奋和慰藉，使他忘却自己的劳累，把他硗瘠的田地变成馥郁的花园。"弗洛伊德在其《作家与白日梦》中也曾从创作角度谈到类似的白日梦情境。他们所论及的都是指文学接受的放松紧张、感性幻想与赏心悦目的层次。

> **小贴士**
>
> 　　一般地说，优秀的经典文学作品往往具有深厚的审美价值；与此同时，具有较高艺术审美修养的读者在特定的艺术接受情境中才可以达到悦神悦志这种高级的美感境界，如歌德的《浮士德》就以其深刻的文化底蕴和艺术内涵把读者召唤到领悟、升华和超越的境界。相对来说，经典文艺名著，可以唤醒人们对审美理想的追求；而某些粗俗的、品位较低的艺术作品，只是迎合和迁就个别读者的消极的心理欲望，因而有可能钝化读者的审美感受力。从艺术特色上看，某些粗劣的大众文学作品表现出程式化倾向，内容重复、单调、贫乏，因而常常使得长久沉溺于其中的读者养成心理惰性。有鉴于此，强调文学接受作为审美体验和美感娱乐活动的精神因素、理性因素是很有必要的。

　　文学的审美属性是文学活动的其他各种文化属性赖以存在的基础，人们之所以愿意以文学来丰富自己的生活知识、启迪自己的理智和智慧、增进自己的人际交往，就是因为文学接受能给读者带来美的享受，具有审美体验的价值和审美享受的属性。许多作家、批评家对此都有精到的认识。例如，古罗马诗人贺拉斯较早就提出了文艺要"寓教于乐"的主张。近代俄国批评家别林斯基也明确指出："艺术，必须首先是艺术，然后才是一定时期的社会精神和倾向的表现。"文学接受的审美价值使文学接受的其他价值获得了独特的形式和载体。

（二）文学接受作为认识活动

　　文学作品作为一种社会性话语产品，认识属性也是其古老而又基本的文化属性之一。文学接受不仅表现为审美体验活动，同时也表现为一种特殊的认识活动，即具有审美特性的审美认识活动。这是因为，文学在一定意义上起源于人类模仿和求知的本能。文学作品通过生动的艺术形象，反映社会生活的各个方面，揭示人性的丰富本质，因而具有一种为读者提供认识社会生活、认识人类自身本质的价值属性。正是由于文学作品的认识属性，很多作家、理论家，如莎士比亚、雨果、列宁等都把文学作品喻为人生的镜子。当然，这面镜子既可能是梳妆台上的镜子，也可能是娱乐场上的万花镜，然而，"无论其镜子是梳妆台式的刻板或是娱乐园中歪曲的形象，文学不可避免地告诉我们有关社会环境的既重要又真实的事情"。

在对人的外部世界的揭示方面，文学的认识属性基本上不是着眼于反映自然界的现象或规律，使人"多识于鸟兽草木之名"。反映自然物之间的关系、变化、规律乃是自然科学著作的事情。文学作品当然也描写自然，但这里的自然应当是如马克思所说的"人化的自然"，或者如卢卡契所言的"拟人化的自然"，是与人的生活发生密切关系的自然，是作为人类生活环境或象征人类精神生活意义的自然。文学艺术主要以细节描写、形象塑造和环境描写的方式反映社会生活，反映一定历史时期的政治、经济、文化、社会心理、社会时尚、民情风俗以及日常生活等，致力于通过人物命运、性格与心理的描写来揭示社会生活中人与社会之间、人与生存环境之间、人与人之间（如个体之间、家庭之间、性别之间、阶层之间等）的各种社会关系，并以此暗示人类社会生活的某种发展趋势。但是，文学作品的社会认识价值不同于人文社会科学著作的认识价值。科学著作以抽象的概念、命题的方式来揭示人类社会的某些方面的本质规律，而舍弃了许多具体细节。文学作品则是以形象或形象体系来整体地反映五光十色的社会生活，它所达到的深度和广度，往往为那些分门别类地反映现实的科学著作所难以企及，因而伟大的经典文学名著常常被人们称为史诗或百科全书。当然，由于文学在描写生活场景、暗示生活真理时，运用了假定、虚拟、变形、象征、隐喻等艺术技巧，这就要求读者在对艺术形象的审美体验中领悟其中所寓含的真理内涵。

不同类型的文学作品，其认识价值的具体表现有所不同。一般说来，叙事性文学作品往往通过讲故事即叙述主人公的活动事件、描写人物命运或人物性格变化的方式来反映社会生活；写实类叙事作品还要通过塑造文学典型来体现其深厚的认识价值。例如，鲁迅的短篇小说《祝福》通过对主人公祥林嫂这一典型形象的悲惨命运的描写，揭示了中国封建社会的君权、神权、族权、夫权严重摧残广大劳动妇女的历史真相。

> **小贴士** ▶
>
> 抒情性文学作品则往往通过对抒情主人公形象的诗意塑造和情感抒写，反映某一社会、某一时代或某一民族的精神风貌。例如，郭沫若《女神》等诗篇，就极为生动和深刻地体现了我国五四时期新文化运动中一代进步知识分子的个性追求、人生激情与社会理想。此外，不同层次和形态的文学作品，认识价值的高低也往往不同。相对来说，严肃、高雅的经典文学作品具有醒世的功能，其认识价值要高于流行的大众文学作品。

文学作品的认识属性为广大读者提供了一条了解客观世界、丰富生活经验、洞悉人生真谛的有效途径。由于人的生存时空的局限，每一个读者的生活知识和生活阅历都是有限的，然而生活本身却是无限的，文学作品正可以帮助读者认识丰富的社会生活。在文学接受中，读者既可以感受当下，又可以了解过去，还可以洞察未来。不仅如此，即便是生活在某种境遇中的人们，也不一定真正了解自己的真实处境，可谓"不识庐山真面目，只缘身在此山中"。文学作品则把人类社会生活描写出来并呈现在读者面前，从而帮助读者认识社会现实，把握历史规律，增长生活知识，满足认知需求，洞悉人生真相。

文学接受除了帮助读者认识外在世界之外，还可以帮助读者了解人的内在世界，增进读者对人类自身以及读者自我的认识。正如鲁迅所说："在小说里可以发见社会，也可以发见我们自己。"黑格尔也认为："群众有权利要求按照自己的信仰、情感和思想在艺术作品里重新发现自己，而且能和所表现的对象起共鸣。"文学是人学，文学是写人的、为人而写的，文学作品渗透了作家本人的人格、精神和情感评价，文学艺术使人直面人生、拷问自我："我是谁？我从何处来？我到何处去？"从一定意义上讲，文学接受可谓读者与作家一道，参与对人性奥妙或生命真谛的探索和揭示。且不说我国古代《诗经》中许多篇章以其对主人公爱情心理的生动细致的描绘，成为讴歌人类美妙人性的千古佳作，也不说意识流小说对人的隐秘心理和无意识活动的描写，有助于增长读者关于人的心灵活动规律和奥秘的知识，更为重要的是，那些优秀文学作品对人物立体化性格的塑造，使人性的丰富性、复杂性得到揭示。

> **小贴士**
>
> 例如，鲁迅笔下阿Q的"精神胜利法"，就深刻揭示了某种具有普遍意义的人性的怯弱、虚荣、低劣、无力和无奈。莎士比亚《哈姆雷特》中所描写的"哈姆雷特的忧郁"，也以其难以穷尽的人性内涵吸引了一代又一代的读者。卡夫卡、尤奈斯库等现代主义作家的作品对不可理喻的非理性人物形象的塑造，也同样揭示了人性的某些荒诞和悖谬。因此，伟大的文学作品往往被誉为一面映照人性的镜子。读者通过阅读往往能加深对人类自身特性和本质的洞悉。在文学接受活动中，读者自我灵魂深处的假、恶、丑的卑劣因素得以烛照、荡涤，而真、善、美的人性种子得以滋润、培育和升华。

（三）文学接受作为文化价值阐释活动

文学作品作为一种文化内涵丰富、文化信息密集的文化产品，无论创作者抑或读者，文学都关乎他作为生命主体的生存价值和意义，因此，读者在阅读文学作品时，可以从中探索某种文化价值和意义。换言之，文学接受具有一种多方面满足读者进行文化价值阐释、品味或品评的兴趣的属性。文学的文化阐释价值是文学属性中最为古老又最为现代、最为深厚也最为广泛的文化属性。文学接受因而表现为文化价值的阐释活动。一般地说，文化价值是包括审美属性、认识属性在内的总体化的价值属性，因而它大于审美价值和认识价值。

文学接受的价值阐释属性来源于文学作品独特的人文品格和深刻的人文关怀。文学与科学不同，科学研究本身无所谓人文关怀，而文学则向来被称为人学，具有与生俱来的人文向度。在反映现实的时候，文学作品与自然科学著作在对象、主体、方式、旨趣等诸多方面均不同。自然科学的对象是外在于人的自然世界，研究主体在研究过程中应避免主观意志的介入，研究方法是经验实证，研究任务是揭示与人的意志无关的客观规律。而文学作品则不同，它所反映的对象恰恰是人类自己创造的文化世界、价值世界或意义世界，创作主体在写作过程中不可能也无须排除主观意志，其创作方式则是运用各种虚构、梦幻、象征、比拟、隐喻等艺术技巧，写出作家自己对人生的独特体验和深刻理解，其创作目的则是探寻某种人生的价值、意义和真谛。文学与科学之间有无人文属性的区别决定了文学接受的价值阐释属性。阅读科学著作的读者，应当排除其主观因素以走进科学世界；而阅读文学作品的读者，恰恰是从自己的主观兴趣出发，并通过对作品的解读来与作家对话，以寻求或建构自己希冀的文化价值，从而使自己更有意义地生活。

文学作品的文化阐释价值是多方面的，最常见的是通过解读一部文学作品，阐释其中所反映的某个时代、地区、民族的民风民俗。例如，在中国最古老的诗歌总集《诗经》中，读者可以通过"风"这一部分的诗歌了解某一诸侯国的普通百姓中的民风民俗。又比如，在现代中国，20世纪30年代的乡土文学作品和20世纪80年代的寻根文学作品中包含着非常丰富的民俗学的价值。当然，文学作品的民俗学价值还只是文学的文化阐释价值中的表层价值。

文学作品中所包括的社会学、历史学、政治学价值等内涵，也是文学常见的文化阐释价值，这些文化价值在纪实性（而非虚构性）的各类文学作品中最为丰富。例如，我国改革开放后涌现出的许多优秀的报告文学作品，其中就包含着极为丰富的文化价值，从中，读者几乎可以完整地了解到改革开放以来中国社会发展的历史进程以及这一进程中的中国人的精神追求。

文学作品中所蕴含的宗教价值，是文学的文化价值中较为重要、较为深层的阐释价值。文学作品的文化价值，最为重要也最为深刻的是其中所蕴含的哲学价值，并且，文学作品中的哲学价值有时与其宗教价值交织在一起。现代西方的许多批评家都非常重视对文学作品中的哲学价值的阐释。

> **小贴士**
>
> 比如，他们在哈姆雷特身上阐发人文主义价值观；在屠格涅夫的作品中，阐发出一种虚无主义价值观；在卡夫卡的作品中，阐发出哲学上的异化问题；等等。在当代中国，也有许多理论家注重阐发文学作品中的哲学价值，并取得了一定实绩。

读者作为作品的文化价值的接受主体，就是文化的阐释者。从理论上讲，一切读者都是与自然人相对的文化人，都可以是文化价值的阐释者。例如，一般读者读到塞万提斯《堂吉诃德》中堂吉诃德与风车作战时，几乎都会做出自己的价值品评，或以为堂吉诃德的行为是毫无意义的疯人之举，是喜剧式的滑稽；或以为堂吉诃德是为其心目中的理想而战，是悲剧式的崇高。显然，这里不自觉地体现出读者对《堂吉诃德》中所蕴含的理想与现实的价值关系的阐发。当然，更有代表性的是那些自觉地从事文化阐释的文化哲学家和文化批评家。文化阐释活动的特点和方法，既不等同于认识，也不等同于审美。如果说审美者主要是情感的体验者、认识者主要是理智的觉察者，那么，阐释者则主要是一位文化内涵、文化意义、文化意向的理解者、解释者、评价者和对话者。阐释的要义是，阐释主体站在自己的文化视野上，以自己的文化意向去与作品中所蕴含的文化意向进行对话与交流。在

这个意义上说,"要想理解但丁,就必须把自己提高到但丁的水平上",这句话有一定道理,因为它对理想的阐释者及其阐释活动提出了一种合理要求。

(四) 文学接受作为审美交流活动

文学作品作为一种审美的社会化话语作品,具有增进人们彼此了解、沟通与交流的属性。因此,文学消费和接受也是一种特殊的,即审美的交流活动。文学并不仅仅是为了供人们娱乐和享受,也负有教化与交流的使命,并且,通过交流而产生润物无声、潜移默化、移风易俗的作用。伟大的思想家、理论家和作家大多对此有清醒的认识。例如,中国古代著名哲学家孔子在《论语·阳货》中提出了"诗可以群"的命题,另一著名哲学家荀子则在《荀子·礼论》中提出了"乐和同"的观点。俄国大文豪列夫·托尔斯泰更是明确指出:决不可把艺术简单地理解为享乐的工具,而应视之为人类生活的一个基本条件,即"艺术是人与人之间相互交际的手段之一"。他认为正像传达出人们的思想和经验的语言是人们结为一体的手段,艺术的作用也是这样。不过,艺术这种交际手段和语言有所不同:"人们用语言相互传达思想,而人们用艺术相互传达感情。"托尔斯泰在这里所说的"语言"是日常语言和科学语言,而不是艺术语言,因为,文学活动本身也是一种诗意化或审美化的话语活动。但托尔斯泰对文学的交流功能的揭示却是极为深刻的。

人是具有社会属性的人,人是各种社会关系的总和。从社会交往理论的角度来说,人的一切行为无一不是社会交际、社会互动的过程。从现象学和阐释学来看,人不仅具有自我主体性或个体主体性,而且具有交互主体性或主体间性。从存在主义哲学观点来看,人不仅是独一无二的此在,而且是相互交流与对话的生命共在。现代语言学理论更是强调语言的社会交际功能。文学活动作为一种社会性话语活动,作为人类确证自我生命存在的文化活动,交往属性因而成为文学的重要属性之一。文学的消费、接受和欣赏固然要通过个人来实现,固然是一种极为个性化的活动,固然有自我娱乐和游戏的成分,但从深层次来说,一切文学艺术活动乃是人们彼此交流的重要方式之一,是社会群体、民族乃至全人类相互交流思想情感、传授生活经验的重要途径之一,因而文学接受是确保社会整体得以维系、社会价值得以建构、历史传统得以绵延的基本文化活动。文学消费可以在不同的社会成员之间架起理解和沟通的桥梁,把他们从情感上结为一体。正因为如此,托尔斯泰称文学是人类生活的基本条件之一。

人类通过文学消费的形式来进行交流的历史源远流长。无论是巫术仪式盛行的远古,还是"赋诗言志"的春秋战国时代;无论以说唱故事演出戏剧为主的古代,还是阅读作品、观看影视、网上冲浪的现当代,文学消费作为一种交流形式都是极为普遍的。在人际真实交往空间被挤压的今天,在现实的人际交往活动被数字化、虚拟化的今天,文学接受的交往或交流意义显得更为突出。文学交流源于人类的日常交流,但文学交流与人们日常生活中的生产活动、法律活动、政治活动、商业活动、宣传舆论活动、家庭活动、教育活动、宗教活动等日常交流有着诸多不同。日常交流有可能是单向度的、非对称的,有可能是强制性的、说教性的,有可能是枯燥的抑或是误解的,甚至是虚假的、不诚实的,但这一切都难以发生在文学交流之中。这是因为,文学读者不是消极被动地接受作品发出的信息，而是以对话者、诠释者、再创造者，甚至是批评者的身份出现。文学接受主体是一个自由的主体，读者总是积极、主动、有选择地进行文学欣赏和阅读，他可以拒绝购买或借阅文学作品，也可以随时放下手中的作品，作者或其他人不能强行干预、命令和指挥读者非读不可或非这样读不可。正如苏联美学家卡冈所说的，读者是"能动的、意志自由的，能够独立地选择所知觉的作品，具有解释作品的内在决定性"。文学交流因而具有平等对话的性质。

文学消费与接受作为文学交流活动，类似于日常交流中的理想状态——真诚、忠实、平等、亲密、自由。文学接受活动中的读者与作者、读者与作品中的人物，甚至是读者与读者之间，有时会有类似于精神、气质、情感上彼此投缘和亲近的朋友式的关系，属于理想的人际交流状态。当然，这种朋友式的文学交流往往并非现实地发生，因为这些朋友是缺席或不在场的，他们仅仅是虚构的或异时异地的朋友，并未真正出现在读者生活与阅读的现场，而是通过假定性的审美话语的方式来进行。然而，尽管文学的审美交流大多发生在想象世界，文学交流却是人类最为深刻的交流形式之一。文艺欣赏这种交流活动，正好帮助人们扩大了社会交际或人际交往的范围。它使人们摆脱时空的桎梏，与彼时、彼地的作家、艺术角色和其他读者成为朋友。文学交流活动是平等的艺术主体之间的审美情感的共鸣、审美智慧的碰撞、审美体验的融合，是内在心灵之间的袒露和沟通、自由个性之间的际会和确证。文学交流的虚构性、符号性、想象性、情感性决定了文学作为审美交流的独特价值及其限度。

文学消费作为审美交流活动，主要表现在四个方面：读者与作者的交流，读者与作品中人物角色的交流，读者与其他读者的交流，以及读者与作品所描写的整个自然、社会以及全人类的交流。读者与作者的交流是不言而喻的。一方面，古今中外无数的作家谈到了为什么创作、为谁创作的问题；另一方面，读者也可以由作品这一桥梁而成为作者的知音，文学知音的佳话在文学史上绵延不绝。现代接受美学更是深刻揭示了读者与作者共同完成作品创造的艺术奥秘，揭示了读者与作者之间的视界融合的审美规律。读者与作品中人物角色的交流也是显而易见的，读者以某一艺术角色自居的事情是经常发生的，读者往往为作品主人公的人生命运而揪心，为他们的悲欢离合而担忧，为他们的喜怒哀乐而感动。读者与作品中人物角色交流的极致状态是共鸣的出现。读者之间的交流也是文学交流的普遍形式，不同的读者可以凭借一部作品而建立友谊。而且，正是有了这种交流形式，不同地区、不同时代的文学才可以广泛流传。正是这种形式的文学交流，谱写了优秀作品得以广泛流传、绵延不绝和不断再创造的文学传播史。而在第四种交流方面，读者是把自然、社会与人类作为对话的主体来看待的，既向他们敞开自己的心扉，又悉心倾听他们的声音。通过这种交流，人与自然之间加深了亲密友善的关系，人与社会之间加深了认同感和责任感，人与人之间加深了同类相亲的深刻理解和宽容。由于读者把自己融入整个自然、社会或人类，或者说，由于读者把整个自然、社会或人类融入自我的存在之中，伟大的文学作品也因此具有跨越特定历史时空与特定文化形态的艺术魅力。读者在文学接受的过程中，能够从一己的个人小天地中走出，各种情感在此时产生融合和沟通，各种声音发生共鸣和回响，各种理想彼此辉映和互证。正因为如此，文学接受获得了巨大的社会价值、长远的历史价值和永恒的审美价值。

应当指出的是，文学消费作为特殊的交流活动，有着不容忽视的复杂性。例如，文学交流对文学语言具有依赖性。为了使文学交流顺利进行，文学消费者应当对文学交流的媒介——文学作品、文学语言、文学技巧、文学惯例等——比较熟悉，起码是能读懂作品内容赖以传达的语言文字。对于一个不懂汉语的外国读者，倘若没有翻译，显然无法理解唐诗宋词，因而也谈不上进行相应的文学交流。此外，某些先锋文学作品的语言和技巧过于独特、新奇或个性化，也会阻碍文学交流的顺利发生。又例如，文学交流虽然主要作用于人们的情感，却并非无须理性的参与。那种排除欣赏者的思考而听凭其感性投入的粗劣的大众文学艺术品的接受，产生的往往是一种精神麻痹和意识催眠的效果，因而是一种伪交流。再比如，文学交流中出现多种不同声音的喧哗也是可能的。即文学交流不仅是亲密无间的恋人式的絮语，也可能是冲突话语之间的争辩。

最后，需要强调和重申的是，文学的审美属性、认识属性、价值阐释属性和审美交流属性的划分是相对的，并不意味着四者截然分开。文学接受的文化属性是审美属性、认识属性、价值阐释属性和审美交流属性的统一体，因而文学接受活动也是审美体验、审美认识、审美阐释和审美交流的统一体。

> **小贴士**
>
> 文学作品尤其是经典文学作品，其审美属性、认识属性、价值阐释属性与审美交流属性存在着相互联系、相互促进的辩证关系。对此，我国古人早有论述，比如，先秦时代的孔子是中国古代文艺学史上最早注意到文学接受综合效应的思想家。孔子指出："《诗》可以兴，可以观，可以群，可以怨。"这里"兴""观""群""怨"可以分别解释为审美体验、审美认识、审美交流和审美批判。可见，孔子的"兴观群怨"说深刻地涉及了文学接受活动的整体文化属性。古希腊学者亚里士多德也较早地注意到文艺接受的多种价值，他认为，音乐欣赏的社会价值在于：教化、净化、精神享受，也就是紧张劳动之后的安静和休息。总之，文学产品的文化属性是多方面的，文学消费和文学接受主体的文化属性也是多方面的，文学消费和接受因而是审美体验、审美认识、审美阐释和审美交流的统一。借助于文学消费和接受活动，读者的自由个性得以发挥、培养和实现。

第二节　文学接受的过程

一、文学接受的发生：从"文本"到"作品"

20世纪60年代以来，文学接受理论逐渐成为共识，一个文本，其意义的决定者不只是作者（说话者），读者（听话者）在确立其意义中同样起着关键作用。

（一）文本"召唤"读者

有文本在前，方能有欣赏在后。但究其实质，这只是对文学创作活动一种皮相的理解。对于文本来说，接受活动从来不是消极、被动的，它总是积极、主动地参与着作品的意义建构和价值实现。柏拉图、亚里士多德、贺拉斯以及朗吉努斯等古典批评家在探讨文学的时候，主要就是从文学对读者（观众）的影响入手。在论述文学接受的过程时，许多作家和批评家都认为作品本身有一个蕴含着"召唤"的结构："既然创造只能在阅读中得到完成，既然艺术家必须委托另一个人来完成他开始做的事情，既然他只有通过读者的意识才能体会到他对于自己的作品而言是主要的，因此，任何文学作品都是一种召唤……作家向读者的自由发出召唤，让他来协同产生作品。"

萨特所谓的"召唤"是作者主动召唤读者，但接受美学所谓的"召唤结构"却不仅是萨特所说的作者向读者召唤，这也正是接受美学的创新之处。伊瑟尔认为，"文本"本身就蕴含着一种"召唤结构"（appeal structure），罗兰·巴特则称之为"期待结构"，在我们看来，这两种说法指的都是文本具有一种召唤读者阅读的结构机制，文本为读者预留了无数的意义空白点，期待或召唤读者用自己的经验、体会、情感和理解去将它们填满。

在《伊利亚特》中，荷马是怎样描写海伦的美丽的呢？"海伦走了进来，她的美丽使老人们肃然起敬。"托尔斯泰的长女塔·苏霍津娜·托尔斯塔娅回忆托尔斯泰对这句话的评论："普普通通的一句话，但您从中可以看到，老人们在这种美的魅力面前也不禁肃然起敬，用不着去描写她的眼睛、嘴巴、头发等，每个人都会用不同的方式去想象海伦的形象。"在托尔斯泰看来，伟大的作品永远都预留无数意义的空白点，让读者加入进来，用自己的想象和知识来填补作品，这样，文本才能转化为作品，获得新的生命；而那些把话说尽的平庸之作，却缺乏这样的召唤结构。艾柯也有类似的观点，他把文本分成两种：一种是"开放式的"，如乔伊斯的《芬尼根的守灵夜》，它富于召唤性，需要读者合作才能产生意义；另一种是"封闭式的"，如侦探小说，基本上可以预见读者对作品的反应。

中国文学中的"言已尽而意无穷""意在言外"也涉及这个问题。读者通过填补空白，体会作品的"言外之意"。

> **小贴士**
>
> 清代王夫之在评价唐代诗人杨巨源《长安春游》诗时也说："只平叙去，可以广通诸情，故曰：诗无达志。"（《唐诗评选》）"诗无达志"强调的也是诗歌应当具有被读者灵活领会和理解的可能性。"诗无达志"则从创作的角度向诗人提出如何为读者留下内涵丰富、可供多种理解、能启发多重联想的"召唤结构"，这说明王夫之把是否内蕴丰富、是否为读者联想创造充分的自由，作为评估文本的重要依据之一。王夫之还提出："读者各以其情而自得。"这是从阅读与欣赏的立场肯定了读者的理解自由。

换句话说，文本提供给读者的应该是一个富于诱导性的召唤结构，调动读者对文本进行个性加工，并在一定程度上驾驭这一过程。正是在这个意义上，伊瑟尔在《文本与读者的交互作用》中将"作品"与"文本"这两个概念区分开来，认为"文本"属于作者一极，"作品"则属于读者一极。这就是说，"文本"是未完成的，"作品"才处于完成态。如果创作活动后的成果只能"藏之名山"，那么它还只是一个"文本"而已；只有等到它"传之于人"或"传之后世"，才称得上是一件作品。作家创造了文学文本，但文本只提供了某种文学性和文学价值得以实现的潜在可能性或结构，文学性和文学价值的最终实现则有赖于读者的创造性阅读，正是读者的审美活动把文本所包含的潜在可能性转化为现实性，才使文学文本转化为文学作品。因此，召唤结构正是文学文本区别于其他语言文本的一个重要标志，它是文学文本的基本结构。

（二）"隐含的读者"向"现实的读者"转化

文本召唤读者，读者应"声"而至。一般来说，文学阐释的惯常做法是力图揭示文本中深藏的意义，而接受美学却认为，文本的意义不是靠"召唤结构"而自我生成的，它是文本与读者之间相互交流的结果，文本的完整意义是读者期待的结果。读者非但没有被动地接受文本呈现出来的意义，相反，他们积极地参与了文本意义的建构。因此，对于文学接受来说，我们首先需要辨析的，就是读者这个概念。

"谁是叙事者？"可以找到各种叙述者，从无所不知、全知全能的叙述者，到靠不住的叙述者，再到隐含的叙述者等。而实际的情形是，作者意识得到"隐含的读者"的存在，在构思、创作时就已经为作品预先设计了一种接受模式，无论作家是否承认，这一阶段是客观存在的，当作者隐身而为叙事者时，我们可以说作者已经考虑到叙述的对象这个问题，但是，真实的读者并不等于叙述的对象。当叙事者出现时，我们可以根据各种情况（性别、阶级、情境、种族、民族或年龄等）来规定接受叙述的对象。可是，实际阅读的读者不可能与叙述对象完全一致。考察读者这个概念，不可避免会遇到两种读者，一是理想的读者（隐含的读者），二是现实的读者（真正的读者），这是我们要区别的两个概念。理想的读者极富洞察力，能理解作者的每个动机与含义。现实的读者是指实际阅读的具体的个人，如普通读者和专业读者（批评家、作家等）。尧斯认为，文学艺术的本质特征是作家、作品与读者之间的"对话"，接受活动早在真正的作者进行构思之际便已开始。20世纪以来，读者的定义不再局限于个人心理的含义上，而是兼具文化和历史功能，读者如何阅读作品取决于读者所处的历史和文化环境。

当作者化身为叙事者之时，他首先设想到一种"理想的读者"的存在，这也就是伊瑟尔所说的"文本的隐含的读者"。"隐含的读者"源于布斯的《小说修辞学》，这种读者在现实中并不存在。由于语言会随历史而变化，读者的历史差异也会与语言产生距离，理想读者只是一种假设，把它称为"虚拟的读者"反而更为确切。他不是某个具体的实际读者，而是指一种"超验的读者"或"现象学的读者"。在伊瑟尔这里，"隐含的读者"包含了两方面的内容：第一，他是文本结构之中的读者，是作为意象的读者，是作者创作时假想的读者；第二，他也是文本结构现实化过程之中的读者，是文本中叙事者进行叙事时的倾听对象。

"隐含的读者"的形成取决于多方面因素：其一，由于为什么写（动机）与为谁写（对象）这二者是密切联系的，作家的创作动机决定了文本中"隐含的读者"的存在。其二，作品独特的寓意也期待着相应的知音，作家赋予文本的思想内涵也决定了"隐含的读者"的存在。刘勰在《文心雕龙·知音》中说："缀文者情动而辞发，观文者披文以入情，沿波讨源，虽幽必显。""慷慨者逆声而击节，酝藉者见密而高蹈，浮慧者观绮而跃心，爱奇者闻诡而惊听。"这些都是描绘诗人与隐含的读者处在一种极其活跃的潜对话状态。其三，作家的选材及文体特点也证明了"隐含的读者"的存在，不同风格的作品期待不同品位的读者。这就是说，作者不可能完全不去想象读者，而读者也不可能以空白的头脑来接受作品，接受者总是自觉或不自觉地带着预先构成的思维定向——"前结构"。这种"前结构"与作者的创作意图、作品意蕴及价值之间构成了极为微妙的关系。相符时，我们称之为"正解"；相背时，我们称之为"误读"。当"正解"或是"误读"发生之时，也是"隐含的读者"向"现实的读者"转化之际，这就是文学接受的发生。

如果再进一步区分，读者在阅读文学作品时，其实也不再是原先的自己，"我是另一个"，这是比利时的现象学家乔治·普莱引用象征派诗人阿瑟·兰波的诗来形容这种特殊的情形。"另一个"是谁？这个高高在上的人，就是胡塞尔所谓的"纯粹意识"。普莱用一句较为通俗的话来解释这一观点："总之，在和一本书的遭遇中，那最不同一般的事实就是你和它之间障碍的消除。你处于它之中，它处于你之中，不再有外在或内在。"

二、文学接受的过程：读者对作品的"具体化"

作品就存在于文本和读者之间的往复交流的过程之中，而读者实现作品潜在功能时，会同时受到这种潜在功能的影响。

如前所述，文本的召唤只是文学接受的准备阶段，"理想的读者"隐身而退，"真正的读者"应"声"而至，才是文学接受诸环节中最重要的一环。召唤结构的内部含有大量不确定因素和未定点，诱发读者反映的潜能，英伽登甚至认为，文学作品在被阅读前只是一个由许多潜在的不确定因素构成的"图式化结构"，是一整套"纲要"，其构成要素大部分都处于潜在状态，等待读者具体的阅读，这时它还算不上真正的作品，也不是审美的对象。

（一）不定点和空白

如果一部文本的意义已经完全确定，文学接受与交流的动力就会大幅度削减。文本的不确定之处愈多，愈能激发读者的参与——除非这种不确定性超过了一个极限，以至于读者无法解读作品的基本含义。英伽登说："文学作品描绘的每一个对象、人物、事件等，都包含着许多不定点，特别是对人和事物的遭遇的描绘。"伊瑟尔认为："不定点"并非存在于现实的客体之中,它是文学作品再现客体的重要特点,文学作品充满"不定点",它虽然是不确定的,但是意义无穷无尽,需要读者来填充,作品才算真正由此完成。莎士比亚的《哈姆雷特》中没有说明哈姆雷特的身高和体形,这就是作者留下的"不定点"和"空白"。

> **小贴士**
>
> 王夫之在评论袁宏道《柳枝》时说:"谓之有托佳,谓之无托尤佳。无托者,正可令人有托也。"这里也涉及接受美学所说的"空白"和"召唤结构",如果作者创造时没有寄托,给作品留下的不确定性与空白正好可以"令人有托",让读者来填补空白。同时,我们要注意的是,这种对文本空白的填充是一个反复的动态过程。

(二) 具体化

读者对"不定点"或"空白"的填充的过程是一个"具体化"的过程,这是文学接受中最关键的一步。在具体化过程中,读者成为主体,而作品只是一个客体。阅读首先是把作家从作品中排除出去,然后让读者、批评者的主观进入作品,把其中不确定的"点"和"面"加以"具体化"。"一个士兵开了一枪",这句话的陈述中仍然存在许多模糊不定的地方。人们不知道这个士兵的年龄、头发颜色、枪支型号、射击时的姿势、弹壳落到哪里等。读者会根据各种语义的暗示和限制,自动用想象填充这些不确定的部分。

伊瑟尔发展了英伽登的观点,认为读者的具体化过程不是去揭示文本的统一性,而是去揭示文本的"空白"和各种不确定因素。阅读是一个能动的因素,在阅读中,文本的空白和不确定因素不断地向读者的既有规范和法则提出挑战和质疑,迫使读者修正和改变先入之见,对自己的习惯性期待产生一种批评性的再认识,从而形成新的理解规范和法则。

鲁迅说,文本向读者传达一个形象,"但读者所见的人物,却并不一定和作者所设想的相同,巴尔扎克的小胡须的清瘦老人,到了高尔基的头里,也许变了粗蛮壮大的络腮胡子"。为何会出现这样的情况呢?就是因为文本的不确定性与空白,提供了读者建构意象的许多可能性。

读者的积极阅读就是要对作品潜在的和未定的方面进行填补,被读者具体化后,文本才能成为审美对象,成为真正的作品。所谓"具体化",就是"作品被理解的具体形式"(英伽登)。但具体化既非心理意义上的,又非经验意义上的,一个读者在阅读作品时,并不总是内省其心理活动,而是集中注意力于作品,这就是现象学所谓的本质直观活动——"观相",客体向主体显示,如果主体不看,"观相"就不存在。接受者通过创造性想象和联想,发现种种隐秘的联系,从而填满这些空隙,这些联系可能是形象之间的、情节之间的、人物之间的,甚至可以是不同的叙事范围之间的……当然,具体化和作品本身不同,同一作品的具体化可以多种多样,它们来自不同的解释,使同一作品产生多种意义。

（三）审美经验

通过读者的具体化，作品的形而上质得以"现身"，作品才能"实现自身"，这些属性在得到具体化的同时才能获得审美价值。英伽登在《对文学艺术作品的认识》中，进一步讨论具体化过程中的时间问题。文学艺术作品本身的各部分共时性地存在着，而读者只能以一系列在时间中延续的意向性行为来接近作品。在阅读进行过程中，靠前的阅读阶段总是由于时间透视而发生某种变化，我们必须依靠积极记忆才能把阅读的不同时段衔接起来。我们不可能同时拥有整个作品。文学作品只能呈现于相互贯通、前后连续的"观相"之中，而不能一览无余。如此，读者审美经验的重要性就显现出来了。

读者究竟朝着什么方向、按什么方式重组感性经验意象，填补作品的意象空白与不确定性，则根据读者的经验、知识、情感、意蕴等的不同，有着广泛的选择余地。

> **小贴士**
>
> 鲁迅指出："譬如我们看《红楼梦》，从文字上推见了林黛玉这一个人，但须排除了梅博士的'黛玉葬花'照相的先入之见，另外想一个，那么，恐怕会想到剪头发，穿印度绸衫，清瘦、寂寞的摩登女郎……但试去和三四十年前出版的《红楼梦图咏》之类里面的画像比一比罢，一定是截然两样的，那上面所画的，是那时的读者的心目中的林黛玉。"不同读者所填补出来的林黛玉形象完全不同，其原因就在于不同时代的不同读者各自的感性经验的积累不同，所以在空白点上填补出各自不同的形象。

中西方文论早已有对读者审美经验的研究。在《诗学》中，亚里士多德将"净化"归结为审美经验的核心范畴。古希腊人认为艺术包括"创造""知觉""净化"概念，这些区分已经涉及文学接受过程中产生的道德与审美效果。到了接受美学时代，审美经验更是被看成重中之重，尧斯后期转向研究审美经验，致力于恢复艺术中审美经验的中心地位。他不再把"期待视野"放在自己美学的中心位置，而仅仅将其看成人类漫长的审美经验历史中的一个方面，而审美经验则是包括生产、接受和交流的动态有机整体。

中国文论家中梁启超则提出小说有"熏""浸""刺""提"四种艺术魅力，前三种力（"熏""浸""刺"）都是"自然而灌之"的过程，而"提"则是前三种力的最后结果。所谓"提"就是"自内而脱之使出"之力，作者、读者都依靠这种力量提升自己的境界，"夫既化其身以入书中矣，则当其读此书时，此身已非我有，截然去此界以入于彼界……文学移人，至此而极"。的确，正是文学接受的发生使得文学的社会作用得以实现。

从审美经验的角度出发，我们可以为文学接受重新下一个定义：文学接受是读者在审美经验的基础上，对文学作品的一种再创造。

思考题

1. 简述文学消费与接受的性质。
2. 简述文学接受的过程。

第七章　文学的审美

> **学习目标**
>
> 1. 理解文学审美的内涵；
> 2. 掌握文学是语言艺术；
> 3. 了解文学的综合审美功能。

　　文学是特殊的即审美的意识形态。本章是对文学审美特征的总体考察。

　　首先分析文学与社会科学的异同，在比较中阐述文学艺术区别于社会科学的根本特征；然后重点研究文学的审美特性，即文学的形象性、文学的情感性、文学的审美性，还有上述三种特性的内涵、特点以及它们之间的内在联系；阐明文学作为语言艺术区别于其他艺术的特征；探讨文学综合审美功能的构成以及诸功能之间的关系。

第一节　文学审美的内涵

一、艺术反映与科学反映的异同

　　文学艺术与社会科学都属于社会意识形态，具有共同的意识形态性质；两者都来源于社会生活，都是客观世界在人们头脑中的能动反映；两者的认识过程都遵循从感性到理性、从现象到本质的一般规律，都从实践起步，又要接受实践检验；两者都反作用于社会生活。

　　文学艺术作为一种对世界的艺术的掌握方法，是一种审美的意识形态，是对生活的审美反映，是以具有审美价值的艺术形象观照人生，再现和表现人生。简而言之，文学艺术的根本特征是通过艺术形象反映以人为中心的社会生活，表达作家、艺术家的审美情感、审美评判。文学艺术的这一根本特征决定了艺术反映与科学反映的一系列区别：

（一）反映对象不同

　　社会科学与世界即对象之间是一种认知关系，目的在求知存真，达到对客观事物本质属性和活动规律的熟悉和理解；文学艺术与世界即对象之间，不光存在认识关系，更重要的是一种审美价值关系，目的在求美创美，包含着主体对客体的审美评价和客体对主体审美需求的契合，其表现对象是经过审美主体情感体验即心灵化的对象，而不再是认知关系中的客观事实，客观对象。

社会科学可细分为有关学科，各有自己的特殊领域、特殊对象，各自分门别类地研究、概括社会生活的某一部门、某一方面的历史和现状、内涵和规律。如经济学研究社会生产关系，反映物质生产、分配消费等方面的特点；伦理学、心理学分别侧重阐明道德关系、心理活动方面的规律。

> **小贴士**
>
> 文学艺术把以人为中心的具有审美意义的社会生活整体作为观照对象，文学艺术精心勾勒的是一幅幅丰富多彩又浑然一体的综合的社会人生图画。其中，最突出的描写对象是人，要写活生生的人，写特定社会关系中的人的命运、人的个性、人的感情、人的灵魂。

（二）反映方式不同

社会科学运用概念进行判断、推理、分析、综合，以理论的形式直接揭示事物的本质规律；文学艺术用以反映生活的特殊方式是艺术形象，让形象说话，以审美的方式来折射世界。

（三）思维方式不同

社会科学主要运用抽象思维；文学艺术主要运用形象思维。

（四）作用于社会的特点不同

社会科学影响社会的方式主要是对人晓之以理，以理服人；文学艺术影响社会的方式主要是对人动之以情，以情感人。

二、文学的形象性

文学的形象性是作家塑造的艺术形象在生动感人和吸引人方面所达到的程度，它是构成文学审美属性、产生艺术魅力的重要因素之一。

（一）艺术形象的含义及其分类

在分析什么是艺术形象时，首先要对艺术形象与形象性因素以及非艺术的物象加以区别。

所谓形象性因素，是指一些生动而具体的形象性的描述、形象化的语言。这在文学作品中固然是大量存在的，但在社会科学著作中，同样能接触到。比如在一些社会科学类著作中也可以有片断的、分散的描写，有时也运用比喻、夸张、拟人等修辞手法，但那只是为了适当增添读者的阅读兴趣，加强某些概念、观点和整个理论体系的表达效果而被适当采用的，它并不是科学著作把握现实的主要内容和主要形式。对于那些在社会科学类著作中也存在的局部的形象化的笔墨,我们只能称之为形象性因素,而决不能混同于文艺作品中的艺术形象。简而言之,形象性因素是构成艺术形象所不可缺少的,形象性因素不光在文艺作品中有,在社会科学类著作中也可以存在,而艺术形象是文艺作品所独有的。

所谓非艺术的"物象",是指实物模型、科学论著中的插图等,它们要求客观、精确,按比例制作。其功能是为了帮助读者理解某种抽象的科学原理,不允许渗透进作者的主观色彩,不允许对对象做艺术加工。举例而言,作为生物挂图的"马",是客观、准确、符合比例的,属于非艺术的无生命的"物象";而艺术大师徐悲鸿创作的奔马,千姿百态,栩栩如生,有的昂然伫立,有的回首长嘶,有的腾空而起,有的四蹄生烟……借马抒怀,寄托大师的喜怒哀乐。

1. 艺术形象的含义

艺术形象是作家、艺术家的一种创造,是指构成作品的具体生动可感的,体现作家、艺术家审美感情的综合的社会人生图画或情景,在文学理论中也称其为文学形象,或简称为形象。

2. 艺术形象的分类

艺术形象可分为抒情形象和叙事形象两大类。

抒情作品中的抒情形象主要显现为情景,成功的、具有典型意义的情景被称为意境。意境是富有个性特征的客观景象与作家主观情志相契合而形成的一种审美氛围和境界。

叙事作品中的叙事形象包括环境形象和人物形象两部分。环境形象又分社会环境和自然环境。社会环境最重要的是作为社会成员的人生存、活动于其间的错综复杂的人际关系;自然环境就其自然属性而言,是自然科学的对象,而当自然环境成为人的社会生活不可分割的一个方面即"人化的自然",成为人及其生活的象征,或者作为环境形象的构成因素时,那就进入了文学艺术的领域。叙事文学中最中心、最突出的是人物形象,它构成作品的形象体系的核心。因此当我们在分析某个叙事作品的艺术形象时,既可指那幅完整的具有审美意义的有声有色的人生图画,也可以指活跃其间处于中心地位的人物形象。

(二)艺术形象的特点

1. 艺术形象是客观性与主观性的统一

艺术形象源于客观社会生活,作品所展示的一定的社会生活内容,是构成艺术形象的客观因素;艺术形象又得力于作家在生活素材基础上能动的创造,作家渗透于作品内的对所描写的社会人生的审美情感、审美评价,是构成艺术形象的主观因素。任何艺术形象都是客观现实世界与主观心灵世界两者相互契合、交感作用的结晶。

> **小贴士**
>
> 科学人体挂图，虽然合比例地展示着人体的外部形态和内部结构，能增进人们的科学知识，但它不是活生生的现实社会中的人，没有人的七情六欲，没有人在特定社会关系中的内心冲撞，也没有融入作者的褒贬感情，因此人体挂图不具有艺术生命力，不是艺术形象。

2. 艺术形象是具体、生动、可感性与艺术概括性的统一

文学通过形象折射社会人生，由于现实生活本身是丰富流动、千姿百态的，艺术形象也必须保留现实人生鲜灵、活脱的面目，力求达到形神逼真、呼之欲出的境地。感性状貌、感性形态是艺术形象的存在形态，是文学审美地观照和表现社会人生的特殊形式，离开了具体、生动、可感性，文学的花朵必然枯萎。

同时艺术形象又是因小见大，具有一定概括意义的，能使人从个别的形象中领悟出一定的人生哲理和某一方面的社会本质规律，是个别性与概括性的辩证统一。

需要说明的是，艺术形象所要求的艺术概括不同于科学概括。科学概括根据大量事实材料，运用科学论证的方法，归结为抽象的结论，直接把本质指给读者看；而艺术概括自始至终不脱离具体、生动、可感的形象，它着力捕捉、提炼最富有特征、最富有感染力的生活现象，集中熔铸在某一对象身上，塑造成动人的艺术形象。

具体、生动、可感性和艺术概括性，二者是浑然一体的。缺少前者，往往流于"图解"，形象不复存在；没有后者，就会流于对生活现象琐碎的堆砌，同样构不成艺术形象。

三、文学的情感性

文学艺术的创作主体是人，文学艺术的重点表现对象是人，文学艺术的服务对象也是人。

文学的整个实践活动，包括创作实践和欣赏实践，都离不开人，都渗透着人的强烈的情感活动。动情是审美享受的标志，以情动人是文学发挥社会功能的特点，因此情感性也是构成文学审美属性、产生艺术魅力的重要因素之一。

（一）情感是创作的动力

托尔斯泰指出："艺术并不等于手艺，而是艺术家所体验过的感情的传达。"他认为艺术感染的深浅决定于所传达的感情的独特、清晰和真挚程度。并强调："艺术家的真挚程度对艺术感染力的大小的影响比什么都大。"高尔基说："艺术的本质是赞成或反对的斗争，漠不关心的艺术是没有而且不可能有的。因为人不是照相机，他不是'摄照'现实，他或是确定现实，或是改变现实、毁灭现实。"一个作家在现实生活中，面对时代的风云变幻、人民的遭际命运，必然从内心激发起阵阵情感波澜。这种情感冲击着他，使他难以平静，驱使他提起笔来。缺乏情感的震撼、缺乏情感点燃起来的火焰，就

无法对生活现象进行熔铸提炼,无法进入创作的佳境。鲁迅说"创作总根于爱",这"爱",就是真诚而深刻的情感;曹雪芹说他写《红楼梦》"字字看来皆是血",这"血",同样跃动着作家火热的情感。这种真挚、强烈的审美情感是创作的内驱力。

(二)文学作品蕴含的情感包括人物形象的情感和作家倾注其间的情感

许多有成就的作家谈到,他们在创作时,总是与作品中的人物共欢乐、同悲泣。巴尔扎克在写作时,天天"过着他所描写的人物的生活",描写高老头的死,写完后他自己多天不愉快。福楼拜在描写包法利夫人服毒时,觉得自己嘴里尝到了"真的砒霜味道"。屠格涅夫在创作小说《父与子》时,努力把自己想象为主人公巴扎洛夫,花了将近两年的时间用巴扎洛夫的身份写日记。屠格涅夫这样回忆他当时的工作:"我写《父与子》的时候,我一方面记着巴扎洛夫的日记。倘使我读到一本新书,倘使我遇着一个有趣味的人,或者当时发生了一件重大的政治和社会的事件,我就依据巴扎洛夫的观点把这些全记在那本日记里面。"作家们这样做,无非是设身处地悉心揣摩他所创造的人物形象的丰富、复杂的内心奥秘。这方面的工作越投入,他所描写的人物形象就越真实、丰满。

文学的情感性不光指作品中人物的思想感情,也指渗透在艺术形象中的作家的爱憎褒贬感情。

作家在作品中塑造的艺术形象,已不同于生活中实有的人和事,那是被作家深切感受过、体验过,从而浸透着作家鲜明、浓烈的审美情感的人与事,是作家饱蘸感情的笔触描绘的生活画面和各式人等的心灵撞击所构筑成的艺术世界,以及由此艺术世界折射出来的人生真谛。在话剧剧本《雷雨》中,作家以深沉的爱憎之情和细致传神的笔墨,描绘了发生在周公馆的盘根错节的矛盾冲突和人物间尖锐微妙的情意纠葛。剧中人的音容笑貌各具异彩,跃然纸上。每个形象都能传达出作家对所描写的事件和人物的审美评判。

以元代马致远的小令为例:"枯藤老树昏鸦,小桥流水人家,古道西风瘦马,夕阳西下,断肠人在天涯。"前三句,用九个并列的实词,把九种景物巧妙地组合在画面中,渲染出一派凄凉萧瑟的晚秋氛围;"夕阳西下",巧妙地点示时间;最后一句"断肠人在天涯",极度忧伤、浪迹天涯的旅人出现在上述秋郊夕照图内。作家的心灵与作家所精心布置的画面,水乳交融,升华为一个独具魅力的艺术意境。

> **小贴士**
>
> 文学作品中人物的感情与作家倾注其间的感情有联系、有区别。作家在作品中以不同的情感态度描写不同的人和事,整个作品又显现出一种总的富有个性色彩的情感倾向。因此,文学作品中的感情是流动多变、复杂多样的统一。

(三)文学的情感是情与理的相互渗透

我们重视感情,但也不能排斥思想。感情和思想,也就是我们常说的"情"与

"理"。在文学艺术殿堂里，感情和思想都是蕴含在艺术形象之中，都是通过艺术形象显现出来的。

感情好比艺术形象的血液，感情渗透着思想，感情的表现一般比较炽烈、显露；思想好比艺术形象的灵魂，思想是感情的深化，思想的表现可能比较含蓄、曲折。两者互为表里，相互依存，相互渗透和影响。

《红楼梦》第18回，写元春省亲，先浓墨重彩描写皇家礼仪和场面，极言元春荣归的显赫气派。表面上充满喜气，实际上是为后文大起大落大转折埋下伏笔，以大喜反衬大悲，布置了远比一般不幸事变更令人震颤的悲剧氛围。接着，作家通过元春与贾母、王夫人等相见"呜咽对泣""忍悲强笑"，通过元春与贾政"隔帘对话"的独特场景，通过元春与宝玉姐弟亲昵的"平淡中寓惨烈"的细节描绘，将贵为皇妃的元春闭锁宫中、伴君如伴虎的巨大隐痛揭示得入木三分，惊魂动魄。曹雪芹正是通过这番精湛的描写，表露了他鲜明的褒贬感情和对人生深邃独特的见解。这样的表现，既是感性的，又是理性的。感情是融入了思想因素、具有理性深度的感性，思想则呈现为具有感性状貌、富有审美情趣的理性。思想如水中之盐，溶解于情感之中，"体匿性存，无痕有味。"黑格尔亦有言："在艺术里，感性的东西是经过心灵化了的，而心灵的东西也借感性化而显现出来。"

同时，在不同门类的艺术作品中，感情与思想的融合是不尽相同的。一幅山水画、一支抒情曲，思想因素相对来说不那么明显；而对文学创作尤其是叙事作品来说，思想因素比较强些。因为，文学使用的语言是思维的直接现实，它的词语手段所唤起的情感往往掺和着更多的理智的成分，比起其他艺术就更能表达出思想感情的深度。

四、文学的审美性

（一）文学审美性的含义

文学作品的美是现实美的集中表现，它是作家依据一定的审美理想，按照美的规律，在概括现实美的基础上再创造出来的美，因而更带普遍性和持久性，具有更浓烈的审美性。

文学的审美性是指文学作品适应人的审美本性，满足人们的审美需求，提高人们感受美、鉴赏美、创造美的能力的一种本质属性。

（二）文学审美性的构成

文学的审美性包括三方面的构成因素：

1. 文学客体的审美因素

文学创作是作家以审美的特殊方式对以人为中心的社会生活整体的观照和反映，是作家的审美意识作用于现实生活的物化形态。作为文学创作的客观根据的现实生活一旦

第七章 文学的审美

进入作家的创作领域，也就进入了作家的审美视野。它就不再是纯客观的对象，而是作为创作主体的作家把自己置身于文学与现实的审美关系之中，以审美的眼光观察采撷到的现实生活，是具有审美意蕴和审美价值的客观世界，是充满着主体生命的审美创造。这种特殊的精神产品，本身是一个价值系统。在这个价值系统中，也包含着认识价值、政治价值、教化价值、道德价值等，但最主要的是审美价值。审美价值融于上述种种价值之中，而且，它又是通过以人物形象为中心的文学形象得以集中体现的。一部（篇）文学作品，它总是以具体、生动、可感的形象，激起人们丰富复杂的情感波澜，从而使人们领悟作品的审美价值，获得精神享受。

文学形象的美包括内在美和形式美。

文学形象的内在美，能引发读者喜悦、热爱、欢乐、崇高等情感，唤起读者美好的想象和向往。林黛玉是封建贵族家庭的叛逆者，她鄙视封建礼教的庸俗、虚伪，决不同流合污，她好比一棵植根于巨石底下的富有生命力的小草，尽管不幸已快要压倒她，她仍然不甘屈服，企图改变自己的命运。在爱情问题上，她对周围恶势力采取不妥协的态度，最后一面咯血，一面焚稿，以死抗争。林黛玉这个文学形象一定程度上具备了封建礼教叛逆者的内在美。

以自然风光为描写对象的文学形象也具有内在美。作家在描写自然风光时，往往把自然物的某些特有属性同人的社会生活联系起来，强化其美点，并赋予新的引申意义。比如，月有阴晴圆缺，象征着人的悲欢离合；松树耐寒，四季常青，象征着人的意志、节操；鸳鸯的形影不离象征着男女爱情的忠贞不渝……经过作家巧妙的艺术处理，这些描写对象，既有原自然物的美，又浸润着比喻、拟人、象征等引申意义的社会美。毛泽东的《沁园春·雪》在这方面堪称佳作，充溢着一种宏阔雄放的美。

文学形象的内在美是主要的，文学形象的形式美也不可忽视。在文学作品中，形式美包括与表现内容特别贴切的文学体裁，如严谨的结构，精致的语言，色彩、韵律、节奏等。当然，凡佳作名篇，一般都以内容和形式的浑然一体受到读者的喜爱，但也不能排除相对独立的形式美在审美活动中的价值和作用。

文学形象的内在美和形式美，有时是统一的，有时则存在矛盾。《巴黎圣母院》中的敲钟人卡西莫多，五官扭曲，却有一颗正直、善良、勇敢的心，作家以睿智的眼光发现并赞扬其丑的外形下掩藏着的美的素质，对其外形的丑不是采取讥笑的态度，这样，外表丑反衬了内心美。

同时，事物的美、丑属性是相对的，不可绝对化。就自然形象而言，"桂林山水甲天下"，也只是与其他景物相比较而言，并非每个局部、细部都天下无双。

作为文学作品描写的对象，有些本身是具有审美意义的，有些在现实生活中是不美的，甚至是丑的，经过作家艺术加工才具有审美意义。也就是说，生活中的美和丑都是文学的表现对象，但是作为文学的属性来说，却只能是美的，而不能是丑的。关键在于，当生活丑进入文学作品后，必须经历由丑向美的转化。作家要把丑恶事物加以集中、提炼，以先进的美学理想去烛照，去鞭挞，使其丑得到独特的、艺术的感性显现，成为具有审美价值、可供审美观照的文学形象。比如，《死魂灵》中的乞乞可夫是丑的，是一个十分虚伪刁钻的骗子，但果戈理所塑造的乞乞可夫却成为整部长篇小说形象体系中不可或缺的"这个"典型形象，具有强烈的思想和艺术光泽。换言之，丑的事物在实际生活中和文学领域中，其价值不可同日而语。在实际生活中，它们是消极的、破坏性的，我们要努力消灭它们，铲除其生存土壤；而一旦成为文学形象活跃在作品中，特别是作为典型形象矗立在文学画廊里，那就成了富有艺术魅力、审美价值的积极因素。

> **小贴士**
>
> 在现实生活中还有许多事物，既不是十分美，也不是明显"丑"。我们不妨把这种美、丑程度都不太鲜明的生活形态叫作"平淡"。"平淡"的人生画幅经过作家独具匠心的审美处理，也可以达到惊心动魄、令人赞叹的不"平淡"。从这种看似"平淡"的生活形态中发掘、传达出来的审美信息越多、越强烈，作品的艺术价值也越高。果戈理、契诃夫、鲁迅就是具有这种本领的文学大师。从文学史上看，"几乎无事的悲剧"（鲁迅评果戈理作品语）、凡人悲剧或者描写凡人小事的作品，尽管不如英雄悲剧、英雄史诗那么气势宏大，但一经艺术加工，就具有表现英雄人物、先进人物的作品不可取代的另一种动人心魄的美。

文学作品塑造美的方法多种多样，探究其奥秘，大体可归纳为以下几个方面：

（1）真实美。

真实是文学的生命。真是美的基础，是文学作品有无价值、能否产生魅力的首要条件。真的不一定都是美的，但美离开了真，便异化为伪美。失真的、伪美的作品，首先会引起读者心理上的失望乃至被愚弄的感觉。

文学的真实美，是有特定意义的，是指经过作家对生活的审美把握、审美反映，从生活真实转化为艺术真实的美。

所谓生活真实是指社会生活中实际存在的人和事，它是文学的反映对象。简而言之，生活的真实就是真实的生活。这里需注意两点：其一，我们所说的生活，包括现实的和历史的两个方面；其二，我们所说的生活，包括人类的物质生活和精神生活两个方面。人类的物质生活是复杂的，人类的精神生活更是无限丰富的，而且，正是后者，才真正把人同动物完全区分开。因此，肯定人的物质生活是实际存在，决不能忽视人的精神生活也是一种实际存在，它是文学创作更重要的对象之一。

所谓艺术真实是以生活真实为基础，经过作家提炼、概括、想象、虚构创造出来的艺术形象的真实。它显示出社会生活某些本质规律，体现着作家的审美评价，是主客观相互作用的结晶。艺术真实是优秀文学的基本属性。

这里，我们具体分析一下艺术真实与生活真实的联系与区别，在比较中着重领会艺术真实的基本特征。

其一，艺术真实离不开艺术提炼，艺术真实追求的是高尔基所强调的"复杂的真实"，是歌德要求作家、艺术家创造的"第二自然"。

打一个比喻：生活真实是艺术生产的"原料"，艺术真实是艺术生产的"成品"。从原料到成品，需对原料进行取舍、改造，即离不开艺术加工。如何加工？高尔基说："作家创造艺术的真实，就像蜜蜂酿蜜一样：蜜蜂从一切花上都采来一点儿东西，可是

第七章　文学的审美

它所采来的是最需要的东西。"歌德指出，"艺术家对于自然有着双重关系：他既是自然的主宰，又是自然的奴隶。他是自然的奴隶，因为他必须用人世间的材料来进行工作，才能使人理解；同时他又是自然的主宰，因为他使这种人世间的材料服从他的较高的意旨，并且为这较高意旨服务"，从而创造出"第二自然"。

比如你想画风景，面对名山秀水，如果一味照搬"自然"，画面上必然会呈现缺乏整体感的混杂局面；如果你以审美的眼光，做必要的调度、布局，添的添，减的减，该藏则藏，该露即露，那就会构成一幅山水树木和楼台亭阁错落有致、疏密相间的风景画。文学的反映对象是以人为中心的社会生活，要比一般的风景画复杂得多，当然更离不开艺术加工。高尔基认为，对生活现实的复制，那只是一般照相师的手艺。"例如，一个只带凄惨微笑的人的脸庞，为了照出这个脸庞带有嘲讽微笑或欢乐微笑的相片，他就得一次又一次地拍摄。所以这些相片或多或少都是真实，然而是一个人凄惨地，或者愤怒地，或者欢乐地生活着的那一分钟的'真实'。"这对于灵魂工程师所从事的文艺创作来说，显然是远远不够的。为了强调说明两者的区别，高尔基特地用了一个跟"一分钟的'真实'"相对的名称来形容艺术真实——"复杂的真实"。就是指作家要努力写出作品中人物独具的个性、围绕人物性格碰撞而展示的矛盾冲突的衍变、社会现象与社会本质之间的曲折微妙的联系。

生活在纷纭动荡的大千世界，我们经常会遇到戏剧性的偶然事件。如果这种偶然产生于必然又能揭示出必然，那正是最能诱惑作家的、最可珍贵的素材。所谓"无巧不成书"，也就是作家独具慧眼地洞察了、捕捉了这种似巧合而实属必然的细节、场面和情节。作家应理清其事件的内在脉络和人物的性格逻辑，并予以艺术的表现。托尔斯泰说，他在创作一部作品之前要"考虑数百万个可能的际遇"，然后从中挑选、提炼一个最佳方案。这"数百万个"中的"一个"，当然是偶然的，但由于是经过了反复的筛选和加工，因此这又是必然的、不可替代的。

有时候，作家还不能忽略生活中的假象，而要敏锐地捕捉假象。列宁指出："本质具有某种假象。""假象也是客观的，因为在假象中有客观世界的一个方面。"例如《雷雨》结尾，四凤、周冲、周萍一一死去，面对猝不及防的梦幻般的灾难的猛袭，繁漪竟不是号啕大哭，而是发出了凄厉的笑声。此时此境，这"笑"似乎是假象，然而它比哭更能准确地、深刻地表现繁漪爆裂似的内心。

有时候，甚至还应当允许作家"无中生有""以假乱真"地虚拟生活中没有发生，也不可能存在的现象，但偏偏能求得最逼真的艺术效果。马克·吐温的短篇小说《竞选州长》，这篇杰出的现实主义名作虽然牢牢地根植于美国资本主义社会现实的土壤之中，但其故事本身却又偏偏纯属子虚乌有。作家以一连串虚构的情节和细节，甚至是漫画式的笔墨创造出鲜明动人的艺术形象，入木三分而又惟妙惟肖地揭露了被资产阶级吹嘘得天花乱坠的"民主"和"自由"的本质。如果《竞选州长》中那些恶棍给"我"捏造的离奇荒唐的罪名，改用写实手法来表述，那么，作品中犀利辛辣、妙趣横生的讽刺力量也就丧失殆尽了。有时作家甚至可以违反常情常理，进行十分"出格"的描写。肖洛霍夫的长篇小说《静静的顿河》，写主人公葛利高里在人生道路上历经曲折又失去亲人后，看到天上挂着的是一个"黑色的太阳"。这无疑是违反自然常识的，但那是一个悲恸欲绝的主人公眼中的太阳，它显示了人的情绪、心理与自然物之间密切对应关系，因而这一十分"出格"的描写恰恰表现了彼时彼地主人公体验到的最惊人的真实！

其二，生活真实不包含作家的思想感情，而艺术真实是灌注进作家心血和生命的艺术形象，具有作家审美评价的倾向性。

曾有人评论奥地利作曲家莫扎特"构成"乐曲，歌德对此进行反驳说："怎么能说莫扎特构成他的乐曲《唐·璜》呢？哼，构成！仿佛这部乐曲像一块糕点饼干，用鸡蛋、面粉和糖掺合起来一搅就成了！它是一种精神创作，其中部分和整体都是从同一个精神熔炉中熔铸出来的，是由一种生命气息吹嘘过的。"这就雄辩地说明：对生活素材进行选择，有所丢，有所留，有所补充，有所发展，重新加以排列组合，这对从"原料"到"成品"，即从生活真实到艺术真实的转化来说，还只是迈出了一大步，因为，"艺术的任务并不止于这种搜集和挑选，艺术家必须是创造者"。如何创造？那就是必须蕴含着作家的思想和感情，灌注进作家的心血和生命，以点燃起艺术创造的火焰。如果缺乏由作家的感情和生命所点燃起来的火焰，那就无法对生活素材进行熔铸的工作，而只能是满足于拼拼凑凑，缝缝补补，那样，只能算是一个勤奋的工匠的手艺而已。

创作是心灵的事业。有时候，面对同一表现对象，由于创作者主观世界的变化，艺术创作也会随之更替，跃动着新的姿质。

> **小贴士**
>
> 巴金在《随想录·三次画像》这篇散文中，曾回忆了画家俞元阶在1955年10月、1977年5月、党的十一届三中全会后三次为巴金画像的情景。谈到第三次画像时巴金说："我祝贺他成功地画出了他自己的精神状态，表现了他的'愉快'，他的'勤奋'，他的'对我们这个时代的信心'。他画的不一定就是我，更多的是他自己；我不过是他的题材，在画上活动的是画家的雄心壮志，是画家对我们社会主义祖国的感情。"巴金在这篇散文中，实际上概括了这样一条艺术哲理：艺术家创造的艺术真实，既是反映对象，又是创作者自己。好比春蚕吐丝：吃的是桑叶——经过自己的鲜血和生命的加工——吐出精美的丝，创造出比生活真实更高、更美、更理想的艺术新天地——艺术真实。

美是一条流动的河流，在人类历史进程的制约下，其每一流程都刻着时代的印记。每个时代都在发展着旧时代积淀下来的美，又有着属于自己的新的美。因此，作为审美对象的文学作品，其真实美也时时经受着时代浪涛的洗礼。有的作品能经受住历史的检验，焕发出永久性的魅力；有的作品可能事过境迁，黯然失色；有的作品本身是美的，但对于新时代的读者来说，可能不一定像旧时代的读者那么心心相印，一往情深。因此，读者必然要呼吁新时代的作家多提供些更契合当代潮流的具有新的姿质的真实的文学精品。

（2）情趣美。

文学的审美性与趣味性是密不可分的。我国南北朝文学批评家钟嵘倡导诗歌"滋味"说，宋代严羽提出诗歌"趣味"说，明代李贽认为"天下文章当以趣为第一"，近代的梁启超说"文学的本质和作用最主要的就是趣味"。他们都把情趣美归结为事关文学魅力的重要因素,值得我们借鉴。可以肯定,凡对读者具有吸引力、诱惑力的作品,总是或隐或显、程度不等地包含着令人赏心悦目的情趣美。

文学的情趣美要求作家写出的作品有情趣,比如,有的作品主要表现为题材的奇特;有的作品主要表现为主题的新颖;有的作品表现为情节的引人入胜;有的作品表现为人物个性的滑稽幽默;有的作品表现为手法的诙谐、机智;等等。

追求情趣美是人的爱美天性的一种表露,文学创作应该满足人们的这一正常的审美欲求。在这方面,文学史上不乏其例。一些民歌、情歌,小说《一千零一夜》《堂吉诃德》《西游记》《聊斋志异》固然充溢着情趣美,围绕《水浒传》中鲁智深、《三国演义》中的张飞展开的一系列故事,又何尝没有情趣美?有些作品本身是悲剧性的,但作家依然开掘出适度的情趣美。比如戏曲《秦香莲》中有关判案的情节铺叙和包公的性格刻画,就很富有情趣美。契诃夫短篇小说《凡卡》反映了沙俄时代童仆的典型命运:9岁男孩凡卡流着泪偷偷给爷爷写信,诉说非人境遇,恳求爷爷早些把自己领回去。末了,他在信封上写下"乡下爷爷收"5个大字并郑重地投进邮筒后,就心满意足地睡着了。阅读这篇小说,读者心中充满着苦涩味,但看到凡卡开信封那种一本正经、稚朴荒唐的举动,又不免忍俊不禁。而在领略其情趣美的同时,无形中又必然加强了对这个提心吊胆的小生命未来命运的关切、对那罪恶的童仆制度的仇恨。

我国新时期通俗文学的崛起值得重视。严肃文学和"探索性文学"同样需要情趣美,但优秀通俗文学无疑更能适应广大读者对观赏性、趣味性的审美需求。应该引起注意的是,趣味有格调雅俗高下之分。我们要提倡健康、高尚的情趣,抵制不健康的、低下的情趣。

(3)独创美。

中外古今,凡具有经久不衰艺术生命的文学作品,都是富有独创美的。

艺术独创,包括作家对生活的独特认识和艺术上的独特体现。两者是总体把握、综合体现的。但首先应该强调的是,作家对生活应有准确、缜密、深邃的发现,善于穿过生活的表层,向深处开掘,捕捉社会人生的底蕴和美的价值。这是一个艰苦的,并非人人都能胜任的工程。尽管任何创作者都置身于社会生活之中,都在从事着艺术地掌握世界的工作,但收获却往往大不一样。也许,有的只摄下一些生活海洋浮面的闪光;有的涉足浅滩,捡到了几枚精致的贝壳;有的则不愧为生活激流的弄潮儿,掌握了上下、左右、前后、俯仰不同的透视点和观察面,选择理想的开掘方位、最适合自己的开掘式和开掘度,由此领略了生活海洋中不同条件下不同层次的风云变幻,积淀、形成了他超越于题材本身的对人生的独特见解。古代写雨的诗篇非常多,但杜甫的《春夜喜雨》"好雨知时节,当春乃发生。随风潜入夜,润物细无声……",独树一帜,深受代代读者的喜爱。它不沿袭一般拟人的旧套,而是将人化的春雨的独特性展现在读者面前,给人新颖别致的审美感受;文学史上写父子情深的作品何止千百,但朱自清的散文《背影》异军突起,它写的是家庭遭遇变故的情况下父亲送别远行的儿子时的一番情景。作者把叙事和抒情的聚光点集中于儿子泪光中的父亲的背影,通过不断述说儿子内心的悔恨,把刻骨铭心的思念巧妙地倾吐出来。

> **小贴士**
>
> 鲁迅的《呐喊》《彷徨》，既反映出作者对国民精神、民族命运的忧患意识，又表现出作者对农民生活的关注，对开始觉醒的知识分子的期待。曾有人指责鲁迅的作品太冷，其实，这是冷峻、凝重，它植根于爱，是以热衬底的。鲁迅对假、恶、丑的东西深恶痛绝，恨得透骨；同时，他对生活中美好的、高尚的、理想的东西又比谁都敏感、喜悦，比别人更执着地去追求。唯其如此，鲁迅身躯内蕴藏着的创作生命力是旺盛的、独特的。他的《呐喊》《彷徨》对社会人生有着不同凡响的感受力、思辨力、透视力，在五四新旧文学对垒中，在小说创作中具有首开风气的深远意义。

此种不同凡响的感受力、思辨力、透视力，即作家独特的审美感受和独特的情感体验，可贵的是"独特"。独特，就是与众不同，就是不做罗丹所蔑视的"永远戴别人的眼镜"的"拙劣的艺术家"；具有屠格涅夫所说的"生动的、特殊的自己个人所有的音调，这些音调在其他人的喉咙里是发不出来的"。

独创美也体现在艺术传达、艺术形式方面。巴尔扎克说过，艺术创作的任务是布置方程式的符号，而并不想解决它。这一巧妙的比喻，旨在说明文学艺术作品和科学著作的区别。科学家力求用语言符号准确无误地表述自己认识客观世界某一方面的结论，作家则以语言、结构、体裁、手法等物质手段塑造形象，折射人生，表达他的思想感情和审美评判。换言之，作家对社会人生的见解应该隐蔽在文学形象即他所布置的"方程式"背后，布置得越精湛、别致，传达出的人生真谛也就越丰满、越耐人寻味。

艺术传达有赖于一定的传达技巧即表现手段。对技巧和手法的运用，也因人而异，烙印着作家个人独有的印记。冯骥才从事过专业绘画，因此他善于把构思中的东西转化为一个个独特又具体的画面。比如，他的短篇小说《高女人和他的矮丈夫》写一对高矮相差十七厘米的知识分子夫妇，不避世俗的窃笑，融融相爱。每逢日晒雨淋的日子，出门时，高女人怀抱孩子，矮丈夫总是把伞高高举起，替她挡雨。高女人离世后，人们发现，矮丈夫出门打伞还是习惯地高高举起，伞下有一大段空间，世界上任何东西也弥补不上……这些情深意笃、底蕴无穷的描写简直是一首绝妙的散文诗、哲理诗。作家后来回忆道，当时，"我甚至把这画面想象得比写出来的更为细致和真切。那矮丈夫肌肉抽缩、青筋鼓起的手，那油漆磨得剥落不正的雨伞把儿，那无人料理、一身皱褶、吊儿郎当的衣服，那细雨打湿而全然不知的裤腿，以及在绵密的雨雾中矮男人饱经沧桑、有点凄凉的背影……全都看得一清二楚"。正是这幅幅画面点燃了作家的激情火花，帮助他把有关的人和事放在更广阔的历史、社会、人生的大背景下熔炼和表现，尽情尽意地完成了这篇艺术佳作。

作家在艺术传达时，要密切注意从社会生活以及欣赏主体那里反馈来的信息。从经过认真筛选的信息指令中受到启示，调整、丰富艺术传达的手段，不断提高艺术传达功能。刘心武的《班主任》赢得了相当高的声誉，但严格的评论界和读者也诚恳、直率地向他指出了作品中有些人物性格单一、图解痕迹较重、游离形象的议论过多等缺点。刘心武认真听取来自各方面的批评，冷静地思考和消化，既在文学观念和思维方式上，也在知识结构、艺术技巧方面解剖自己，丰富自我，磨炼才情。

> **小贴士**
>
> 刘心武的《钟鼓楼》是一部多层次、复调的、试图对当代社会文明做宏观记录和反思的长篇小说。恢宏的气魄、特殊的追求，体现出作家在艺术传达方面进行了大刀阔斧而卓有成效的变革。据作家刘心武自述：就人物而言，"我是要在流动的网络结构中，去展现一个互相依存、勾连、冲撞、和谐的当代群像，也就是说：在人物塑造上，我不想夺'单项冠军'，而妄想得'团体冠军'就结构而言，以往认为只有短篇小说，才该搞'横剖面'，我却打破这一金科玉律，偏把这个长篇搞成一个巨大的'横剖面'，……我有信心通过这'横剖面'上那密密麻麻的年轮，使读者获得一种横向与纵向交叉融汇的立体感受。为此，我没有采取……习见的结构方式，而采用了'花瓣式'，或称为'剥橘式'。"作家深知，这种打破常规也突破了自己已经熟悉的表现路子的"特殊写法"，"自然是吃力而近乎铤而走险，但为了搞出一个像样的有个性的作品，我想用力与冒险乃是必经之路。"实践证明，《钟鼓楼》的确在相当程度上满足了不同层次不同类型的读者的审美需求，是一部富有独创美的佳作。

2. 创作主体审美条件

文学的审美属性的发挥、文学魅力的产生，还需要作家具有相应的审美条件。

（1）具备比较完善的审美心理结构。

所谓审美心理结构，即审美机制的各构成要素以及发挥其综合机能的特定方式。人类审美心理结构是漫长的社会历史积淀的产物，对具体的个人来说，则是长期接受审美教育和从事审美实践活动的结果，这种特殊的审美心理结构，构成了属于他自己的一个"蜘蛛网"，网开四面八方，随时按他独有的喜好、方式去接受审美对象发来的各种信。

四肢发达、器官健全，诚然是令人欣慰的。但光有这些，仅仅意味着具备了正常的生理机制，即从事审美活动的生理基础，而不能说已经具备了审美心理结构。作为创作主体的作家，更必须具有较高的审美水准、审美能力，尽可能获得丰富的阅历、广博的知识，熟谙文学的规律和特征，善于领略、捕捉、表现五彩缤纷、勾魂摄魄的艺术的美。

（2）具备良好的审美创作心态。

心态即人们相对稳定的情绪状态。良好的审美心态就是指人们在审美活动前和审美活动中要有一个比较舒畅、愉悦的情绪状态。荀况说："心忧恐，则口衔刍豢而不知其味，耳听钟鼓而不知其声，目视黼黻而不知其状，轻暖平簟而体不知其安。"

要具备良好的审美心态，不能不考虑社会为作家提供的写作环境。要创造一种协调舒畅的民主气氛，帮助作家摆脱各种逆境的压抑和种种精神负担。作家本人要抛开狭隘、庸俗的欲念纠缠，做到心胸开阔、耳聪目明。

3. 和读者之间建立起特定的审美交流

文学审美活动包含着两个方向相反的过程：一是作品审美价值心灵化，一是读者审美能力的外化。这两个相反方向的过程在审美实践中得以沟通。当读者接触作品时，如果作品释放出的信息同读者审美心理结构中贮存的美的信息相互适应，相互契合，二者便会自然地结成审美关系，迸发出美感的火花，融汇成情感的激流，进而形神交会、物我合一，产生动人心魄的美感效应。

但是，作品和读者之间的关系不是凝固的，是变化发展的，它们不可能时时处处适应默契，而有一个适应—不适应—适应的流动过程。由于作家和读者有着各自的审美心理结构，作家创作的作品与读者之间，有时会出现某种不一致，甚至出现矛盾和对立。比如，文学史上常常有这样的情况：当时最受读者欢迎的作品往往不是最好的作品，而代表时代先进水准的优秀作品，反而在一段时期内受到不公正的冷遇。造成这种现象的原因是多方面的。例如，可能受历史条件的限制，读者文化素养不足、审美趣味不高；可能某些作品不合某部分读者的口味；还可能是读者的审美惯性在起作用，一下子不太习惯某些优秀作家的跨度较大的探索和创新，不能充分领悟那些上乘之作的思想、艺术的美点。面对这种情况不必大惊小怪，重要的是分析原因，做好调整。就作家而言，要注意体察各种文化层次的读者的审美习惯、接受能力和一定时期内的应变能力，并审视自己的创作实践，根据需要和可能做相应的调整。就作者而言，不能迎合部分读者因袭的、封闭的、不健康的审美需求，而要继续不懈地探索和创新，用自己的作品来帮助他们完善审美心理结构；就读者而言，要经常检验自己的审美心理结构有没有衰变倾向，要警惕自己的审美惰性和审美感觉的钝化，从各种不同风格样式的审美对象中吸收新的滋养，不断更新完善自己的审美心理结构，以便更好地适应客体。既能欣赏习见的普及性文学作品，也能欣赏提高性的探索性的作品。

五、文学的形象性和情感性统一于审美性

文学艺术的根本目的，在于满足人们的审美需求，使人们在审美享受之中提高审美、创造美的能力。正是在这一意义上，审美性成为文学的本质特征。审美性与形象性、审美性与情感性之间分别存在着主与次的关系。

(一) 审美性与形象性的关系

人不可能凭空审美，人的审美活动是人对审美对象的直接的、自由的观照。这种审美观照的对象必须是个别的、感性的、活灵活现的。因此，形象性是基础，没有形象性，就谈不上审美性。

但是，文学塑造的形象，并非一般的形象，而是艺术形象，即审美的形象。文学形象是基于人们特殊的审美需求而加以塑造的，是在作家摄取的富有审美价值的形象素材的基础上，又经过作家创造性的艺术劳动而诞生。比如"白杨"本来是生物学研究的

对象，它属一般形象，但茅盾的《白杨礼赞》，把白杨树比作"伟丈夫"，同以人为中心的社会生活相联系，成为作家表现人与现实审美关系的一个象征，一个缩影、那就成了社会化、心灵化了的文学表现对象，即审美形象。同样，真正的猴子和生物学研究的猴子是一般形象，《西游记》中塑造的孙悟空是审美的形象。审美形象是文学作品所追求的。

（二）审美性与情感性的关系

文学离不开情感，在文学领域里，无论是创作还是鉴赏，人们总是带着强烈的情感色彩参与整个活动。但是这里所说的"情感"，不是一般意义的情感。广义的情感，是指人的喜、怒、哀、乐等各种丰富、细致、复杂、流动的心理情绪的总汇和表现，是在人的现实生活中，在认识人生和改造人生的过程中萌生、发展、衍变、成熟起来的。这种情感因素并非文学作品所独有，日常生活中那些单纯发泄情感的活动如哭、笑、叫、跳等，就不是文学活动。文学是一种审美活动，文学活动中的情感因素是审美的情感因素。作为审美对象——文学形象，它饱含着作家的审美情感和审美评价，是作家审美情感的物态化；作为审美主体——读者，也必须凭借自己的审美情感去体验，去感知，去想象，达到与审美对象的默契共鸣，从中体味作品中所描述的种种人生经历，这些经历可能与自己的经历有几分相似，也可能十分陌生，但都能引起震撼和思考，引发出某种情感宣泄。这种情感体验是在阅读作品中完成的，因而是一种文学的审美情感。缺乏审美情感的文学形象是苍白的、枯萎的、没有活力的；缺乏审美情感的读者难以参与审美活动。古今中外文学大师们之所以一再从不同角度强调审美情感在文学中的地位，认为它是文学的生命和动力，原因正在于此。

综上所述，文学的审美性、形象性、情感性三者的关系是：文学的审美性决定、制约着文学的形象性、情感性；形象性、情感性是文学的重要特征，它们是审美性存在的条件；审美性是文学的首要的本质特征，是对文学特征的深层把握。

第二节 文学是语言艺术

在文艺学中，按塑造艺术形象的媒介和方式的不同，一般将艺术区分为造型艺术、表演艺术、语言艺术、综合艺术四个相对独立的门类。

造型艺术：运用线条、色彩等艺术手段，塑造人们可以直接感触得到的艺术形象，如绘画、雕刻。

表演艺术：运用音响、节奏、旋律或人体动作，塑造直接作用于欣赏者听觉或视觉的艺术形象，如音乐、舞蹈。

语言艺术：运用语言塑造形象，即文学。

综合艺术：综合地运用各种艺术所使用的材料和手段，在舞台或荧屏上塑造形象，如戏剧、影视。

文学是语言艺术。语言是塑造文学形象的媒介和手段，是文学形象的符号和载体。这就决定了文学与其他艺术相比，还具有自己独有的特征，既有其局限，又有其所长，从而使作家的工作"比起其他艺术家的任务较容易，也较困难。说它较容易，因为对语言进行诗的处理固然也需要一种有修养的敏捷才能，但是毕竟不须克服那么多的技巧方面的困难。说它也较困难，因为诗愈能把内容意蕴体现于具体外在事物，也就愈需要从艺术的真正内核（即深刻的想象和真正的艺术构思方式）之中去找到对感性方面缺陷的弥补"。

下面，分三个方面分析文学与其他艺术的不同点，也即文学形象的特点。

一、文学形象的间接性、意象性

（一）间接性、意象性的局限

其他艺术样式，由其塑造形象的媒介和材料的性质所决定，艺术形象都能直接作用于欣赏者的感官，使人们通过视觉、听觉和触觉，直接感受到形象。比如，绘画形象可见；雕塑形象既可见，又可触摸；音乐形象可听；舞蹈形象、戏剧形象、影视形象可见兼可听。而文学形象是由一系列词语按照一定的语法修辞关系组成的。词的实质性内涵是概念，是客观事物的内部联系和本质属性在人们头脑中的概括而抽象的反映。这样，作为观念符号的语言塑造成的文学形象缺乏色彩、线条所具有的直观性，也没有音乐符号的直感性。它不可能把现实世界货真价实地表现得直接可视、可听、可触摸。它更多地依靠读者的想象和联想，使之在作家意向引导下，间接地感受作品中形象的魅力。因而文学形象是观念中的形象，具有间接性、意象性，不如其他艺术形象具有直接性、强烈性。读者阅读文学作品，必须具有一定文字水平和文化素养，具有一定阅历，凭借自己的生活体验和阅读经验，方能在想象中建构起作家提供的文学形象。尽管人们常以有血有肉、栩栩如生等来形容文学形象，常说优秀的文学形象能使读者如临其境、如见其人、如闻其声，但毕竟不是直接见到、听到，而是在想象中见到、听到。

> **小贴士**
>
> 高尔基称赞托尔斯泰的语言艺术："他描写出来的形象，使人真想用手指去碰碰它。"这毕竟只是一种形容，是指托尔斯泰的描写达到了"浮雕般"的入木三分的惟妙惟肖境界，读者通过想象间接地感受和体会之后，才在脑海中清晰地浮现出来，甚至会情不自禁地真想用手指去碰碰。间接性、意象性的文学形象一般不如绘画、戏剧、影视等其他艺术形象那样具有感性力量的鲜明性、确定性，不同的读者感受到的文学形象往往会有较大的差异，甚至引起歧义。

（二）间接性、意象性能从更多侧面提供丰富的审美意蕴

换一个角度看，间接性、意象性的文学形象同时有其长处，便于从更多侧面提供形

象的丰富的审美意蕴，给读者留有想象和再创造的广阔天地。德国18世纪启蒙主义文学家、美学家莱辛曾经把文学和绘画做过比较。他认为，绘画便于摹绘让人一眼能够看到的人体的美，而诗人只能将美的各要素相继地指说出来，不可能获得像它并列时的那种效果。他以古希腊荷马写海伦的美为例指出，优秀的文学家，努力使读者"从效果上去感觉到它""把美所引起的热爱和欢欣描绘出来，那你就已经把美本身描绘出来了"。我国汉乐府诗《陌上桑》写罗敷的美也是历来为大家所称道的：写罗敷之美本须写容貌，但诗人偏无一言谈及其容貌，专写看罗敷者的心理活动来突出罗敷之美。《红楼梦》第三回，林黛玉初来贾府，作家先后从"众人""凤姐""宝玉"三个视角、三个观察点，并从人物关系和情节发展中来描写黛玉的外貌：

先通过"众人"所见写黛玉："众人见黛玉年纪虽小，其举止言谈不俗，身体面貌虽弱不胜衣，却有一段风流态度，便知她有不足之症。"

次借凤姐的视点写黛玉："这熙凤携着黛玉的手，上下细细打量一回，便仍送至贾母身边坐下，因笑道：'天下真有这样标致人儿！我今日才算看见了！况且这通身的气派竟不像老祖宗的外孙女儿，竟是嫡亲的孙女儿似的……'"

再借宝玉的眼睛来写黛玉："宝玉早已看见了一个袅袅婷婷的女儿……归了坐细看时，真是与众各别。只见：两弯似蹙非蹙罥烟眉，一双似喜非喜含情目。态生两靥之愁，娇袭一身之病。泪光点点，娇喘微微。闲静时如姣花照水，行动处似弱柳扶风。心较比干多一窍，病如西子胜三分。"

初来乍到的黛玉，这时候深得老祖宗的宠爱，因而也必然受到贾府上下的关注，气氛是融洽的，大家的审视都是友好的。但不同的人有不同的审美眼光，表现出审美意识的差异性。三幅不同角度、层次的肖像都是美的，但又各有不同的色彩："众人"眼中的黛玉比较客观，只见她年纪小、有教养、貌美、患病。凤姐和宝玉观察比较细致，眼中黛玉主观色彩强。脂砚斋对有关王熙凤看黛玉、夸黛玉这段描写极为赞赏，认为"真有这样标致的人物，出自凤口，黛玉丰姿可知。"还表现了凤姐和黛玉之间初步的感情交流，点示凤辣子敢在人人"敛声屏气"中"放诞无礼"的权威，也写出了凤辣子善于察言观色，奉承贾母，心机深细。宝玉看黛玉，则别具一格。在宝玉看来，"衣裙妆饰"是"不屑之物"，所以视而不见。他在初步的民主思想的熏陶下，在观察、比较生活中和作品中众多女性形象之后，在心坎里已不知不觉埋下了一个美丽高洁的理想的少女形象，即精神上的"意中人"。这个幻影般的"意中人"既朦胧，又逼真，梦回萦绕。如今黛玉突然出现在他面前，真好比"从天而降"。他用心灵的眼睛、诗人的气质观察黛玉的容貌举止，禁不住在灵魂深处热切地呼应："这个妹妹我曾见过的！"大有一见如故、相见恨晚的激动和感慨，表现了宝玉不同于凤姐也高出于众人的审美意识。

这样的肖像描写，确实是十分高明的。因为作家深知驾驭语言艺术的甘苦，懂得文学与绘画等艺术各有特点，避文学之所短，扬文学之所长，着意"就美的效果来描绘美"，充分激发起读者的好奇心、想象力，让欣赏者依循作品中不同人物的感受，根据自己的审美理想和审美经验，尽情地勾勒和描绘，直至在脑海屏幕上"摄录"下最满意的"镜头"。像这样通过读者的再创造活动而形成的人物形象的美，确实美不胜收，余味无穷。在对某一人物做肖像描写的同时，还初步点示了其他人物和这一人物之间的关系，起到了"一石几鸟"的艺术效果。这是绘画及其他艺术所难以企及的。

二、文学形象的广阔性

其他艺术在反映生活的广阔性、丰富性方面要受到较大的限制。比如，绘画和雕塑提供的是相对静止的平面和立体的瞬间形象。尽管作者选择的是神情和动作最富于生发性的瞬间，纵然是巨幅画卷，数十本一套的系列连环画，用以表现流逝的岁月、发展的事物和变化的生活，难度仍然很大；音乐和舞蹈长于抒情，拙于叙事和刻画人物；戏剧、电影、电视剧在这方面优于造型艺术和表演艺术，但作为综合艺术，最终是要在舞台上、荧屏上塑造艺术形象的，不能不受到时间、空间的约束。

文学所使用的语言文字是最自由灵活、最具可塑性、使用最方便的一种材料。高尔基曾以"不是蜜，但是它可以粘住一切"的民间谚语，说明语言具有穿透一切事物的巨大表现力。因此，文学不受时间、空间的限制，不受视觉、听觉的限制，能从宏观、微观、动态、静态、实的、虚的、确定的、模糊的，以及色彩、声音、味道、形体、神态动作等各个方面和各种角度去全方位地、多声调地把握世界。

（一）勾勒广阔多变的社会生活

鸟兽鱼虫、神仙鬼怪，上下几千年、纵横数万里，风起云涌的历史画卷、错综复杂的社会关系，文学都能通过语言表现得活灵活现。特别是长篇叙事作品，容量更大。

> **小贴士**
>
> 《三国演义》写了从东汉末年的黄巾起义直至西晋统一全国近200年的动乱历史；《水浒传》反映了北宋末年梁山好汉聚义、扩大、全盛、衰落、失败的全过程；《战争与和平》描写了19世纪初俄法战争的巨大历史画卷；《西游记》展现了一个神话世界，人、神、妖，天堂、龙宫、地府，变幻莫测，蔚为奇观。

（二）多侧面、多层次地刻画各种人物的个性

文学塑造人物，可以写一个人的一生，也可以写一生中的一个或几个片段；可以表现大事件，也可以捕捉小浪花；可以写人的现在，也可以回叙过去，推测未来；可以叙事，也可以抒情、议论。一部《红楼梦》共写了400多个人物，有灵性、有深度的文学形象当以数十计，可以陈列成一个长长的人物画廊。其中称得上独特、不朽的典型人物也有好几个。这在其他艺术样式是很难做到的。

（三）深入到人的复杂微妙的精神领域

有人说过，世间最广阔的是天空，比天空更广阔的是人的内心。人的精神领域是世界上最丰富复杂、最微妙莫测的。其他艺术当然也能表现人物的内心活动，但要受到许

多牵制。文学有更大的自由度，能通过语言，具体而精微地楔入到人物的灵魂深处，表现人类情感的多样性（除喜怒哀乐等基本情感外，还有众多情感分支）、复合性（多层次、多色调的情感交融）和多变性（不稳定的变幻状态）。

在人的精神领域中，有些是可以意会、可以言传的，有些细微的情思、瞬间的感受、隐蔽的欲念，则可意会而难把握，更难言传。作家要把难以把握、难以言传的东西通过语言媒介转化为审美形象，当然是很不容易的。陆机在《文赋》中早就道出了这种难处："恒患意不称物，文不逮意，盖非知之难，能之难也。"但比较起来，文学仍有比其他艺术特有的优势。因为语言毕竟是"一切事实和思想的外衣"，语言与人的感觉、知觉、认知力都有广泛的联系。大千世界的一切事物，人类头脑中的万般思绪、纤细的情感波动，终究都可以通过作家的艰苦劳动，得到精确的表现。"异地思念"是一种什么境界？张九龄《望月怀远》中说："海上生明月，天涯共此时。""离别之痛"该怎样描摹？柳永《雨霖铃》中写道："执手相看泪眼，竟无语凝噎。"铭心刻骨的爱该怎样表达？李商隐的名句道："春蚕到死丝方尽，蜡炬成灰泪始干。"这些写法仅仅是无数艺术传达方式中的一种，作家尽可依据自己的个性、特长，选择最恰切的语言文字，以最喜爱的审美方式来加以表达。正是在这个意义上，但丁认为："语言作为工具对我们的思想之必要正如骏马之于骑士，既然最好的马适合于最好的骑士，那么最好的语言就适合于最好的思想。"

三、文学形象的深刻性

任何艺术都浸润着作者的思想感情，都有一定的思想容量，蕴含着或强或弱的思想性。但在各种艺术门类中，比较而言，思想性最丰富、最深刻的当首推文学。

因为文学使用的语言是思维的直接现实，它的词语手段使它比其他艺术更能准确、深刻地揭示事物的实质，所唤起的情感又掺和着更多的理智因素。作家不但可以把自己的思想情感因素隐蔽地渗透于形象塑造之中，还可以通过叙述人的身份从旁议论、评价。特别是篇幅较大的文学作品，展示的社会生活面广，塑造的人物多，性格更复杂，主题更多义，揭示社会生活本质规律更加多侧面、多层次，更有典型意义，比其他艺术更能表达出历史的、哲学的力度和深度。

自然，强调文学作品再现和表现社会人生的深刻性，决不意味着文学可以像哲学、社会科学那样，用概念、判断、推理的理论形态去进行概括和说教。文学形象是思想性较强的，但其艺术表现力、感染力更强，文学的本质属性仍然是审美的。

尽管文学形象具有与其他艺术不同的显著特点，其他艺术也各有独特的风姿，但这些特点并不是绝对的，更不是排斥的。换言之，各门艺术之间既有相互区别的独立性，也具有彼此联系、渗透的一致性。区别其相异点，是为了最大限度地发挥各种艺术样式之长；指明其一致性，是为了让各门艺术在相互依存、相互渗透的基础上，彼此借鉴，取长补短，共同提高，并且在融汇、聚合之中萌生出新的艺术之花。

第三节 文学的综合审美功能

一、文学的综合审美功能的构成

文学作品一经问世,便会在社会上产生反响,服务于广大读者,这就是文学的社会功能。文学的社会功能是通过文学的特性,特别是文学的审美本质特性得以发挥的,是文学审美价值的外化和表现。因此,从总体上说,文学的社会功能就是文学的特殊的审美功能,这种特殊的审美功能是多质的、综合的。

(一)文学的审美认识功能

优秀的文学作品是一定社会生活的真实反映,能帮助读者认识人类社会的历史和现状,了解古往今来各个时代、各个国家、各个区域的经济政治、自然风光、世态人情,丰富人们的阅历,启迪人们的智慧,提高观察和认识社会人生的能力,所以被高尔基誉为"时代的生活和情绪的历史"。

> **小贴士**
>
> 钱锺书的长篇小说《围城》勾勒的是抗战时期的中国一批上层知识分子的人生情状。主人公方鸿渐学无专长,无所事事,尚不乏机智和正义感,入世又不愿入世,欲超脱却难以超脱。作品正是通过他精神上的困境以及周围一批个性各异的知识分子精神堕落的传神描写,为我们展示了一幅不可重复的"某一部分社会、某一类人物"的人生图画和心灵史,让我们由此领悟到各式人等赖以生存的那个社会的虚伪、污浊,在中国现代文学史上堪称别开生面,独树一帜。

文学的认识功能是一种审美的认识功能。这种认识有别于通过概念、判断、推理能够直接把握事物特征的理性认识,也不是客观事物的直接印象,是自始至终不脱离形象、想象和情感的审美的认识。人们的认识是在对形象的感受、品味中,自然而然地深化的。巴尔扎克对当时法国社会的抨击,不是理论的批判,而是如恩格斯所说,"富有诗意的裁判"。同样,谌容的《人到中年》这部中篇小说传达的生活哲理,也是人们通过作家精心塑造的陆文婷这一典型形象,在获得审美享受中不知不觉领悟的。

与文学的审美认识功能相类似的,或者说,在同一层面上的,还有预测、暗示等功能,从而形成文学的审美认识功能系列。

(二)文学的审美教育功能

优秀的文学作品是一定社会生活的正确、深刻的反映和评价,在读者的人生观、思想品格、道德情操的形成和发展中起积极作用,是读者的"生活教科书",良师益友。

文学史上有一大批表现进步思想和民主意识、鞭挞剥削制度罪恶的作品,如《诗经》中的不少佳作、屈原的《离骚》、杜甫的"三吏""三别"、元杂剧《窦娥冤》《西厢记》、小说《水浒传》《红楼梦》等,对今天的读者依然具有教育意义。俄国革命民主主义战士车尔尼雪夫斯基,被沙皇政府关禁多年,在一间狭小、潮湿、寒冷、臭气熏天的石屋里,骗过狱警和书报检查员,夜以继日地奋笔三个月,完成了长篇小说《怎么办》。在这部作品中,他既对俄国的黑暗现状做了毫不留情的抨击,又以极大的胆识和远见,描绘了一幅未来理想社会的蓝图,表达了一种新型的妇女观、恋爱婚姻观,塑造了作家心目中的新人形象。普列汉诺夫认为,自从印刷机输入俄国以来,很少有像《怎么办》这样的小说能对俄国青年产生如此深刻的激励。

现当代的优秀作品,由于有更先进的审美理想指导,更贴近读者的思想、心理、情绪,教育功能往往更加强烈、久远。《红岩》《青春之歌》《焦裕禄》《高山下的花环》中的主人公,成为广大读者特别是青少年热爱、学习的榜样。

文学教育功能是一种审美的教育功能,它是通过富有个性的形象感染人的。它对读者动之以情、融情于理,以情感唤醒理智,让读者在自觉自愿的审美活动中受到启迪,获得教益。读者和作家的关系,好比漫步在生活征途上的知心旅伴。读者不知不觉沉浸于作家所创造的艺术氛围之中,观察着个中的人世沧桑,体验着作家倾注其间的强烈爱憎,由欣赏而动情,由动情而移情,在感染熏陶中领略人生的真谛。

与文学的审美教育功能相类似的,或者说,在同一层面上的,还有评价、净化等功能,从而形成文学的审美教育功能系列。

(三) 文学的审美娱乐功能

优秀的文学作品是一定社会生活的艺术的、美的反映,能帮助读者培养健康的审美观念和情感,提高对生活中美、丑的鉴别能力,使读者得到美的享受,精神上的陶冶、愉悦、休息。

现实生活中的美往往具有易逝性、固定性的缺点,它对人们发挥其作用不能不受到时间、空间的局限。庐山瀑布、杭州西湖,诚然是美丽动人的,但并不是每个人都能亲临庐山、杭州一饱眼福;而李白的《望庐山瀑布》、苏轼的《饮湖上初晴后雨》是用文学样式精心表现美,不受时、空的限制,尽可流传千古,为中外亿万读者所享用。

现实生活中的美往往比较分散、零碎,不够鲜明、强烈,用文学手段创造出来的美,不但具有类似生活现象的可视、可听、可嗅、可触的具体、可感的特征,而且更集中、更浓烈,具有更高的审美价值。因为文学作品提供的美是作家在熔铸现实生活的基础上再创造出来的艺术美,是再现与表现的统一。比如,鲁迅在《故乡》中通过生花妙笔呈现在我们眼前的不只是逼真的少年闰土的形象,其中还饱含着作家对闰土的真挚的爱,以及对那美好童年的深沉的怀念。你看,那"深蓝的天空"中挂着的是"一轮金黄的圆月","海边的沙地"上种着"一望无际的碧绿的西瓜"。在此背景上跃动着明晃晃的项圈和钢叉。可谓浓墨重彩,情深意切。这种美在单纯的再现中是难以见到的。人们之所以不满足于现实生活中的美,心甘情愿花钱、花时间去品味、享受文学作品中的美,爱不释手,百看不厌,其原因即在于此。

文学的娱乐作用,也是文学作品不同于哲学、社会科学类著作的特殊功能。我国先秦时代就以"乐"作为艺术的总称,其中当然包含文学,并指出"乐者乐也"。古今中

外的名篇佳作，之所以能流传久远，受到代代读者喜爱，一个重要的原因，就是读者在获取美的享受中，得到情感的宣泄和满足、心灵的放松和愉悦。

娱乐作为一种文学功能，其本体属性是激励人奋发向上的。不同的作品对娱乐的追求有不同的表现。有的侧重些，有的淡化些。比较而言，一般被称为通俗文学的作品，更注意覆盖面，讲究可读性，多一些娱乐性。在通俗文学与庸俗文学之间画等号是绝对错误的，娱乐性确实存在着健康与低俗之分。有些作品一味迎合低级情趣，美其名曰娱乐性，那是南辕而北辙。

文学的娱乐功能是审美的娱乐功能。文学有自娱和娱他的传统，但并非有娱乐功能的都是文学。下棋、打扑克、玩电子游戏，是娱乐，但非文学。爱因斯坦说："艺术作品使我亲身受到一种最高的幸福的感受……这种享受是在任何其他方面所得不到的。"文学娱乐功能是要在审美活动中得到实现的，是一种高品位的审美娱乐。

与文学的审美娱乐功能相类似的，或者说，在同一层面上的，还有宣泄、补偿等功能，构成文学的审美娱乐功能系列。

二、文学诸功能的关系

文学的审美认识功能、审美教育功能、审美娱乐功能，均是文学功能的题中应有之义。三者有所区别，在不同题材、体裁、容量、风格的作品中，可以各有侧重，又不可分割，彼此渗透。

文学以独有的姿质、方式为人们提供着对人与社会、人与人、人与自然、人与自我的认识价值。文学的审美价值不应该是与文学的认识价值不相关的孤立的自我封闭系统，审美价值只有在文学产生了广泛深远的认识意义的同时才能得到最理想的实现。因此，文学的认识功能是审美功能的必不可少的存在基础。

> **小贴士**
>
> 文学的真实性必然同文学的倾向性相结合，具有思想因素、情感因素、道德因素。优秀的作家总在追求着更合理的人生，好比人生征途上的执火者。他们的作品，是心灵的明灯，是进击的利器。因此文学的教育功能也不会妨碍文学的审美价值，而是引燃审美价值所必不可少的火炬。

思考题

1. 简述文学的审美内涵。
2. 从三个方面分析文学与其他艺术的不同点。

第八章　文学欣赏

学习目标

1. 了解文学欣赏的性质与意义；
2. 理解文学欣赏的特点与规律；
3. 掌握文学欣赏能力的培养。

文学欣赏是一种审美活动，其基本心理特点就是审美主客体间的双向沟通。这种双向沟通不仅要求作品（审美客体）具有美的属性，而且要求欣赏者具备欣赏这种美的审美意识。美并非客体自身固有的自然属性，而是人赋予客体的，是以客体自然属性为载体的价值属性。客体的内容与形式要完美地构成一种"有意味的形式"，这种"有意味的形式"还必须符合欣赏主体的审美意识（审美理想、审美情趣、审美能力）。"会己则嗟讽，异我则沮弃"（刘勰《文心雕龙》），人们对作品迎或拒，无论是情绪反应，还是理性判断，都有很强的主观色彩，都要受固有价值观（主要是审美意识）的左右。只有当寄寓作家审美情感体验的艺术形象与欣赏者的审美意识较大程度地相互契合，审美过程才能顺利完成，欣赏者才能被作品感动，作品才能被欣赏者接纳。所以一部作品成功乃至成为不朽名著，其引起广泛社会轰动的原因，既不能仅到作品中去寻找，也不能仅到欣赏者中去寻找，而要到作品与欣赏者的关系中去寻找，要到作品与欣赏者的沟通条件中去寻找。

文学欣赏与文学创作一样，都是主客体相互契合的审美活动。欣赏者主体条件各不相同，文学欣赏中会呈现出各种复杂现象。深入剖析这些现象，从中发现文学欣赏中的差异性与一致性，理解"共鸣""读者群"等重要现象，对我们充分认识审美接受主体在文学欣赏中的地位、作用及文学价值实现的客观规律都具有十分重要的意义。

第一节　文学欣赏的性质与意义

一、文学欣赏的性质

（一）文学欣赏与接受美学

文学欣赏是人们在阅读文学作品过程中所产生的一种审美的认识活动。人们在阅读文学作品时，被作品的艺术形象吸引，对形象进行感受、想象、体验和品味，从而获得审美享受，这就是文学欣赏。

文学欣赏是整个文学实践活动的一个重要环节，因而对于文学欣赏的理论探讨构成了文学理论的一个重要组成部分。我国古代有些文学家已开始就文学欣赏问题进行理论思考，提出了一些精辟的见解。例如，刘勰《文心雕龙·知音》，就是一篇欣赏论。文中提出的"缀文者情动而辞发，观文者披文以入情"，便涉及文学创作和文学欣赏的对应关系，所谓"缀文者"是指作家，"观文者"是指读者。文学创作和文学欣赏是密切相关的，而其具体活动程序则正好相反，前者是"情动而辞发"，后者则是"披文以入情"，两者的中介因素便是文学作品。德国19世纪作家赫贝尔也说过："不论是谁，当他把一件艺术作品完全受用时，他所经过的进程和艺术家创作作品时所经过的进程相同——只不过受用者将创造者的次序倒转且增加他的速度而已。"

20世纪60年代西方兴起的接受美学对于艺术欣赏问题提出了一些新的美学见解，其理论成果值得予以重视。

接受美学的理论基础是新阐释学。新阐释学的奠基者波兰哲学家罗曼·英伽顿认为，文学作品的文本只能提供一个多层次的未定点，只有在读者一面阅读一面将它具体化时，作品的意义才逐渐地表现出来。换言之，读者并不是被动地接受作品文本的信息，而是不断地参与信息的产生过程。新阐释学后来在德国发展成接受美学，其代表人物是姚斯和伊瑟尔。1967年姚斯发表《文学史作为向文学理论的挑战》这篇接受美学的理论宣言，接受美学便作为独立的学派崛起。他的《走向接受美学》《恢复愉悦》等均是接受美学的重要著作。另一位接受美学理论家伊瑟尔的主要著作是《本文的召唤结构》和《阅读活动》。

接受美学高度重视读者的阅读过程，认为整个文学活动作为一个大过程应包括两个小过程，即从作者到作品的过程和从作品到读者的过程，也就是作品的创造过程和作品的接受过程，这个完整的文学过程称之为"动力过程"。在这个过程中，作者赋予作品发挥某种功能的潜力，而读者则实现了这种功能。任何功能都不能由作品自身实现，而必须由读者在接受过程中实现。文学文本不等于文学作品。任何文学文本都不是一个独立、自为的存在，仅仅是一个未完成的、本身并不能产生独立意义的开放的图式结构；它的意义的实现，它之变为文学作品，只能靠读者的阅读将其具体化，即靠读者以期待视野、流动观点，以感觉和知觉经验多层面地将它蕴含着的空白处填充起来，使它的未定性得以确定；没有读者的阅读具体化，文学文本只是潜在的文学作品，真正的文学作品是未定性的文学文本与读者阅读的具体化交互作用的结果。

> **小贴士**
>
> 例如一部小说，在读者阅读之前，只不过是一叠印着铅字、经过装帧的纸张，如同一部电影在向观众放映之前，只不过是一堆正片胶卷一样。只有当作品为读者所阅读和理解时，才能获得艺术生命。

接受美学认为，一部作品的生命力，没有读者的参与，是不可想象的。一部文学作品不仅是为读者创作的，而且也需要读者，有了读者才能使自己成为一部真正的作品。

接受美学认为，读者在整个"动力过程"中，不是被动的反映环节，而是主动的力量，具有推动文学创作过程的功能。读者的阅读是一个充分的、广阔而自由的阐释和再创造的过程。每个人都以自己特有的方式，按照自己的生活经历的特殊性、艺术修养、艺术趣味、个人气质、倾向和兴趣、教养和理想，来感受、体验、解释和理解一部作品。每个人的艺术感不同，对文学的要求和对待文学的态度也不同。对文学作品的实现来说，读者的接受过程比文本的产生更为重要。读者不仅是实现作品功能潜力的主体，而且也是推动新的文学创作的动力。因此，不能把文学过程简单地设想成作家为读者创作作品、作品对读者发生影响。尤为重要的是，在整个文学过程中，读者影响作家的创作，是推动文学创作、促进文学发展的一个决定性因素。因此，在整个文学活动中，不是作家为主，而是读者为主。

尽管接受美学有不尽科学和失之偏颇之处，例如过分强调阅读活动的主动性和创作活动的被动性，过分抬高读者在整个文学活动中的地位而过分贬抑作家的地位。然而总体而言，对于我们充分重视文学欣赏在全部文学实践中的地位和作用，深入认识文学欣赏的性质、特点和规律，是颇有启迪的。它的不少见解富有创造性，值得认真研究和借鉴。

（二）文学欣赏是一种审美活动

文学欣赏本质上是一种审美活动，具有审美意识的一般特征。但文学欣赏又具有不同于一般审美活动的特点，这是由于欣赏的对象不同。一般的审美活动是对现实美（包括自然美和社会美）的观照，而文学欣赏则是以文学作品所提供的艺术美作为审美的对象。艺术美是现实美的更集中、更概括、更典型、更理想的反映，它来源于现实美，却高于现实美。在某种意义上说，艺术美是自然美和社会美、内容美和形式美的高度和谐的统一，因而对艺术美的欣赏便远远高于对现实美的审美。审美意识是感知、情感、想象、理解综合的整体心理结构，这些审美心理因素在任何一种审美活动中都是不可缺少的。但自然美偏重于感性、形式，相应地对自然的审美偏于情感和想象；社会美偏重于理性、内容，相应地对社会的审美偏于感知、理解和思索。艺术则把自然美的感性、形式和社会美的理性、内容高度融合起来，因而在文学欣赏中，感知、情感、想象、理解诸种心理因素便在更高、更深的层次上和谐自由地统一起来。

文学欣赏既然以文学作品作为特定的审美对象，因而文学作品的审美特点便从根本上决定了文学欣赏的特点。文学作品以其具体生动的形象和热烈深沉的感情对读者产生强大的感染力，使读者不知不觉地沉浸于作品所描写的生活情境之中，甚至可以达到形神交会、物我两忘的境地。文学欣赏是在读者乐意接受的情况下进行的，人们欣赏文学作品出于自觉自愿，不能人为强迫，这同人们出于某种明确的目的，在理智的支配下，刻苦攻读科学理论读物是很不相同的。

> **小贴士**
>
> 鲁迅在谈到观众看戏时说过:"看客的取舍,是没法强制的,他若不要看,连拖也无益。"艺术欣赏如此,文学欣赏同样如此。缺乏审美特点和艺术魅力的作品不可能引起人们积极的欣赏活动。

文学欣赏同阅读科学理论著作时的认识活动具有不同的性质和特点。人们在阅读科学理论著作时,主要是运用抽象思维,从理智上去把握阅读对象所阐发的科学原理,在这个过程中,读者的理解力和思考力起着主要的作用。而在文学欣赏过程中,读者是运用形象思维,自始至终处于活跃的状态,读者审美的感受力和想象力起着突出的作用,并且伴随着丰富热烈的情感体验。我国古代许多有关诗歌鉴赏的经验之谈就涉及文学欣赏的性质问题。例如,魏庆之《诗人玉屑》卷十三载"晦庵(朱熹)论读诗看诗之法""全在讽诵之功""诗须是沉潜讽诵,玩味义理,咀嚼滋味,方有所益"。刘开《读诗说》云:"读诗之法奈何?曰:从容讽诵以习其辞,优游浸润以绎其旨,涵泳默会以得其归,往复低回以尽其致……是乃所为善读诗也。"所谓"沉潜讽诵""咀嚼滋味""优游浸润""涵泳默会"等,均是指文学欣赏中的形象思维这一审美性质的特点。

二、文学欣赏的意义

(一)通过欣赏发挥文学作用

我们已经知道,文学具有审美教育作用。然而,这种社会作用的发挥,有赖于通过广大读者的文学欣赏活动。如果作品没有经过读者的欣赏,它的社会功能还是潜在的,还没有产生实际的效果。只有通过文学欣赏,才能使文学的审美教育作用由潜在变为现实。可以说,文学欣赏是作品与读者、作家与群众、文学与现实之间相互联系的纽带,是文学反作用于现实的必不可少的中间环节。

文学欣赏是有广泛的群众性的。凡是有一定阅读能力的人,不分男女老少,差不多总要读一点文学作品。即使不识字的人,通过听广播、看电视等各种途径,也经常接触文学作品,实际上也参加了文学欣赏活动。诚如别林斯基所说:"文学不能够没有公众而存在,正犹如公众不能够没有文学而存在。"

文学作品总是通过人们心甘情愿的欣赏活动产生多方面的社会影响,这种影响是潜移默化的,又是不可抗拒的;是无形的,又是异常深刻的。著名的共产主义活动家季米特洛夫,当他刚参加革命不久,读了车尔尼雪夫斯基的长篇小说《怎么办》,精神上受到巨大的影响,他说:"毫无疑义,青年时代这个良好的影响帮助我成长为一个无产阶级革命者。"

由于文学通过文学欣赏发挥社会作用,因此历史上的统治阶级很重视文学欣赏。在封建社会中,封建统治阶级一方面提倡阅读宣扬"三纲五常"这一类的作品,另一方面则禁止人们阅读具有反封建的民主精神的作品,《西厢记》《牡丹亭》《水浒传》《红楼梦》等曾被列为禁书。

(二) 文学欣赏对文学创作的影响

文学作品的社会作用既然必须通过群众的文学欣赏才能实现，那么，作家在创作时就不能不考虑群众的欣赏问题；作家创作作品总是供群众欣赏的，否则他的创作就无目的可言。文学创作和文学欣赏的这种相互联系、相互制约的关系是客观存在的。马克思曾经把文学创作和文学欣赏的关系比作生产和消费的关系。他说："艺术对象创造出懂得艺术和能够欣赏美的大众。——任何其他产品都是这样。因此，生产不仅为主体生产对象，而且也为对象生产主体。"一方面，文学创作是为了满足群众的欣赏需求，培养和提高了群众的欣赏能力；另一方面，群众的欣赏要求、欣赏习惯、审美情趣等，又给作家的创作以积极的影响。例如近几年来，我国短篇小说和微型小说的繁荣，与广大读者的需要和爱好有关。这表明艺术消费对艺术生产具有不容忽视的刺激和推动作用。鲁迅在谈到如何发展木刻时就强调过这一点："首先是在引起一般读书界的注意，看重，于是得到鉴赏，采用，就是将那条路开拓起来，路开拓了，那活动力也就增大；如果一下子即将它拉到地底下去，只有几个人来称赞阅看，这实在是自杀政策。"

正因为文学欣赏和文学创作有如此密切的关系，所以优秀的作家总是十分重视群众的欣赏要求和审美情趣，力求使自己的作品能受到群众的赏识和欢迎。我国文学史上流传着大诗人白居易请老妪解诗的传说，《冷斋夜话》记载："白乐天每作诗，令一老妪解之。问曰：'解否？'妪曰解，则录之。不解，则易之。"现代著名作家赵树理十分重视倾听读者的呼声，了解读者对自己作品的反映，努力使自己的作品能为广大群众尤其是农民群众所喜闻乐见，因而他的作品如《小二黑结婚》等深受群众的欢迎。作家关心读者的欣赏要求，是文学创作中一个规律性的现象，也是文学创作取得成功的一个重要条件。

作家在创作过程中，对于群众的欣赏要求和艺术情趣应当加以科学的分析，采取正确的态度。一方面，作家应当充分尊重广大群众正当的欣赏要求和习惯，以自己的创造性劳动去满足群众多方面的精神需要。别林斯基说过："对于文学来说，公众是最高的审判，最高的法庭。"任何作品，如果不能为广大群众所接受和欢迎，那就不可能产生积极的社会影响，它的生命力必然是短暂的、微弱的，那种无视广大群众的实际欣赏能力和合理审美要求的创作倾向，显然是错误的，对艺术的繁荣是不利的。有人鼓吹：越是群众看不懂的作品，就越高雅。这是荒谬的。鲁迅说得好："文艺本不应该并非只有少数的优秀者才能鉴赏……倘若说，作品愈高，知音愈少。那么，推论起来，谁也不懂的东西，就是世界上的绝作了。"托尔斯泰也说过："艺术不可能只因为它很优美才不能为广大群众所理解……艺术之所以不为广大群众所理解，只是因为这种艺术很坏，或者甚至根本不是艺术。"然而作家也不能片面地迎合和迁就群众中少数人不健康的欣赏要求和审美情趣，以至把文学作品混同于普通的商品，单纯地追求经济效益，而不顾及作品的社会效果。鲁迅就曾对片面地"迎合大众，媚悦大众"的创作倾向提出过批评，指出："迎合和媚悦，是不会于大众有益的。"对于少数人不健康的欣赏要求和审美情趣，作家有责任通过自己创作的精美作品加以积极的诱导。

第二节 文学欣赏的特点与规律

一、文学欣赏的再创造和再评价

（一）文学欣赏的再创造

　　文学欣赏对于欣赏对象不是被动消极地接受，而是进行能动的再创造。欣赏者面对欣赏对象，调动自己的生活经验和感情记忆，按照自己的审美习惯和愿望，通过联想和想象，对作品的形象加以补充，使艺术形象更臻丰满，并且使它们活起来。没有欣赏者能动的再创造，艺术形象的许多特性就显示不出来，作家寄寓于形象中的思想感情，作品所蕴含的思想意义，就不可能被认识和把握。《红楼梦》第四十八回写香菱学诗，香菱同黛玉谈对王维一首诗的体会，说："'渡头余落日，墟里上孤烟'，这'余'合'上'字，难为他怎么想出来的！我们那年上京来，那日太晚，便挽住船，岸上又没有人，只有几棵树，远远的几家人作晚饭。那样烟，竟是青碧连云。谁知我昨儿晚上看了这两句，倒像我又到了那个地方。"在这里，就包含着欣赏者香菱对王维诗句的艺术形象的再创造。对于艺术形象的再创造，不仅需要有丰富的生活经验，而且需要活跃的创造性想象。别林斯基谈到阅读《哈姆雷特》时说，哈姆雷特的"整个看得见的个性"必须由欣赏者自己规定，"必须不依赖莎士比亚，根据你的主观性去想象他""你到处感觉到他的存在，但却看不到他本人；你读到他的语言，但却听不见他的声音，你得用自己的幻想去补足这个缺点，这幻想虽然完全依存于作者，但同时也是不受他拘束的"。王朝闻也说："欣赏活动，作为一种受教育的方式或过程，应该说不是简单地接受作品的内容，对于欣赏者自己来说，当他受形象所感动的同时，要给形象作无形的'补充'以至'改造'。"在这方面，接受美学学者托多洛夫也说："阅读不仅是一种展现作品的活动，而且也是一种补充过程。"

　　文学欣赏既然是一种能动的再创造的过程，因此，欣赏者的主观条件与欣赏的再创造具有很大的关系。首先，文学欣赏中的再创造要受到欣赏者生活经验的影响。欣赏者生活经验不同、阅历深浅相异，对作品的感受、体验和理解便不同。鲁迅说过："文学虽然有普遍性，但因阅读者的体验不同而有变化，读者倘没有类似的体验，它也就失去了体验。欣赏者如果没有相应的生活经验，会给文学欣赏带来局限。反之，欣赏者生活经验越丰富，就越能发挥主观能动性，对作品的艺术形象进行创造性的补充和发挥。"其次，欣赏者的思想观点和心理状态对文学欣赏的再创造也有重大影响。欣赏者的思想观点如果与作品格格不入，他对作品就不可能产生深切的感受和体验，更谈不上对作品进行再创造。如果欣赏者的思想观点同作品相一致，就能引起强烈的共鸣，充分调动主观能动性，甚至浮想联翩，万象俱呈。欣赏者心境愉悦时，即使阅读悲剧性作品，也可能给作品抹上一层明快的色彩。而欣赏者心境恶劣时，即使阅读喜剧性作品，也难以引起愉悦之情。杜甫诗曰："感时花溅泪，恨别鸟惊心。"这种情形不仅在文学创作中存在，在文学欣赏中也同样存在。再次，欣赏者的艺术修养和审美能力对文学欣赏的再创造也有重大影响。由于欣赏者的艺术修养和审美能力的差异，他们所再创造的形象的丰富或贫乏是大不相同的。

（二）文学欣赏的再评价

在文学欣赏中，欣赏者不仅对欣赏的作品加以再创造，而且还加以再评价。艺术形象蕴含着作家对描写的生活现象的态度和评价，但这种态度和评价不是以直接的议论形式表现出来，而是有机地浸透于艺术形象之中。因此，在欣赏过程中，欣赏者需要通过自己的体验重新进行一番认识和批评，这就是再评价。作家的主观评价是结合他自己的思想感情对客观生活的评价，而欣赏者的再评价则是结合欣赏者的思想感情对作家所反映的生活加以重新认识的结果。对艺术形象来说，欣赏者的再评价是直接的，但对作品所反映的生活来说，却是间接的。如同再创造一样，再评价的结果，决不会是作家评价的简单重复。欣赏者的再评价可能与作家的评价基本一致，也可能与作家的评价大相径庭。

> **小贴士**
>
> 例如，《水浒传》中的潘金莲形象，通过一系列艺术描写，我们不难断定作者是将她视为十恶不赦的"淫妇"，予以无情的鞭挞。然而，在今天的许多读者看来，潘金莲固然有丑恶、凶残的一面，但是她的人生际遇毕竟是悲剧性的，有值得寄予同情的另一面。在文学欣赏中，由于欣赏者主观条件的差异，各人对同一部作品所做的评价不可能是雷同的。鲁迅在谈到人们对《红楼梦》的评价时说过，同是一部《红楼梦》，"单是命意，就因读者的眼光而有种种：经学家看见《易》，道学家看见淫，才子看见缠绵，革命家看见排满，流言家看见宫闱秘事"。这种仁者见仁、智者见智的现象，在文学欣赏中是普遍存在的。在文学创作中，往往有这种情形：作家描写了某些生活现象，但他并未认识到其本质意义。思想水平较高的欣赏者就可能发现艺术形象所隐藏的客观意义，甚至纠正作家对他所描写的生活现象所做的错误判断。文学的审美教育作用不仅表现在欣赏过程中被作家的思想感情感染而获得熏陶和教益，而且也在于欣赏者在接受过程中能动地思索作品的意义，以自己所发现的作品的客观意义来丰富和深化自己的思想认识。

（三）文学欣赏的再创造和再评价不可分割

在文学欣赏中，再创造和再评价是感受和理解艺术形象过程中两个互相联系的不同方面，两者在欣赏活动中互相作用，不可分割。欣赏者依靠他自己对形象的感知以至体验、想象在自己的头脑中构成一定表象的过程，也就是他逐步深入思索形象的意义的过程。在再创造和再评价相统一的基础上，欣赏者才能够与作者的思想和艺术形象发生共鸣，从而有效地实现艺术的教育作用。

文学欣赏中的再创造和再评价表明文学欣赏具有主观能动性。但是这种主观能动性是以欣赏对象所提供的艺术形象为客观基础的，决不是主观随意的。文学作品的艺术形象作为艺术创造的精神产品，一经形成，便具有客观性和确定性，是不容任意变更的。欣赏者只能在客观的欣赏对象的基础上发挥主观能动性，而决不能脱离欣赏对象随心所欲地加以改造、重铸，以致弄得面目全非。在欣赏活动中，再创造和再评价都要受到作品艺术形象的制约，这是被动中的主动、制约中的能动。欣赏者再创造的形象应当与作家创造的形象保持大体的一致，欣赏者的再评价与作家的评价在性质上也不应当是背向的。总之，无论是再创造，还是再评价，都是主观性与客观性相统一的。

二、文学欣赏的差异性和共同性

文学欣赏具有广泛的群众性，但它总是通过个体的活动来实现的。在文学欣赏中，个体差异表现得极为明显，这也是一般审美活动的一个基本特点。审美感受离不开主观的感性的愉快，各人都有理由保持自己的爱好和趣味，审美趣味的差异性是普遍存在的一种社会现象。每个人由于社会地位、生活经历、文化素养、性格气质以及职业、年龄、心境等互不相同，形成了各自不同的个性，就使审美趣味存在着明显的个体差异性。人们对文学作品的欣赏要求是千差万别的，有的喜爱壮美，有的追求柔美；有的陶醉于华丽之美，有的倾心于朴素之美；有的以奔放为美，有的以奇巧为美。我国民族传统艺术中的"错彩镂金"之美与"出水芙蓉"之美，两者各拥有众多的欣赏者。正如刘勰所说："慷慨者逆声而击节，酝藉者见密而高蹈，浮慧者观绮而跃心，爱奇者闻诡而惊听。"文学欣赏中的个性差异表现于各个方面，涉及不同的题材、体裁、风格、流派等。同是小说，有的爱长篇，有的嗜短章；有的喜读情节离奇的惊险故事，有的欣赏朴实无华的生活速写。同是戏剧，有的喜爱惊心动魄的悲剧，有的喜爱妙趣横生的喜剧。对于具有不同风格的作家，也各有所爱。

> **小贴士**
>
> 例如王安石喜欢杜甫，而不大喜欢李白；欧阳修则欣赏李白，而不大欣赏杜甫。甚至对同一篇作品，不同的欣赏者也各取其所爱。例如，对南唐李璟的《摊破浣溪沙》，王安石特别赞赏"细雨梦回鸡塞远，小楼吹彻玉笙寒"两句，认为是写江南最好的词；王国维则不以为然，他特别欣赏"菡萏香销翠叶残，西风愁起绿波间"，称这两句词"大有众芳芜秽，美人迟暮之感"。此类例子不胜枚举。

文学欣赏的个体差异不仅表现在个人爱好和趣味的差异上，而且还表现在各人总是以自己独特的方式去感受对象，各人在方向选择、敏感程度、注意程度、侧重点等方面均不尽相同，从而使他们在形象的体验、想象和对作品内容的领悟、理解上也有所不同。所谓"有一千个读者，就有一千个哈姆雷特"，就是指这种现象。

第八章 文学欣赏

文学欣赏中的个性差异，也就是"偏爱"，是十分普遍的现象。凡是正当的"偏爱"，是无可非议的，不必强求一致，也无法强行统一。这种审美个性的差异，正是"世界上最丰富的东西——精神"的折光。只要不"嗜痂成癖"或"嫉美如仇"，虽有所偏却不以偏强人，仍不失为一种正常的欣赏态度。

文学欣赏的个性差异，反映了人们艺术需要的丰富多样性。它不但有助于欣赏趣味的互相交流，有助于审美鉴赏力的比较与提高，而且也是推动不同题材、体裁、风格、流派的文学作品百花齐放的一个积极因素。在文学史上，我们可以看到许多优秀作家，总是能够充分考虑到人们欣赏要求的多样性，以自己的创作去满足人们丰富多样的审美要求。有些杰出的作家甚至能以几副笔墨写出绚烂多彩的作品，吸引了爱好各异的众多的人。

> **小贴士**
>
> 王安石赞誉杜甫诗："悲欢穷泰，发敛抑扬，疾徐纵横，无施不可……有平淡简易者，有绚丽精确者，有严重威武若三军之帅者，有奋迅驰骤，若泛驾之马者，有淡泊闲静若山谷隐士者，有风流蕴藉若贵介公子者。"这便是一个突出的例子。

审美趣味是社会历史发展的产物。每一个时代特定的物质生活条件以及政治、哲学、道德、宗教等观念，乃至不同民族传统的文化心理等，均会给审美趣味以这样或那样的影响，使个体的审美趣味在不同程度上打上时代、民族和阶级的烙印。因而，审美趣味的个体差异性必然反映出时代、民族和阶级的差异性。千差万别的审美趣味，既体现了个体的个性特征，又在一定程度上体现出时代的、民族的、阶级的特征。例如，我们当代广大读者，尽管欣赏爱好各不相同，但是，对于健康、进步的文学作品总是普遍喜爱的；反之，对于颓废的、腐朽的文学作品会予以普遍的抵制。

在文学欣赏中，不同个人、不同时代、不同民族、不同阶级有着不同的审美趣味，对同一作品有着不同的审美感受和审美评价。但同时，不同个人、不同时代、不同民族、不同阶级，又有相同或相近的审美趣味，对同一作品往往有着相同或相近的审美感受和审美评价。可见，文学欣赏既具有差异性，又具有共同性。事实上，审美趣味的共同性，大量存在于日常生活之中。以自然美来说，鲜艳的花朵、秀丽的山水、灿烂的朝霞、皎洁的明月是人们所共同欣赏的。以社会美来说，对祖国的热爱、对真理的追求、坚贞的爱情、深挚的友谊是人们所共同赞美的。在文学欣赏中，人们对于艺术美的欣赏同样具有共同性。

> **小贴士**
>
> 屈原的《离骚》、司马迁的《史记》、王实甫的《西厢记》、曹雪芹的《红楼梦》等文质兼美的名篇佳作，为历代人们所普遍喜爱。我们充分肯定文学欣赏的差异性，但决不能由此否定文学欣赏的共同性。

第三节 文学欣赏能力的培养

一、文学欣赏能力的标志

文学欣赏需要具备客观和主观两方面的条件。客观条件，便是文学作品，文学欣赏以文学作品为对象，没有文学作品，自然不可能引起文学欣赏。但是，仅有客观条件，而无必要的主观条件，仍无法引起文学欣赏。作品之所以能够被欣赏，是由于欣赏者具备了相应的主观条件。文学欣赏活动是作品作用于欣赏者的思想感情的过程，同时也是拥有一定审美能力的欣赏者对于作品进行感受和理解的过程。具有一定审美价值的文学作品要求欣赏者具有与之相适应的审美能力。马克思指出："从主体方面来看，只有音乐才能激起人的音乐感，对于不辨音律的耳朵来说，最美的音乐也毫无意义，音乐对它说来不是对象，因为我的对象只能是我的本质力量之一的确证，从而，它只能像我的本质力量作为一种主体能力而自为地存在那样对我存在着，因为对我说来任何一个对象的意义（它只是对那个与它相适应的感觉说来才有意义）都以我的感觉所能感知的程度为限。"鲁迅认为，欣赏文艺，"读者也应有相当的程度，首先是识字，其次是有普通大体的知识，而思想和情感，也应达到相当的水平线"。郭沫若谈到文艺欣赏时，十分重视读者的"感受性"和"教养程度"，他结合个人的亲身体验说："感受性的定量属于个人，在一定限量内，个人所能发展的可能性，依教养的程度而丰啬。同是一部《离骚》，在童稚时我们不曾感到甚么，然到目前我们能称道屈原是我国文学史上第一个有天才的作者。"茅盾认为读者应具有"能够看出作品好不好，好在哪里坏在哪里"的"欣赏力"。可见，欣赏者的一定的欣赏能力是文学欣赏活动的必备条件之一。在文学欣赏中往往有这么一种情况，对于同一部文学作品，有的理解得正确，有的却做了错误的理解；有的领悟深刻，有的则很肤浅。究其原因，就在于欣赏能力的差异。欣赏能力越强，欣赏活动就越充分，越深刻，越能收到效果。反之，欣赏能力不高，欣赏活动就难以取得圆满的效果。

（一）敏锐的感受力

文学欣赏活动总是从欣赏者对于作品艺术形象的感受开始的，感受力在文学欣赏过程中起着十分重要的作用。人们初读文学作品，是以感受的直接性和灵敏性为特点的。

高度的欣赏能力首先表现为敏锐的感受力。作家的创作是从个别的、具体的事物出发，通过虚构和集中，创造成典型的形象，将生动鲜明的现实画面转化为文字描绘。感受文学作品的读者仿佛进行相反的工作，把文字描绘转化为鲜明生动的现实形象和现实画面。高尔基谈道："当我在巴尔扎克的长篇小说《驴皮记》里，读到描写银行家举行盛宴和二十来个人同时讲话因而造成一片喧声的篇章时，我简直惊愕万分，各种不同的声音我仿佛现在还听见。然而主要之点在于，我不仅听见，而且也看见谁在怎样讲话，看见这些人的眼睛、微笑和姿势,虽然巴尔扎克并没有描写这位银行家的客人们的脸孔和体态。"在阅读文学作品时,能以亢奋的心理状态,心往神驰于作品所创造的艺术境界,敏捷地把语言形象转化为视觉形象和听觉形象,如见其人,如闻其声,仿佛作品中的整个生活场景就呈现在眼前,连各个细部都历历在目,这正是敏锐的感受力的表现。高尔基在谈到托尔斯泰作品的人物塑造时说:"刻画的形象巧妙到这样的程度,你会感觉到他的主人公的肉体的存在;他仿佛站在你的面前,你想用手指去触摸他。"这固然是对托尔斯泰的卓越的艺术造诣的赞语,但同时也反映了高尔基的高度的审美能力,在他的艺术感受中,语言形象甚至可以转化为触觉形象(当然这种触觉形象并非真正的实体)。相反,在缺乏感受力的读者面前,即使是最出色的艺术描绘,也会黯然失色的。

(二)丰富的想象力

黑格尔说过:"真正的创作就是艺术想象的活动。"文学创作需要想象,文学欣赏也需要想象。这是在对形象的敏锐感受后所产生的艺术想象。离开一定的想象,不仅谈不上文学欣赏中的再创造,而且连形象的感受也会受到限制。因为文学作为语言艺术,它的形象具有间接性,不同于造型艺术和表演艺术,可以直接诉之于人们的感觉器官,只有凭借想象,才能具体地感受到。在文学欣赏中,想象与感受是互相依赖的。对形象有较深的感受,才有自由的想象;有自由的想象,才能对形象有较深的感受。

想象是一种创造性的心理活动。人在反映客观事物时,不仅感知当时直接作用于主体的事物,而且还能在头脑中创造出新的形象,即没有直接感知过的事物的形象。这种特殊的心理活动,称为想象。按照想象内容的独立性、新颖性和创造性的不同,想象可分为再造性想象和创造性想象两类。再造性想象是主体在经验记忆的基础上,在头脑中再现出客观事物的表象。创造性想象则不只是再现现成事物,而且能创造出新的形象,包括文学欣赏在内的一切审美活动,总需要有所发现,有所增添,才能产生新鲜的、愉快的感受,所以它经常总是既熟悉又不熟悉的。这就是再造性想象和创造性想象的结合与统一。

在文学欣赏中,丰富的想象力表现为在对象中有所发现和有所补充,想象出没有直接出现于形象中的生活,同时感到再创造的喜悦。巴尔扎克在小说《幻灭》中指出:"真正懂诗的人会把作者诗句中只透露一星半点的东西拿到自己心中去发展。"果戈理在欣赏普希金的诗之后写道:"他这个短诗集给人呈现了一系列最炫人眼目的图画。这里是一个明朗的世界,在这个世界里,自然是被生动地表现了出来,好像是一条银色的河流,在这急流里鲜明地闪过了灿烂夺目的肩膀,雪白的玉手,被乌黑的鬈发像黑夜一样笼罩着的石膏似的颈项,一丛透明的葡萄,或者是为了醒目而栽植的桃金娘和一片树荫……"这便是丰富的想象力的表现。

(三)准确的判断力

审美意识是在知觉和快感的反映形式下,对事物的社会本质的直接把握,而不是生理感官对对象的简单反应。文学欣赏作为一种审美的认识活动,不能停留于对作品的具体的感性的反应,而需要深入地把握作品的内在的意蕴,从审美的角度做出理性的判断。

准确的判断力是高度的欣赏能力的一个重要标志。对于高尔基的《母亲》，普列汉诺夫多有指责，列宁则热情赞扬，说这是"一本非常及时的书"。这说明在文学欣赏中判断力的准确和谬误是大相径庭的。马克思、恩格斯、列宁对于这些作品所做的准确判断表现了他们高度的审美智慧和深邃的美学眼光。

二、培养文学欣赏能力的途径

一个人的欣赏能力虽然同先天素质不无关系，但主要是后天的社会实践形成的。为了卓有成效地进行文学欣赏，欣赏者应当努力培养和提高自身的欣赏能力。欣赏能力的提高有赖于日积月累的持久努力，非一朝一夕所能奏效。其途径是多方面的，现就主要的几方面分述如下。

（一）树立正确的审美观点

文学欣赏不能离开一定的审美观点的指导，只有在正确的审美观点的指导下，欣赏活动才能沿着正确的方向进行，取得具有积极意义的成效。错误的审美观点、庸俗的艺术情趣，会导致美丑不分、以丑为美，使欣赏活动走上歧路。因此，树立正确的审美观点是提高审美能力的一个必要的前提。正确的审美观点的树立，有赖于学习美学理论，加强思想修养，不断提高精神境界，抵制各种错误的审美观点和庸俗的审美情趣的侵蚀。

（二）坚持不断的欣赏实践

欣赏能力是在反复不断的欣赏实践中锻炼和培养起来的。刘勰说："凡操千曲而后晓声，观千剑而后识器。"如果一个人能娴熟地弹上一千首曲子，对音乐就比较能判断它的优劣；如果能有观察上千把宝剑的经验，他就能鉴别武器的好坏。同样，一个人如果长期坚持不懈地广泛阅读文学作品，他对作品的鉴别和欣赏能力便会不断地培养起来。

什么样的艺术品，在一定程度上造就什么样的艺术鉴赏力。只有精美的作品，才能培养起高度的鉴赏力，爱克曼在《歌德谈话录》中记载了一段歌德教诲他看画的名言："他（指歌德）在每一类画中只指给我看完美的代表作，使我认识到作者的意图和优点，学会按照最好的思想去想，引起最好的情感。他说：'这样才能培养出我们所说的鉴赏力。鉴赏力不是靠观赏中等作品而是要靠观赏最好的作品才能培育成的。所以我只让你看最好的作品，等你在最好的作品中打下牢固的基础，你就有了用以衡量其他作品的标准，估计不至于过高，而是恰如其分。'"这是精深之见。19世纪法国古典主义画家安格尔也说过类似的话："每个人的判断力无论如何薄弱，他们对于艺术的理解和对美的事物的感觉始终有必要反复地同荷马进行交流，因为他所取得的最纯洁的乐趣要归功于荷马。"这段话的意思也是强调欣赏艺术巨匠的名作对于培养和提高欣赏能力的重要作用，也就是我国古人所提倡的"取法乎上"的意思。为什么培养文学欣赏能力，要靠观赏最好的作品呢？因为，这些名家之作是内容与形式的完美结合、思想与技巧的高度统一，集中体现了艺术的审美特性，具有典范的意义，它远远地超出于水平线之上，成为鉴别其他作品的准绳。经常阅读这样的作品，能够透彻理解艺术的内在规律，鉴赏的目光就会逐渐犀利起来。当然，这么说，并非主张阅读面越窄越好。在重点选读精美的作品的同时，适当阅读一些第二流、第三流的作品，加以比较品评，对于欣赏能力的提高也是有所裨益的。

（三）积累丰富的生活经验

任何文学作品都是一定的客观生活的形象反映，欣赏者实际上是面对着作家艺术地改造过的现实生活。因此，欣赏者如果没有一定的生活经验，便无从进入欣赏过程，对作品便无法产生真切的体验和理解。今天的青年对反映当代生活的作品比较容易理解，容易产生浓厚的兴趣，而对反映旧时代生活的作品，如《红楼梦》《儒林外史》等作品就易产生隔膜，他们甚至对贾宝玉和林黛玉表白爱情的方式感到不可思议，这些都同生活经验直接有关。清代张潮谈到他的读书体会时说："少年读书，如隙中窥月；中年读书，如庭中望月；老年读书，如台中玩月。皆以阅历之深浅为所得之深浅耳。"黑格尔也有类似的说法："同样一句格言，在完全正确理解它的青年人中，总没有在阅世很深的成年人的精神中那样的作用和范围，要在这种成年人的阅历中，那句格言里所包含的内容的全部力量才会表达出来。"一个人阅历愈深，对文艺的感受才愈丰富和深刻。那种历练世事、深谙人生的艺术力作，要真正读懂它，非有丰富的阅历不可。明代陈继儒说："少年莫漫轻吟味，五十方能读杜诗。"此语并非无稽之谈。可见，培养高度的欣赏能力，需要同创作一样，积极地投身于社会实践，开拓生活的领域。一个脱离生活孤陋寡闻的人，不可能成为高明的艺术鉴赏家。

（四）掌握科学的文学理论

在文学欣赏活动中，欣赏的文学作品是具体的、感性形态的，它首先作为感知的对象呈现在我们面前。如果没有关于文学的一般原理的知识，我们的感知往往是表面的，理解也是肤浅的。欣赏者如果不懂得文学理论，不了解文学作品的内在规律，他的欣赏能力就不可避免地带有盲目性和自发性。只有掌握科学的文学理论，才能使欣赏能力达到应有的高度。那种把培养欣赏能力和学习文学理论对立起来的观点是没有根据的。

思考题

1. 为什么说文学欣赏是一种审美的认识活动？
2. 文学欣赏有何重要意义？
3. 怎样理解文学欣赏的再创造和再评价？
4. 如何正确认识文学欣赏的差异性和共同性？
5. 如何正确解释文学欣赏中的共鸣现象？引起共鸣有哪些主要的因素？
6. 哪些是文学欣赏能力的基本标志？怎样提高文学欣赏能力？

第九章　文学批评

> **学习目标**
>
> 1. 理解文学批评的性质和意义；
> 2. 了解文学批评的标准和方式；
> 3. 掌握文学批评的方法与文体。

文学批评是以一定的文学观念、文学理论为指导，以文学欣赏为基础，以对文学作品为中心的一切文学活动和文学现象为对象的评价和研究活动。文学批评的目标是对文学现象做出判断，指出作家、作品的优点、缺点，分析比较其与此前的或同时的作家、作品的相同和相异之处，确认历时（在文学发展的历史上）和共时（在某一时期文学的横断面上）的位置，发现、认定正在形成或进展中的文学思潮并判定其性质，分析其在文学发展中的正面或负面作用。与文学鉴赏相比，文学批评是一种感性与理性并重的活动，它的重点是对于特定作家、作品的讨论。

文学批评的源头可以追溯到久远的古代。伴随着文学活动中作品的产生、传播和接受，文学批评也随之产生和发展起来。在中国，早在先秦时代就出现了孔子对《诗经》的批评，魏晋以降，曹丕《典论·论文》、刘勰《文心雕龙》、钟嵘《诗品》等一系列文学批评著作如雨后春笋纷纷跃现。

> **小贴士**
>
> 在印度，公元2世纪出现的相传是婆罗多所写的《舞论》，成为现存古代印度最早的、系统的文艺批评著作。公元9世纪出现的《韵光》则是印度最早的诗学理论批评著作。而西方在古希腊时代就出现了柏拉图、亚里士多德等影响后世的批评家，其后从文艺复兴到启蒙运动，再到19世纪的批判现实主义文学浪潮，法国的伏尔泰、狄德罗，德国的莱辛、歌德，俄国的别林斯基、杜勃罗留波夫等人的文学批评活动产生了巨大的影响。

"文学批评"一词，其最初的含义是对文学作品做出裁判、判断。俄国文学批评家别林斯基说："批评源于一个希腊字，意思是'做出判断'；因而，在广义上说来，批评就是'判断'。"对文学批评的理解，有广义和狭义之分。广义的文学批评，指的是对文学作品以及文艺问题的理性思考，它实际上涵盖了我们今天所说的文学理论和文学批评。狭义的文学批评，指对具体文学作品和文学现象的研究、分析、判断，重点是对它们的评价。在使用文学批评这一术语时，常常是使用它广义的意义。

第一节 文学批评的性质和意义

一、文学批评的性质

关于文学批评的性质,在文学批评史上,有几种对文学批评的理解是比较有代表性的:一种是把文学批评认为是阶级斗争的工具。这种观点借文学作品来鼓吹某种思想,鼓吹文学为阶级斗争服务。另一种是把"文学批评"认为是"批评文学",把文学批评中的"批评"狭隘地理解为专门对文学作品"找缺点""挑毛病"。还有一种就是把文学批评看作是作家的自我表现,只凭作家的主观感受做出判断,否认文学批评存在客观的依据。以上这几种对文学批评性质的理解都有很大的片面性。那么,文学批评的性质到底有哪些呢?我们可以从以下几个方面来理解。

(一) 文学批评具有科学性

从本质上说,文学批评是一种科学研究活动,文学批评的思维和表达,需要遵循形式逻辑和辩证逻辑的基本规范。它要由一般规律出发分析具体的文学作品和文学现象,也要从具体文学现象出发上升到一般的规律,证明某些规律的普遍性,或是发现新规律。文学批评是一种科学研究活动,是一种理性思维活动,是以概括一般规律、发现本质为目标的。

文学批评必须以文学理论为指导,否则,就不能对文学现象做出历史的、客观的、科学的评价;文学批评反过来又在不同程度上担负着研究、总结创作经验、发现艺术规律,以促使文学理论进一步充实发展的任务,这就是许多优秀的批评文章与理论著作之间往往都很难做出严格划分的原因,这正好说明了文学批评是一种理论思维,是一种科学活动。一般来说,那种没有理论深度的感想式的、印象式的议论,虽然也有某种批评的意味,但毕竟不是严格意义上的文学批评。

古希腊学者亚里士多德最早试图在批评领域里建立科学程序,这被认为是"科学说"的源头。俄国诗人普希金在《论批评》中提出了"批评是科学"的观点。他说:"批评是科学。批评是揭示文学艺术作品的美和缺点的科学。它是以充分理解艺术家或作家在自己的作品中所遵循的规则、深刻研究典范的作品和积极观察当代突出的现象为基础的。"

普希金关于"批评是科学"的论断,在文学批评史上第一次明确确立了文学批评的科学地位。进入20世纪后,受科学主义思潮的影响,西方文学批评中的科学化倾向普遍发展,成为一种强有力的思潮,英美新批评派就是其中的代表。新批评派的代表人物有兰色姆、理查兹、韦勒克、佛克马等。兰色姆说:"批评一定要更加科学,或者说更加精确,更加系统化。"为了达到科学性,他强调:"文艺批评的第一条准则是一定要客观，一定要举出客体的性质，而不是客体对主体的效果。"很明显，这些理论都是主张批评的科学性，试图用一种客观的科学方式进行文学批评活动。

"科学说"在文学批评史上产生了深远的影响。文学批评既然是一门科学，就意味着它有不以人的意志为转移的独立品性。这一方面表现在它有属于自己的学科术语、理论原则和历史发展的轨迹；另一方面表现在它既不从属于政治的需要，也不等同于文学创作和文学欣赏。由于共处于文学活动的系统之中，文学批评与文学创作和文学欣赏之间，三者联系非常密切，但又有严格的区别。就文学批评和文学创作而言，文学批评以文学创作为前提和基础，文学创作促使文学批评成熟和变化；同时文学批评又反过来制约和影响文学创作的发展趋势。如19世纪法国的浪漫主义文学、俄国的批判现实主义文学、我国五四以来的新文学等，其兴盛都与某种批评优势的影响有关。虽然文学批评与文学创作有这样亲密的关系，但它们毕竟是两回事。从基本的区别来看，文学创作主要是渗透着理性的感性活动，而文学批评则是在感性体验基础上的理性活动，前者在本质上是艺术的，而后者在本质上是理性的或科学的。至于文学批评与文学欣赏的关系。从文学接受来看，两者都属于读者的接受活动，都是读者接受活动的一种形式或一部分。从因果关系上看，文学批评是在文学欣赏的基础上发展起来的，批评是欣赏的升华。两者的主要区别在于：文学欣赏因情感的自由投入和个人的兴趣爱好不同，而具有很大的主观随意性，文学批评则必须依据一定的理论对作品做出理性的、尽可能实事求是的评价，因而文学批评具有科学性。

（二）文学批评是融合了多重方法与视角的美学批评

文学的终极目的是要达到一种审美愉悦，是人类的一种审美活动。作为对于审美创造的产物（作品）和审美接受的过程（欣赏）的研究与分析，文学批评也要以对象属性为依据，首先应该是一种美学批评。

文学作品是以情感与艺术形象来表现人对现实的审美关系的。因此，进行以文学作品为对象的文学批评时，必须充分注意到对象的这一特征。批评家首先要以审美的态度去对待它，判断它是不是一次成功的艺术创作，同时，要充分地感受作品的艺术特征。只有在此基础上，才可能对作品进行艺术分析。英国批评家马尔科姆·布雷德伯里在评挪威戏剧家易卜生的《社会支柱》时就是通过一个细节切入的："楼纳，一个'现代'的女子，从美国回来，她拉开窗帘，让阳光照进屋子，并且如她所说的，让一些新鲜空气吹到这个社会里来。"这样的批评开始于批评家敏感的审美感觉，而揭示的则是剧作家通过细节所要表达的形象意义。批评家纳博科夫在评论英国作家简·奥斯汀的《曼斯菲尔德庄园》时，对于作品的第一句"大约30年前，亨廷顿的玛丽亚·沃德小姐……"，纳博科夫就用了整整三页，详尽地谈了自己对这一句话中所包容的时间、空间及人物命运所暗含的人物性格和境遇等的体会。对叙事作品来说，细节确实是体现作家艺术功力的地方，也是意味丰富之处。因此纳博科夫认为："我们在阅读的时候，应当注意和欣赏细节。如果书里明朗的细节都一一品味理解了之后再做出某种朦胧、暗淡的概括倒也无可非议。但是，谁要是带着先入为主的思想来看书，那么第一步就走错了，而且只能越走越偏，再也无法看懂这部书了。"纳博科夫的批评实践和告诫，不但说明任何文学批评都要从美学的角度入手，而且揭示文学作品的艺术构成本身就是文学批评的题中应有之义。

但文学批评的对象又是复杂的，对象的复杂也决定了角度方法的多样性。作为对复杂的历史、文化、人生、语言等诸多复杂要素"合力"产物的研究与分析，文学批评要想全方位剖析成因、揭示价值，就必须采用社会批评、历史批评、文化批评、原型批评以及心理学、语言学、传播学、经济学、管理学等多学科研究视角、多领域研究方法。这也是当代文学批评的一个发展趋势。

（三）文学批评具有主体的创造性和倾向性

文学批评之所以是创造性活动，主要表现在以下三个方面：

1. 文学批评对作品意义的发现

批评家凭借自己敏锐的感受力和深刻的洞察力，在文学作品中发现被人们忽视的深层意义，揭示出作品的独特价值。如杜勃罗留波夫针对他人奥斯特洛夫斯基《大雷雨》的批评"当时不少人对这部作品评价很低，认为它没有新意"，杜勃罗留波夫却从女主人公自杀现象深入分析下去，认为她具有一种典型的俄罗斯性格，是当时沉闷环境压抑下的一种写照，是"当时黑暗王国的一线光明"，从而揭示了《大雷雨》深刻的思想内涵。好的文学批评应该能挖掘出文本中被人们忽视的深层含义。

2. 文学批评对文学规律的发现

批评家通过对大量文学现象的观察总结，从个别现象中概括归纳出文学规律，用以丰富发展文学理论的内涵，指导人们的实践，这是文学批评的文学理论建设意义。由于文学批评接触的是最具体的文学作品和文学现象本身，因而具有丰富的资源，优秀的批评家总能从其中敏锐地发觉一些规律性的东西。如列宁于1908—1911年连续撰写了一系列评论托尔斯泰的文章。在这些文章中，列宁详细分析了1861—1904年间俄国农民的心理状况，指出："托尔斯泰如此忠实地反映了农民的情绪，甚至把他们的天真，他们对政治的疏远，他们的神秘主义，他们逃避现实世界的愿望，他们的对'邪恶不抵抗'，以及他们对资本主义和'金钱势力'的无力诅咒，都带到自己的学说中去了。"正是基于这一分析，列宁从托尔斯泰的作品中发现了俄国革命的特点和规律，进而把它看作是俄国革命的一面镜子。

3. 文学批评对于文学环境的创造

文学批评可以提供思想文化的氛围，可以用舆论为文学创作开辟道路，创造机会；文学创作正是在文学批评创造的这种有利环境中获得发展空间，实现创作繁荣的。如18世纪狄德罗"百科全书"派批评对法国文学的影响、莱辛"汉堡剧评"对德国戏剧的影响、19世纪别林斯基和《现代评论》对俄罗斯文学的影响、20世纪五四运动和新时期

思想解放运动对中国文学的影响等，这些都证明了文学批评的创造力丝毫不逊色于文学创作的创造力。

文学批评除了具有创造性之外，还具有倾向性的特点。文学批评家对各种文学现象的分析、评价，批评家的思想倾向会体现在文学研究中。没有哪一个批评家会不带任何主观的思想倾向而完全客观地对文学现象和文学作品进行批评。作为批评主体的批评家，他们的思想认识、价值判断、个人好恶等都会影响到他的文学批评活动。鲁迅先生在论述《红楼梦》的主题时就说过，《红楼梦》"单是命意，就因读者的眼光而有种种：经学家看见《易》，道学家看见淫，才子看见缠绵，革命家看见排满，流言家看见宫闱秘事"。可见，不同的批评家，会有不同的批评倾向。

二、文学批评的意义

（一）影响读者的文学价值观念

从文学批评与读者的关系来看，文学批评可以帮助读者深入理解作品，对读者的文学价值观念具有重要的影响与塑造作用。

文学批评是加深读者与作品沟通的桥梁。文学作品是一种审美的精神产品，它本身的价值只有在消费、接受过程中才能得以实现，也就是说作品首先要为读者所理解。一些艺术创新的作品，一些思想深刻、内涵丰富的作品，一些超出读者阅读经验和高出读者审美能力的作品，一些需要一定的背景知识才能把握的古代与外国作品，读者往往会产生或多或少理解上的障碍。这就需要文学批评的中介，帮助读者更好地理解作品的思想、艺术价值。匈牙利文论家阿诺德·豪泽尔说："没有中介者，纯粹独立的艺术消费几乎是不可能的，不然就是一种对艺术才能的神化。艺术风格越是发展，艺术作品新奇的成分就越是丰富，艺术消费者对作品的接受就越是困难，这时就越需要中介者的参与和帮助。"

任何一部文学作品一经问世，就可能产生一定的社会影响。但是，一部作品要为读者所正确接受和深刻理解，却离不开文学批评。可以说，文学批评是沟通作品和读者不可或缺的一环。

> **小贴士**
>
> 例如，早在20世纪20年代和30年代初，茅盾的《鲁迅论》和瞿秋白的《〈鲁迅杂感选集〉序言》，就对鲁迅作品的深刻的社会意义和宝贵的艺术价值做了精辟的分析和高度的评价，并针对当时文坛上对鲁迅作品的误解和歪曲提出了批评。这对于人们正确地认识鲁迅，扩大鲁迅作品在广大群众中的影响，起了积极的作用。

古往今来，文学作品浩如烟海，汗牛充栋，读者不可能全部读完所有作品，而只能选择一部分来消费。于是，文学批评就有了帮助读者选择作品的责任，让读者分清良莠，辨识高下，在作品中披沙拣金，选择"金子"去阅读。批评家的批评对指导审美鉴赏有着重要的作用。如果把一部文学作品比作一处名胜，那么批评家就是导游。尽管每个游览者可以凭直觉来欣赏名胜的妙处，但他们可能囫囵吞枣，漏掉许多美景。巴尔扎克认为，文学作品就是用最小的面积惊人地集中了最大的思想，所以多数人是不可能一下子看透一部作品的，结果只能隔靴搔痒地观赏。这样，文学批评的分析、引导便必不可少。在文学批评实践中，批评家除了以他的学识与经验充当着文学接受的中介者角色外，还对读者的文学观念和审美趣味起着塑造作用。批评家常常通过推荐作品、确立经典，帮助读者选择阅读的作品。古今中外的文学作品浩如烟海，鱼龙混杂，读者往往先从介绍、评论文章中获取关于作品的先期信息，然后判断是否值得阅读与阅读什么。批评家划分作品的等级、指出作品的优劣，也就是在传播他的文学价值观念。读者的审美能力和艺术趣味，一方面受作品的熏陶，另一方面也受文学批评的引导与塑造。把读者大众的审美价值观提升到欣赏经典文学作品的水平、接受活动中艺术再创造的层次和批评家专业的眼光，这也是文学批评担当的责任。

（二）规范、引导作家

从文学批评与作家的关系来看，文学批评对作家具有规范、引导的重要作用，是社会对文学作品的主要反馈形式之一。

古罗马的著名批评家贺拉斯曾用磨刀石与钢刀的关系来比喻批评家与作家的关系。他说："我不如起个磨刀石的作用，能使钢刀锋利，虽然它自己切不动什么。我自己不写什么东西，但是我愿意指示（别人）：诗人的职责和功能何在，从何处可以吸取丰富的材料，从何处吸收养料，诗人是怎样形成的，什么适合于他，什么不适合于他，正途会引导他到什么去处，歧途又会引导他到什么去处。"因此，批评家对作家艺术潜力的确认、创作道路的总结、发展方向的建议能够起一定的规范与指导作用。

批评家是通过具体作品的阅读研究进而认识、了解作家的，同时，他也通过对具体作品的品评、分析影响作家的创作。由于批评家具有较为系统的知识修养与理论背景，他往往站在比作家更高的视点上，帮助作家更深入地认识自己的作品，提高文学创作的自觉能力。批评家对作家的了解有时胜过作家本人，他能够深入作家内心世界中潜意识与不自觉的层面，发现作家自我认识的盲点。批评家对作品深层意蕴的发掘对作家而言往往是富有启发性的。巴尔扎克就说："作家没有决心遭受批评家的火力就不该动笔写作，正如出门的人不应该期望永远不会刮风落雨一样。"曹雪芹在《红楼梦》还尚未写完时，就让亲友传阅，他"披阅十载，增删五次"，吸取了包括脂砚斋在内的批评者的意见，提高了作品的艺术力量。

在某种程度上来说，一般的作者与读者事实上是互相隔绝的。也就是说，读者大众对作品的理解与评价难以反馈给作者，对他产生影响与压力。文学批评则是社会反馈的主要和有效形式之一，将作品所激起的读者反应与批评信息传递给作者。批评家首先是一个普通读者，但他拥有的职业眼光和掌握的尺度又使他代表着一定的读者群及社会性共识。而且，文学批评一般是以文本的形式见诸媒体的，它既通向作者，也为读者大众

所知,它预计到读者的反馈并常常以读者的代言人自居,这使文学批评通常具有公开的对话性质与丰富的社会反馈内涵。

纵观中外文学发展史,可见许多作家就是在批评家的帮助下成长起来的。如别林斯基在《论俄国中篇小说和果戈理君的中篇小说》等评论中对果戈理创作的高度评价,就曾给予果戈理极大的支持和鼓励,使果戈理更加坚定了现实主义的创作方向,创作出《钦差大臣》等优秀作品。茅盾对小说《百合花》的热情推崇,使茹志娟的文学创作上了新台阶,写出了更多的优秀作品。

(三)影响社会

从文学批评与社会的关系来看,文学批评通过对作品的分析、评价表达出某种价值观念与理想,从而对社会发生实际影响。

文学批评在分析、评价文学作品和其他文学现象时,必然要提出一系列的概念、观点,在其背后则有一定的学说依据与理论支撑。这些观点、理论既有艺术、审美范畴的,也有文化价值观和意识形态方面的。从后者来说,文学批评是一种与一定的社会意识形态深刻联系的批评话语,它通过与作品及其作者进行意识形态对话的方式张扬自身的意识形态价值,从而对社会生活产生重要作用。

结构主义叙事学家托多罗夫曾论及他称之为"投射"的批评方法,即一种以作者、社会和批评家感兴趣的其他对象为方向、穿越文本的阅读方式,某些心理学批评或社会学批评都是在批评上采用投射方法的实际例子。事实上,任何批评都或多或少包含着批评者价值理念的主观投射,都或显或隐地渗透着社会意识形态的因素。即使是托多罗夫提到的"非投射"的"英美新批评派",其批评也并非是纯形式与纯审美的,而是关注于"隐喻"及其文化内涵与社会价值。

文学批评作为一种特殊的意识形态话语,往往通过对文学作品思想意义的揭示和对文学思潮、文学运动理论背景的分析来影响社会的价值观念,发挥其社会作用。马克思、恩格斯对巴尔扎克、莎士比亚作品的评价,列宁对托尔斯泰作品的分析,别林斯基对普希金、果戈理作品的研究,鲁迅以杂文形式展开的文学批评,都表现出意识形态评价的效能。由于他们的观点不是用抽象的理论形式写出的,而是借助于作品人物、情节的形象分析,因而能够传播得更广,更深入人心。

第二节 文学批评的标准和方式

一、文学批评的标准

所谓文学批评的标准,指的是用来评价文学作品的价值的尺度。文学批评作为一种科学活动,它的任务之一是对文学作品做出理性的价值判断。要做出理性的价值判断,分出高低优劣，就必须有个衡量的东西，这个衡量的东西就是标准。文学批评应不应该设置标准，批评史上有两种不同的意见。一种观点认为文学批评不应该有标准，认为一旦有了标准，就有各种条条框框，就会束缚文学创作的发展。另一种观点认为文学批评应该有标准，文学批评的标准是客观存在的。事实上，文学批评标准是客观存在的。如鲁迅先生就说过："我们曾经在文学批评史上见过没有一定圈子的批评家吗？都有的，或者是美的圈，或者是真实的圈，或者是前进的圈。没有一定圈子的批评家，那才是怪汉子呢。办杂志可以号称没有一定的圈子，其实这正是圈子，是便于遮眼的变戏法的手巾。譬如一个编辑者是唯美主义者罢，他尽可以自说并无定见，单在书籍评论上，就足够玩把戏。倘是一种所谓'为艺术的艺术'的作品，合于自己的私意的，他就选登一篇赞成这种主义的批评，或读后感，捧着它上天；要不然，就用一篇假激进的好像非常革命的批评家的文章，捺它到地里去；读者这就被迷了眼，但在个人，如果还有一点记性，却不能这么两端的，他须有一定的圈子。我们不能责备他有圈子。我们只能批评他这圈子对不对。"鲁迅先生在这儿所说的圈子即指标准。

　　文学批评的标准并不是一成不变的，它是一个变数，每一个时代都有自己特定的文学批评标准，随着社会历史的发展而变化。纵观文学批评史，曾经产生过无数文学批评的标准。如先秦时代孔子提出了"思无邪"的文学批评标准，要求文学作品"温柔敦厚"，道家则提出了"真美""自然"的批评标准；魏晋南北朝刘勰、钟嵘等人评诗的重要标准是"风骨"，晚唐司空图以"味"论诗，宋代严羽以"兴趣"论诗，近代王国维在《人间词话》中则大力倡导"境界"的审美标准。在西方文学批评史上亦是如此。亚里士多德在古希腊悲剧和史诗的基础上提出"秩序、对称、明确、整一"的批评标准，到中世纪，随着神权统治的加强，批评家又提出了文学要隐喻宗教教义的批评标准；文艺复兴时期，批评家又提出了文学要再现自然、表现个性的批评标准。这些事实充分说明了文学批评的标准是有相对性和变化的。造成文学批评标准具有历史相对性的原因是多方面的。比如创作原则、时代不同，就有现实主义、浪漫主义、现代主义的不同。这样，文学批评的对象变了，文学批评的标准也就要随着对象的改变而变化。现实主义的作品只能用现实主义的标准去评价，浪漫主义的作品则只能用浪漫主义的标准去评价。由此而来，文学批评的标准便多姿多彩，呈现出历史的相对性。也有批评家本身的原因。批评家都是属于一定时代的，都是"这一个"。时代不同，他们的审美趣味、思想倾向、道德观念就不一样，这些因素都会对批评家制定或选择批评标准造成或大或小的影响。

　　既然文学批评的标准是有历史相对性的，那么文学批评还有没有一个要遵循的标准呢？纵观古今中外的文学批评，虽然提法有别，各有侧重，内涵不同，但都离不开思想标准与艺术标准。

（一）思想标准

　　思想标准是衡量文学作品思想性的尺度，它不等于政治标准。文学作品的思想性指的是作品题材、主题或形象、意境所显示的社会、政治、道德、哲学、宗教等观点以及

与之相关的情感。在对文学作品的思想内容进行评价时主要从下面三个方面来考察。一是从文学与生活的关系来考察，它反映生活的真实性，这样的真实性当然指的是艺术的真实，也就是如亚里士多德所说的"按照可然律或必然律可能发生的事"。二是从作品与作家的关系去考察作家通过作品所表露出的倾向性来考察。这样的倾向性包括作家对社会生活和历史发展的认识与理解，也包括作家对自己笔下的社会生活和人物的情感评价。一般来说，一个作家在反映生活或塑造自己笔下的人物形象时，总会或显或隐，或多或少地流露出自己的观念、立场和情感趋向，完全"客观"或"超脱"的作家是没有的。文学批评必须历史地、具体情况具体分析地看待这一切，在看到作家所处的特定情境乃至无法克服的局限性的情况下科学、中肯地指出作家反映生活、塑造形象的立场进步与否，是否反映出合乎历史发展的趋向，是否在一定程度上表达了社会大众的进步愿望，是否表露出健康、积极、高尚的情感和趣味。三是作品是否具有积极健康的情感性。一部作品要产生思想影响，不是靠"标语口号式"的抽象说教，而是"以情动人"。情感有健康和不健康、积极和消极之分。在评价文学作品的思想意义和价值时，要求分清情感的性质，主张作品从整体上表现对人的心灵的积极影响、有益于身心健康的情感。思想标准的以上三点，在批评实践中是互相联系并且与艺术标准密切相关的。

（二）艺术标准

艺术标准是用来评价作家的艺术创造性和作品的艺术价值的。所谓艺术价值是指作家的艺术才情、气质、修养和创造能力等各种因素在其所创造的作品中所显示出来的艺术魅力及其所达到的艺术水平。文学批评在对作品进行艺术批评时就要从作家、作品所处的具体的背景出发，从文学创作的历史发展出发进行纵横比较，指出作品的成败得失，并给予恰当的评价。作品的艺术性的体现是多方面的，它涉及题材的选择与处理、情节的安排与设置、形象的塑造与描绘以及意蕴的传达与体现等。

所有这些可以归结为两个大的方面。第一个大的方面是看作品是否塑造出富于内蕴的文学形象或营造了富于美感的意境。对于文学作品尤其是叙事文学作品来说，能否塑造出富于内蕴的人物形象实际上是作品成败的标志；对于现实主义文学来说，富有个性的、包蕴了生活的某些本质特征的人物形象被视为具有"典型性"的形象。在现实主义文学中，典型化的程度便是衡量作品艺术高下的重要尺度。巴尔扎克的艺术成就来自他在他的鸿篇巨作《人间喜剧》中塑造了许多成功的典型形象；鲁迅作为中国白话小说的奠基人和成功者也因为他刻画了像阿Q这样的不朽的典型人物。抒情性作品也有形象的问题，但更重要的是看它是否营造出具有审美价值的意境，以有无意境或意境高下来品评抒情文学或文学中的抒情性成分。艺术标准的第二个大的方面是文学作品艺术表现形式的完美性和独创性、新颖性。艺术形式很多，而完美则是指作家从具体的创作目的和需要出发，选择恰当的艺术形式，并且在运用的过程中将其处理和安排得和谐、自然和统一，最大可能地发挥了它们的艺术表现力。因此，没有抽象的、孤立存在的艺术形式或形式美，关键要看它是否适合于表现对象，看它是否被处理成一个生机勃勃的艺术整体。文学创作说到底是一种创造性活动，是一种个性化的劳动，因此它要求文学作品具有独创性和新颖性。这主要是指作家要对生活有独具慧眼的发现和开掘，有独辟蹊径的构思，有别出心裁的表现技巧和手法，有独特个性形象的塑造等。严格的独创性应该是既不能重复别人，也不能重复自己。

> **小贴士**
>
> 在具体的文学批评活动中，因批评对象和批评目的的不同，对评判标准的把握和运用会有所侧重。但从根本上讲，思想标准与艺术标准是密不可分的，对思想内容的批评的前提是作品必须首先是一件成功的文学作品，而对文本内容的批评又必须看其是否具有丰富、健康的思想内涵。如果忽视了这一点，就不可能有正确的、全面的文学批评。

二、文学批评的方式

一般而言，文学批评的方式应包括审美体验、理性分析和价值判断三点。

（一）审美体验

文学批评的主要对象是文学作品，文学作品是以情感与艺术形象来表现人对现实的审美关系的。韦勒克说："文学作品是一种审美对象，它能激起审美经验。"因此，进行以文学作品为对象的文学批评时，必须充分注意到对象的这一特征。也就是说，批评家应该以文学的方式阅读文学作品，以审美的态度观照与体验作品中的艺术形象。这是一个合格的读者要做到的，批评家更应该做到。一个批评家，只有在对作品的形象世界产生由衷、真切的审美体验之后，他才拥有了批评作品的权利。脂砚斋是我国古典名著《红楼梦》的第一位批评家。他的批评富有真知灼见，处处与作者感同身受，与作品中人物息息相通，在阅读中产生强烈的情感和审美体验。如脂砚斋在《红楼梦》第十三回"秦可卿死封龙禁尉，王熙凤协理宁国府"中读到"三春去后诸芳尽，各自须寻各自门"时，眉批写道"此句令批书人哭死""不必看完，见此二句，即欲堕泪"。在第五回"何故反引这浊物来污染这清净女儿之境"眉批云："奇笔攎奇文。作书者视女儿珍贵之至。不知今时女儿可知？余为作者痴心一哭，又为近之自弃自败之女儿一恨！"脂砚斋的一哭一恨，显示出他的批评是以真切的审美体验为底色的，因此才能进入欣赏作品的佳境。一个批评家应该有较高的艺术修养与审美感受能力。一个艺术感受力迟钝的人是不可能成为好的批评家的，因为他对作品审美价值的判断是值得怀疑的。那些没有审美体验能力、脱离作品艺术形象的具体感受和分析而对作品价值乱加评论的人，是谈不上真正的文学批评的。

（二）理性分析

理性分析即批评家要跳出一般的接受过程而以冷静的审视目光对待作品。我们在本章第一节中谈论文学批评的性质时，曾提到文学批评具有科学性。文学批评是一种科学

研究活动，是一种理性思维活动，是以概括一般规律、发现本质为目标的。与文学欣赏不同，文学批评离不开理性的分析。文学欣赏与审美体验的主要特征是感受性，它以个人主观感受的结果为依据。即使蕴含着理性认识，也带着个人体验与情感的印记。因此欣赏与体验允许个人偏爱的存在。文学批评虽然也必须首先感知艺术形象，对艺术形象进行审美的把握，但它的主要特征是一种理性的分析、认知活动。批评的目的是要对作家、作品和其他文学现象做出较为客观的认识与评价，这就需要从偏于感性的欣赏与体验上升到理性的分析与评判，要考虑和关注作品在读者中唤起的普遍的接受效果与社会反应，要限制个人偏爱与情感倾向在批评中的干扰或支配作用。

（三）价值判断

价值判断指的是批评家要对作品的高下优劣做出自己的价值评价。作为一个批评家，应该对作品做出自己的价值判断。韦勒克说："今天，许多被称作'批评'的文章只是对特殊的诗或作家进行注释或评注，而不提出结论性的评价。有时会出现相反的意见，反对把这种注释称作'批评'（'批评'这个词在古希腊原义为'判断'）。有时，文学批评被区分为'注释性的'和'判断性的'两种，作为可供选择的两个类型。把批评分为对意义的阐释和对价值的判断两种，当然是可以的。但是，在'文学批评'中，单取其中一种的做法是很少有过的，也是很难行得通的。'判断性批评'不加修饰地追求和提供出一种作家和诗的生硬的级别，同时摘引权威的论据或求助于文学理论的一些教条。除此而外，也不可避免地要包含有分析和分析性的比较。另一方面，一篇看起来好像是纯粹注释性的文章，从它的存在本身来说，其中也必然会提供一些最低限度的价值判断。"因此，对文学作品进行价值判断，是文学批评的应有之义。

批评家对作品整体价值的判断是在充分理解文学作品的基础上做出的。一般来讲，批评家对作品的价值判断包括审美判断与意识形态判断，从而对作品的学术价值与思想价值做出评价。作品的艺术价值是指作品通过艺术形象反映生活、表现情思所达到的形式化的审美程度，以及它对读者具有的艺术感染力量。作品的思想价值是指作品所描写的生活中蕴含的思想意义和作者对它的态度、评价，以及它对读者具有的思想启迪的力量。

> **小贴士**
>
> 批评家总是凭借自己的价值观对作品做出判断的，从这个意义上说，价值判断带有个人性与主观性；然而批评家的价值观又是社会的某种审美趣味和意识形态的反映，因而具有集体性与客观性。总之，批评家对作品的评价与被评价的作品，共同担负着影响读者，进而作用于社会的文学功能。

第三节 文学批评的方法与文体

一、文学批评的方法

所谓文学批评的方法是指从文学的特性出发来研究文学现象,揭示其社会价值和美学价值及其本质规律所运用的手段、途径和方式的总和。批评方法不是人们主观臆造出来的,而是人们在长期的文学批评实践中,依据文学批评对象本身的特点和规律总结出来的。从本质上看,文学批评的方法是文学批评对象本身特点和规律在方法论上的表现。同时,文学批评的方法还和批评家的艺术修养、主观目的有密切的联系。

文学批评的方法是发展的和多样的。在中国先秦时代,占统治地位的批评方法是社会道德批评。如孔子提出的"思无邪"、孟子的"知人论世""以意逆志",都可以看作是一种道德批评。到了两汉,在社会道德批评的基础上,又出现了主体批评。魏晋时期,又产生了本体批评和美学批评,如曹丕的《典论·论文》、刘勰的《文心雕龙》、钟嵘的《诗品》等。明清之际,又涌现出大量的小说评点,像金圣叹对《水浒传》的评点,脂砚斋对《红楼梦》的评点。随着社会日新月异的变化,文学批评方法的变化节奏也加快了。当前,一种批评方法独占批评领地的现象早已成为过去,文学批评方法的多样化已经是不争的事实。特别是20世纪被称为"批评的世纪",各种文学批评方法层出不穷,形成了诸多批评流派和模式。实践证明,多样化的文学批评方法给文坛带来勃勃生机,不仅大大开阔了人们的视野,而且深化了人们对文学的理解和文学的社会作用。提倡批评方法的多样化,前提是了解各种不同的批评方法。下面我们就简要介绍几种文学批评方法。

(一)社会—历史批评

社会—历史批评是一种从社会历史发展的角度观察、分析、评价文学现象的批评方法。社会—历史批评认为文学离不开社会历史,文学本质上是人们社会生活的再现,因此,社会—历史批评侧重研究文学作品与社会生活的关系,重视作家的思想倾向和文学作品的社会作用。社会—历史批评方法是文学批评的主要模式之一,人们在分析文学现象时,总免不了要考察文学现象与人类社会历史的诸种联系。无论是在中国还是西方,社会—历史批评几乎伴随着文学批评的整个历史发展过程。

社会—历史批评非常重视对文学作品做出价值评判。它的评判尺度主要是真实性、倾向性和社会效果。首先,在社会—历史批评中,真实性是判断作品价值的必要条件。鲁迅先生就说过:"说到《红楼梦》的价值,可是在中国底小说中实在是不可多得的。其要点在敢于如实描写,并无讳饰,和从前的小说叙好人完全是好,坏人完全是坏的,大不相同。所以其中所叙的人物,都是真的人物。"社会—历史批评认为文学是社会生

活的再现，因此，社会—历史批评十分注重对文学作品中社会历史内容的阐释，而这种内容是否真实就成为首要的尺度。在社会—历史批评看来，真实性指文学作品所展示的社会生活画面，以及所塑造的艺术形象和社会现实生活的实际情况的符合程度。社会—历史批评对文学作品真实性的考察包括各个方面，如时代背景的真实性问题、人物性格的真实性问题，乃至作品细节的真实性问题等。其次，倾向性也是判断作品价值的一个必不可少的条件。文学是社会生活的再现，但文学再现的社会生活经过了作家头脑的创造，这就存在一个对社会生活的理解问题。这就是文学的倾向性。社会—历史批评认为文学作品的内容不仅仅应该是真实的，同时对它的理解应该是正确的，即具有正确的倾向性。最后，文学作品的社会效果也是社会—历史批评关注的一个尺度。社会—历史批评要求文学通过创造具有审美意义的文学形象以丰富人们的知识，影响人们的思想感情和世界观，从而维护或破坏某种意识形态。社会—历史批评对社会效果的注重与文学的倾向性问题颇有关联。倾向性是从作家、作品方面讲的，社会效果是从读者方面讲的。

文学作品描写人们的生活，这种生活整体上是社会的和历史的。因此，社会—历史批评关注文学作品的社会历史内容，这显然是十分有意义的。如果无视文学作品的社会历史内容，可以说是文学批评的失职。有的文学作品社会历史内容非常鲜明，阐释就不是特别困难的事情。只有依赖于社会—历史批评，文学作品的社会历史内容才得以揭示出来。从那些表面平淡无奇的事件中揭示出蕴含其中的极其深广的社会历史内容，这正是社会—历史批评的功绩所在。但是，由于社会—历史批评过于注重文学作品的社会历史内容，因而相对忽略了对文学作品的艺术形式，包括文学本身的继承和发展。而且由于社会—历史批评赋予文学作品太重的社会功用，往往会走向庸俗化和简单化，这也是社会—历史批评为人所诟病的地方。但是社会历史批评作为文学史上一种悠久而普遍的批评模式，在当今的文学批评领域里仍然占有重要的地位。

（二）伦理道德批评

伦理道德批评是兴起较早而又影响深远的一种批评方法。伦理道德批评通常以一定的道德意识及由之而形成的伦理关系作为规范来评价对象，以善、恶为基本范畴来决定对批评对象的取舍。伦理道德批评之所以兴起较早，与人们早期的美学观念和道德观念有关。中国古代是非常强调文学作品的道德伦理作用的，孔子所言"诗三百，一言以蔽之，思无邪"，这其中就蕴含了一定的道德理念，儒家的以"经夫妇、成孝敬、厚人伦、美教化、移风俗"，即"教化"为核心的文学批评就是伦理道德批评。在西方，柏拉图就很注重理想国中诗人的道德修养，亚里士多德认为史诗和悲剧"所摹仿的对象……是好人或坏人"，贺拉斯也提出了"寓教于乐"的主张，可见，注重文学的伦理道德功能、强调文艺的道德影响，是文学批评的传统之一。

当代的伦理批评方法在 20 世纪初形成于美国，以保尔·摩尔和欧文·白璧德为代表。他们的主要观点是：第一，反对英美文学的自然主义和浪漫主义倾向。因为，前者贬低人、否定人的自由意志和责任感，后者又放纵和宣扬不加克制的自我。第二，主张文学即对人生的批评。他们认为，人与动物的根本区别，在于人具有理智和伦理道德观念，因而人要克服自身的动物性和自私心理，培养自己的个性和社会责任感，在理智和良知的支配下，遵守社会公德和法纪。第三，强调文学作品的内容，认为文学的重要性不仅表现在形式，更重要的是表现在其思想内容。

文学与伦理道德有着密切的关系。文学作品要真实地描写人，描写人的社会生活就不能不反映人们的伦理道德情况。文学作品是作家创作的，文学作品中的伦理道德内容也就体现着作家的倾向，作家本身的道德情况，对他的文学创作是有影响的。文学作品供人们阅读，潜移默化容易对读者的伦理道德起到一定的作用。伦理道德作为维持人与人、人与社会关系的规范体系，主要通过社会舆论和自我良心起作用，通过道德批评的阐释，往往可以成为一种明确的社会舆论，影响人们的道德意识和道德行为。因此，道德批评在人性的培养上具有一定的积极作用。但是，由于伦理道德批评强调的重点始终是艺术内容的道德评价，因而对艺术的灵性和创造活力往往关注不够，甚至在现实的操作中把"寓教于乐"变成了"重教轻乐"，这是必须加以注意的。

（三）审美批评

审美批评着眼于文学作品的美的构成及其审美价值，强调作品的"畅神""移情"效果和娱乐、愉悦作用，它往往把文学作品作为审美对象。因此，审美批评往往联系作品对读者产生的美感程度的强弱和久暂来品评其高下得失，具有赏析式评价的性质。我国古代文论中的"品""悟"等批评方法，就是一种审美批评。

> **小贴士**
>
> 魏晋以来，中国许多批评家，如钟嵘、司空图、严羽、王夫之、叶燮、王国维等，都主张这种审美批评，并以他们的批评实践推动文学的审美发展。

审美批评方法，大致可以归纳出如下几个基本特点：第一，审美批评是一种情感批评，它着眼于作品以什么样的情感并在多大程度上得到了成功的表现和引起了读者的心灵震荡与情感激动；第二，审美批评是一种体验与超越统一的批评，它立足于文学的虚构性，追求文学超功利的"感悟"和"静观"；第三，审美批评是一种形式或形象的直觉批评，它注重对象的特殊形式表现和形象构成，强调通过五官感觉去品评形式是否完美、和谐，形象是否鲜明、独特。

（四）评点式批评

评点式批评是中国古代非常流行的一种文学批评方法。评点式批评是在原作上加以批注、点评并与原作一起印行的一种批评方法，有题头批、文末批、眉批、夹批、旁批等多种多样的形式。它一般是具有较高鉴赏水平和学识功底的批评家在阅读作品时随感随写的即兴议论。脂砚斋评点《红楼梦》、金圣叹评点《水浒传》、毛宗岗评点《三国演义》、李卓吾评点《西厢记》，都是运用这种批评方法的成功典范。评点式批评不是单独存在的论文著作，因而不必讲究谋篇布局、逻辑体系，有灵活自如、即兴发挥的优势。同时它又是与作品文本紧密结合、共存一体的，能够让读者互相参照、感性与理性双向接受。这种依附于作品的寄生性大大有利于文学批评的传播，为其他的批评文体与印行方式所不及。评点式批评的短小精干、有感而发、独具心得、切中肯綮，也是它能够附加于作品、成为作品一部分的重要原因。

（五）精神分析批评

精神分析学是心理学的一个流派，它由奥地利精神病医师弗洛伊德所开创，后来弗洛伊德把自己的理论用于文学批评，由此形成精神分析批评流派。精神分析批评十分强调泛性欲主义，用俄狄浦斯情结来解释创作动机。所谓俄狄浦斯情结即恋母情结。同时，精神分析批评明确主张文学活动是一个复杂的，但又是可以理解的精神现象，而要打开这个殿堂之门就应该努力去关注和了解文学中的无意识活动，精神分析批评提供了这样一个富有刺激的文学分析方法，集中研究活跃于作家、作品和读者意识表层下的、深藏的无意识这一心理活动的决定因素。作家是精神分析批评的主要对象。此前的文学批评也关注作家，但往往只考虑他们的常态心理建构，而未注意或无视作家的无意识心理。精神分析批评首次将目光投射到作家的无意识领域，对影响作家创作的无意识心理做了细微的阐发。精神分析批评在作家研究中十分注重对作家的各种资料的收集和分析，其中包括有关的传记资料，如自传、私人信件、讲稿及其他文稿，特别是作家童年生活的记载。通过分析和整理这些资料，精神分析批评能够理解和把握作家的各种癖好个性、内心的冲突和痛苦，以及性欲上的压抑。在了解作家生活经历特别是童年生活的基础上，精神分析批评要求反观作家的作品，以揭示这些文本中暗藏的意义或深层的内容。

精神分析批评在文学批评上的影响是显而易见的，它将文学批评的视野引向一块尚未开垦的处女地——人类的深层心理，它使人们开始注意到作家的无意识心态、作品里所体现或暗示的各种心理因素，以及读者的欲望和快感。这些方面的提出无疑开拓了文学批评的领域，但是，精神分析批评又有很大局限性。作为精神分析最突出的特点，也是最遭人非议之处是它对文学活动中"性"的搜寻和解释。精神分析批评把文学作品中的一切都解释为性的象征，这在具体的文学批评实践中会走向歧途。

（六）结构主义批评

结构主义是20世纪重要的文化思潮与学术思想。结构主义批评就是运用结构主义的观点和方法，对文学作品的内在秩序和结构模式进行探讨的文学批评方法。自瑞士语言学家索绪尔开创结构主义语言学以来，人类学、心理学、社会学和文学批评理论都深受其影响。结构主义批评认为，文学作品是一个按一定结构组织起来的语言的产物。因此文学批评的目的是探求主宰着具体作品的抽象结构。在他们看来，作品是由句子构成的，句子是由一些语言符号构成的，作品本身就是一个"大句子"，可以像分析语言成分那样分析文学作品的结构与功能。叙事学的出现是结构主义批评的重要成果的体现。法国结构主义叙事学者托多罗夫、热奈特等则在批评实践中把情节、人物、事件拆成零部件，通过重新构造与组合显示作品深层的结构，并探求作品的意义是如何在这些基本的结构中产生与变化的。

第九章 文学批评

（七）读者批评

读者批评是一种以读者为中心的批评，它侧重从读者的角度理解文学及其意义。在文学活动中，作品、作家、世界、读者是构成文学的四种基本要素，读者的阅读鉴赏活动应是整个文学活动中不可缺少的一环。但是，长期以来，人们把批评的目光主要集中在作家、作品以及作家、作品与世界的关系上，在涉及读者时则仅谈及作品对读者的教育作用，而对读者自身功能的研究十分有限。读者批评主张把读者接受作为批评的主要对象，着重探索读者与作家、作品的相互关系和相互影响，强调读者在文学活动中的决定作用，认为文学作品的意义是由读者来决定的。这一研究无疑为文学批评引进了一个新的视点，开辟了研究文学价值和意义的又一途径。但是，读者批评在重视读者的决定意义的同时，推翻了作者的权威和否定了文学作品的自主性，这会导致一些作家为迎合读者的需要和兴趣而进行创作，从而产生各种"媚俗"的文学，这是应该值得警惕的。

另外，在文学批评史上还有许多文学批评方法，限于篇幅，在此不一一介绍了。

二、文学批评的文体

文学批评因对象不同，可以大致划分为四种类型，即指向作品的作品论、指向作家的作家论、指向文学思潮的思潮论以及指向批评本身的反批评。与此相应，不同类型的文学批评有不同的文学批评文体。例如，指向作家的文学批评，通用的文体是作家论和作家评传；指向文学思潮的文学批评，通用的文体是思潮论和思潮史等。对于具体的批评者而言，认识和掌握各种批评文体的特点并恰当而自如地选用以构成自己的批评方法，是使批评产生良好效能的一个重要条件。例如，适合于表达点滴感受、见解的画龙点睛式的点评与适合表达思考周详、内容丰富的论文，便各有用途。把点评化而为论文，必大而无当，空泛疏散；把论文化而为点评，则可能削足适履，言不尽意。因此，学习并善用各种批评文体不是一件小事。下面介绍几种常用的文学批评的文体：

（一）论文

论文即论文式文学批评，它是自有职业批评家以来迄今为止最重要、运用最广泛的批评文体。文学批评论文能充分细致地表现丰富的批评内容，既能逻辑严谨，又能文采斐然地阐述观点，进行广泛而深入的意义阐释和价值判断。

这种文体多用于重要的、复杂的、论争性的文学批评问题。例如对文学总体现象的综合批评或关于文学作品、作家、思潮、流派等的专题性批评。

（二）点评

点评又称为评点，是我国一种传统的批评文体。点评写作无须谋篇布局、精心构思，一般都是具有相当鉴赏水平和学识功底深厚的读者在阅读间偶有感悟的随意挥洒。点评灵活自如，不拘一格，或题头批，或文末批，或眉批，或夹批、旁批，多种多样。

161

在我国传统点评体批评中，毛宗岗对《三国演义》的评点、金圣叹对《水浒传》的评点、张竹坡对《金瓶梅》的评点、脂砚斋对《红楼梦》的评点，都因批评者功底厚、感悟深，于三言两语间切中肯綮而十分著名。

（三）随笔

随笔即文艺随笔，它笔致洒脱，行文自由，往往取事小而寓意丰，具有知识性、趣味性。随笔特别讲究文辞技巧，善于生发推理，多用趣闻、逸事、掌故，或借草木虫鱼而讲明一种道理，并借以评价某文学现象或作品的得失。近代以来，无论是我国还是西方，见诸报端的批评，大都是随笔体。从事文艺随笔的写作，特别是初学者，要注意避免为增强批评话语的魅力和可读性而摆弄辞藻，不可对批评的尖锐性一面漠然无视。

（四）序跋

对作品进行评价、介绍的文字放于作品之前，称序；放于作品之后，称跋。序和跋可以是自作，也可以是他人作。序跋体的批评是多功能的，但基本功能是对作品进行评介，明晰其得失，表达批评者的观点和主张，也常常兼及对文艺思潮和文学现象的臧否，从而引导创作、帮助阅读。写作序跋体批评尤其要实事求是、分寸适当，要力戒胡乱吹捧他人或自吹自擂。

此外，评传体、书信体、对话体，也都是常用的批评文体。评传自然是有评有传，是对一个作家总体性的思想和艺术的评价，史论结合，规模浩大，容量丰富。评传的重点是作家的创作历史，其他内容只能作为批评背景。书信体以书信的形式或答疑或解难，并因此阐明某种批评意见。对话体则一问一答，相互辩驳，表达批评意见，具有层层推进、富于变化的特点。书信体与对话体都讲究现场感，重视亲切、轻松氛围的营造。

思考题

1. 如何理解文学批评的性质？
2. 文学批评都有哪些重要意义？
3. 在文学批评实践中，如何做到思想标准和艺术标准的统一？
4. 文学批评的方式有哪些？如何理解它们之间的关系？
5. 运用本章所介绍的文学批评方法，写一篇文学批评的论文。

第十章 文学技巧

学习目标

1. 了解文学技巧的内涵与观念;
2. 掌握传统表现手法与表达技巧;
3. 理解现代技巧概述与举隅。

　　文学是语言的艺术,然而如何锤炼和驾驭语言,创造出属于艺术家特有的具有独创性的艺术形式呢?从某种意义上讲,这无疑是个技巧问题。古往今来,中外艺术家们运用自己的天才、智慧和实践,创造出各种各样的文学表达技巧,给人们留下了数不清的文学瑰宝。作为读者,也常常从文学技巧入手解读作品。那么,到底什么是技巧呢?是不是只有艺术家才拥有创造和运用技巧的能力呢?传统和现代的文学技巧都有哪些呢?为了解开这重重谜团,帮助读者破译"技巧密码",本章将从"技巧"的辞源分析入手,逐步探讨文学技巧的内涵、观念,总结梳理文学作品中常见的传统与现代的技巧、方法,为读者粗略地绘制一幅文学技巧的地图。

第一节 文学技巧的内涵与观念

一、文学技巧的内涵

(一) 技巧

　　技巧,通常指技能和本领,《现代汉语词典(第7版)》把技巧描述为"表现在艺术、工艺、体育等方面的巧妙的技能"。也就是说,人们在具体的行为活动中根据经验或培训习得一定的行为能力,这种能力标志着人们与所从事活动的某种契合程度,从一般意义上讲,这种行为能力就称为技巧。这种技巧认识也可见于早期的中国古代典籍,如《礼记·王制》中记载:"凡执技以事上者,祝、史、射、御、医、卜及百工。"有时候,技巧也特指作战的技术,如《汉书·艺文志》中记载:"技巧者,习手足,便器械,积机关,以立攻守之胜者也。"从以上释义中我们不难看出,技巧常常被视为一种技能、技艺和本领,技巧的高低决定着行为者最终取得的效果,也是衡量行为者能力、水平的一种标尺。

(二)文学技巧

就文学技巧而言,它是作家在文学创作中所运用的技能。一般说来,主要表现在作家在选取素材、塑造形象、组织情节、运用语言、结构安排等方面所达到的程度。文学技巧的运用对作品的艺术形象、思想内容、艺术水平等都会产生很大的影响。从古至今,中外优秀的作家往往是善于运用技巧的大师,如李白、杜甫、韩愈、李商隐、蒲松龄、曹雪芹、鲁迅、老舍、但丁、莎士比亚、卡夫卡、乔伊斯、艾略特……无论是素材提炼、艺术构思、形象塑造、遣词造句,还是谋篇布局等,文学大师们都巧妙地将技巧融汇其中,将独具特色的艺术形式呈现在读者面前。可见,文学技巧是作家塑造形象、反映生活所具有的特殊本领,是创造完美的艺术形式必不可少的条件。某些时候,技巧在文学创作中被提到了一个至关重要的位置,而技巧掌握与运用得恰当与否甚至决定着作品的成败优劣。如南朝文学理论家刘勰就很看重创作中的技巧,他认为:"才之能通,必资晓术,自非圆鉴区域,大判条例,岂能控引情源,制胜文苑哉!"美国文学理论家肖勒也曾说过:"内容(或经验)与实现的内容(或艺术)之间的差距就是技巧。因而,当我们谈论技巧时,我们几乎就谈到了一切。"因此,对作家而言,拥有娴熟的文学技巧显得十分必要,它能够帮助作家将生活中的体验与感想化为可见的艺术形式,并通过各式各样的艺术形式寄予作家对人生世事的理解与感悟。对读者而言,了解并熟悉一些文学常用的技巧与方法可以很好地理解文学作品,并透过作家运用的文学技巧探究其渴望表达的深层意蕴。

二、文学技巧的观念

在西方,理论家们很早就开始关注艺术技巧。如亚里士多德的《诗学》主要谈的就是悲剧技巧,书中列举出悲剧的六个要素,即情节、性格、思想、言语、唱段和戏景,并逐一对这些要素进行分析,给人们创作、欣赏、评价悲剧带来很大的启示。古罗马的贺拉斯在《诗艺》中也详细剖析了文学创作的技巧,广泛涉及了选材、条理、韵律、性格、情节、幕次、音乐等诸多问题。在中国,技巧概念大都隐含在创作实践中,但也有一些理论家对文学技巧进行过系统的研究。如南朝的文学家沈约将四声与音韵学结合,并和当时的一些文坛巨匠一起提出五言诗创作上的"四声八病"说,为后来近体诗的产生奠定了基础。与他同时代的刘勰,其《文心雕龙》有近一半的篇幅阐述创作理论,其中声律、章句、丽辞、比兴、夸饰、事类、练字、隐秀等为后世的文学创作提供了可资借鉴的具体技巧。既然中西的文论家们都如此关注创作中的技巧,那么历史上关于文学技巧的观念都有哪些呢?简要说来,大致有三种。

(一)天才论

在艺术创作中,康德是天才论的积极倡导者,他认为:"大自然通过天才替艺术而不替科学立法规。"他把天才放在至高无上的地位,宣扬天才是天赋的才能,它给艺术制定法则。其实,康德是想说艺术是天才的独创,一旦创造出来就不可模仿、不可重复,自然成为后人不可超越的典范。另外,康德还将天才与科学进行区分,认为科学知识可以通过学习得来,其逻辑推理过程明晰可见;但是天才就不同了,比如作诗就是天才的独特技能,无法向人们揭示其中的技巧法则,因为连天才自己也说不清究竟怎么回事,最后只能归之于大自然给予的特殊禀赋。

> **小贴士**
>
> 　　如康德在《判断力批判》中写道:"所以牛顿在他不朽的自然哲学原理那一著作里所写的一切,人们全可以学习;虽然论述出这一切来,需要一个伟大的头脑。但人不能巧妙地学会做好诗,尽管对于诗艺有许多详尽的诗法著作和优秀的典范。"可见,康德的天才理论将文学创作的过程神秘化了,似乎文学技巧只是作为天才的艺术家才能掌握的"独门秘籍",一般人只能等着伟大范例的出现,然后叹为观止,望之止步而已。

(二)技术论

古希腊时期,人们把技巧与技术混同,甚至认为艺术无非就是一种单纯机械性的技术,谈不上什么创造性,正如木匠会制造桌椅、厨子会烹饪美味的饭菜。这种看法有其两面性,一方面,把技巧等于技术有利于将不可见的技巧外化、量化,成为可模仿效法、便于实际操作的方法。另一方面,把技巧降低为技术,简化了技巧的内涵,使技巧沦为零碎肢解的技术,忽视了技巧的整体性、独创性和艺术性。在这里,我们提倡从积极的意义上理解"技巧是一种技术",摆脱康德天才论的阴影,让技巧成为人们易于掌握和习得的方法。实际上,作家的创作技巧更多地来自生活的实践,是反复的艺术实践与独特的艺术才能综合在一起的产物。恰如贺拉斯所言:"有人问:写好一首诗,是靠天才呢,还是靠艺术?我的看法是:苦学而没有丰富的天才,有天才而没有训练,都归无用;两者应该相互为用,相互结合。"

(三)形式论

在20世纪,人们更多地从形式入手理解文学,文学形式再也不是内容的附庸,甚至成为比内容更为重要的东西,具有本体论的意味。象征主义、唯美主义、形式主义、结构主义者们都极力鼓吹文学形式的重要性,花样翻新地摆弄各种文学技巧,霎时间,文学的存在几乎与形式技巧等同。如象征主义的"纯诗"、唯美主义的"为艺术而艺术"、俄国形式主义的"陌生化"都把艺术技巧奉为圭臬。这些艺术理论无疑都过分倚重技巧,认定技巧就是艺术的一切。

> **小贴士**
>
> 如俄国形式主义者什克洛夫斯基明确主张"艺术即技巧",雅各布森认为:"如果文学科学想要成为一门真正的科学,它就必须把'手段'看作是它唯一的'主角'。"而且,什克洛夫斯基提出的"陌生化"原则,特别关注文学语言的运用,把语言看作文学的本体,文学与其他社会文献之间的区别就在于对语言的特殊处理,延长人们对语言的理解时间,对生活中司空见惯、早已麻木的东西产生新奇感,重新恢复对生活的诗意感知。

当然,以上三种看法并不能涵盖所有文学技巧的观念,但是从中我们可以得出一个较为中肯的短小结语:文学技巧依靠作家独特的观察力、感受力和创造力,体现在作家对素材提炼、形象塑造、情节安排、结构组织等时所表现出来的熟练而高超的艺术技能。这是作家融汇长期的艺术实践,甚至是通过勤学苦练得来的结果。文学技巧的高低标志着作家在艺术上成熟的程度,有时候会直接影响作品的艺术水准。

第二节 传统表现手法与表达技巧

一、传统表现手法

就文学技巧而言,它究竟以怎样的形态展现出来呢?从约定俗成的角度来讲,技巧表现为对表现手法灵活而巧妙地运用,因此人们在使用的时候往往将技巧与手法等同。比如常见的叙述、描写、抒情、议论,通常都称为文学的表现手法,其实也是文学的表达技巧。这四种表现手法是文学用以表达自身最基本的手段,读者在阅读文学作品的时候,首先是通过这些表现手法进入文学作品为其构建的艺术世界的。

(一)叙述

"叙述"一词,源于拉丁文 narrato,英语为 narration,意为叙事、讲述,通常是对人物、事件、环境等进行的形象说明和交代,是文学创作中最基本的表现手法之一。然而,叙述并非文学特有的手法,任何表意的工具都可以用来叙述,如图像、音乐、言语、文字。自文字产生以来,文字叙述就成为人类最重要的叙述方式。在西方古典文论中,如《诗学》就将情节的组织和再现放在悲剧的首要位置,人物的行为及其后果成为叙述的中心。在现代文论中,叙述仍保留了其最原初的含义,通常指叙述行为,侧重叙述自身的行为特征。如美国结构主义批评家罗伯特·史柯尔斯认为:"叙述首先是一种人类的行为。它尤其是一种模仿或表现的行为,通过这样的行为,人类传达出各种信息。"

文学中的叙述不同于日常生活中的叙述,更不同于严格的科学意义上的叙述。与那些叙述的客观性、真实性、逻辑性相比,文学叙述带有主观性、虚拟性和假定性。如卡夫卡的小说《变形记》的开头：

> 一天早晨，格雷高尔·萨姆沙从不安的睡梦中醒来，这时，他发现自己在床上变成了一只很大的甲壳虫。他的背像铠甲一样坚硬，他脸朝天躺在床上……

这种叙述开始就给人一种梦幻感，读者不会把它误认为是生活中真实发生的事情，一切叙述都是建立在生活真实上的想象加工与虚拟创造。

叙述可因方式的不同，分为顺叙、倒叙、插叙。顺叙即按时间的先后顺序叙述事件的发展过程。倒叙即先写出事件的结局，再从头交代事件正常发生发展的过程。插叙即在叙述中心事件或情节的发展过程中突然插入一些相关的情节或事件作为补充，以此完整中心事件或情节的内容。

叙述也可因人称的不同，分为第一人称叙述、第三人称叙述、第二人称叙述。

第一人称叙述以"我"的口吻来写所见、所闻、所想、所感，造成身临其境、真实可感的效果，局限是不能超出"我"耳闻目睹和感受想法之外。如老舍的短篇小说《月牙儿》，以"我"的口吻来讲述旧社会一个悲惨不幸的女子的人生经历，读之让人感同身受，难以抑制同情的泪水。

第三人称叙述用"他、她或它"来进行讲述，可分为全知叙述和限制叙述。第三人称全知叙述，叙述者好像无所不知、无所不晓，他熟知每一个人物的命运和内心隐秘，知道事情发展的来龙去脉，一切尽在叙述者的掌控之中。其优点是便于读者理解故事，把握人物，缺点是给读者留下的想象空间过于狭窄。如托尔斯泰的《安娜·卡列尼娜》中对安娜卧轨前的心理和行动的叙述。安娜那绝望的爱，对弗朗斯基的恨，渴望报复的强烈冲动，犹豫不决，却又突然镇定，思绪的杂乱，对美好少女时代的回忆以及卧轨一刹那间的后悔等都叙述得细致入微。第三人称限制叙述，叙述者把焦点固定在人物身上，用人物的眼去看，用人物的心去感受一切，笔锋所及不超出人物。这种叙述非常贴合人物，有利于塑造富有特征的人物性格，给读者留下一定的审美想象空间。如汪曾祺的《异秉》中对一生辛苦奔波的小手艺人王二的描述，可谓真切自然、朴实生动，例如：

> 钱龙满了时，王二面前的东西也稀疏了，搪瓷盆子这才现出了它的白，王二这才看见那两盏高罩子美孚灯，灯上加了一截纸套子……一说冷，王二可就觉得他的脚有点麻木了，他掇过一张凳子坐下来，膝碰膝摇他的两条腿。手一不用，就想往袖子里笼，可是不行，一手油！倒也是油才不皲。

汪曾祺不愧是语言大师，他的叙述平淡自然但又饶有意味。如这里写的"麻木""掇过""膝碰膝""往袖子里笼""一手油""不皲"都是王二的动作和感觉，作者没有超出王二进行过多的叙述，而是始终贴着人物来写。

当然，还有不常见的第二人称叙述，以"你"的口吻来展开叙述，给读者造成一种错觉，仿佛自己也被强行拉入作品内，成为作品中的一个人物，易造成叙述上的一种魔幻效果。

（二）描写

描写，英文为 description，指用形象的语言对人物、事件、环境等所做的较为具体、生动、细致的描绘，是文学创作的基本表现手法之一。描写并非客观的机械描摹，其中渗透着作家个人的见解、情感和个性。描写，从方式上分，有直接描写、间接描写、概括描写、具体描写；从对象上分，有人物描写、环境描写、情节描写、细节描写；从风格上分，有白描、细描等。当然，还可以进一步细分，比如人物描写中又有肖像描写、语言描写、心理描写、行动描写等。这里我们着重谈间接描写、环境描写与肖像描写。

间接描写，与直接描写相对，又称侧面描写，指作家不直接表现被描写的对象，而是旁敲侧击地通过其他人物或事物的描绘来反衬所要描写的人和事。这种手法因为避免了直接性，所以显得含蓄蕴藉，给人留下想象回味的余地。如南朝乐府诗《陌上桑》中对罗敷形象的描绘，就是通过行者、少年、耕者、锄者的行为反应来刻画罗敷的美貌，虽然没有华丽绚烂的词句，但罗敷那倾城的美由此可想而知。

环境描写，指对人物所处的社会关系、风俗人情以及具体的生活场所、自然条件和景物器具的描绘。在叙述事件和塑造人物时起着重要作用，有助于揭示人物的性格，说明人物行动的原因。

> **小贴士**
>
> 如巴尔扎克在《高老头》的开头对伏盖公寓的细致刻画。作者详细交代了公寓的位置、光线、旁边的街道、花园、花木、招牌以及公寓内的分布、材质、摆设、味道等。通过巴尔扎克细致入微的描写，人们就不免产生许多疑问，曾经显赫富贵的高老头怎么会住在如此寒酸的地方？他身上又有着怎样离奇曲折的故事呢？因此，恰到好处的环境描写为推进情节、塑造人物形象起到了铺垫作用。

肖像描写，指用生动、形象化的语言对人物身体外在状态的描绘。通常包括身材、相貌、服饰、表情、仪态、气质、风度、动作等。肖像描写是打开通向人物心灵的一扇窗户，精彩的肖像描写能够帮助读者准确把握人物的处境、状态，有利于塑造人物的性格特征。如《红楼梦》中第三回写到林黛玉进贾府时对迎春、探春、惜春、王熙凤、宝玉、黛玉的肖像描写，可谓形态各异、形神兼备，人物独特的个性跃然纸上。

（三）抒情

抒情，即在刻画人物、叙述事件、描写环境等时抒发情感，表达认识、态度的一种方式，也是文学创作的基本表现手法之一。抒情一般分为间接抒情和直接抒情两种。间接抒情，即通过作者客观的叙述与描写间接地抒发自己的感情，特点是把主观的情感寄托在所描述的事物上，显得比较含蓄、委婉，又有"托物言志""寓情于景"的说法。如屈原的《橘颂》、周敦颐的《爱莲说》，都是借描述的事物寄托作者美好崇高的人格理想。

直接抒情即直抒胸臆，将所要表达的感情不加掩饰地尽情抒发，特点是感情强烈鲜明、情绪奔放热烈，具有浓郁的个性色彩。但是，直接抒情并不等于情感的直接描述或宣泄，也可以借助叙述、描写、意象等手段来表达。如奥地利小说家茨威格在《一封陌生女人的来信》中，女主人公写给作家的信的大部分内容就是直接抒发对作家那强烈、浓郁、持久的爱恋之情。

我十三岁到十六岁，每一小时都是生活在你的身上的，啊，我干了多少傻事！

我去吻过你的手摸过的门把手，捡了一个你进门之前扔掉的雪茄烟头，在我心目中它是神圣的，因为你的嘴唇在上面接触过。晚上我上百次借故跑到下面的胡同里，去看看你哪一间屋子亮着灯，这样虽然看不见你，但是清清楚楚地感觉到你在那里。你出门去的那几个星期——我每次看见那善良的约翰把你的旅行袋提下楼去，我的心便吓得停止了跳动——，那几个星期我活着像死了一样，毫无意义。

这里，作者采用第一人称直接抒情的方式表达女主人公的内心世界，叙述得细致入微，读者仿佛可以亲身感受到女主人公对作家那刻骨铭心的爱。

（四）议论

议论，指作者在作品中直接表达对人物、事件等的立场、观点和看法，是文学创作常用的表现手法之一。用议论来说理使现象的描绘上升到理性的概括，从而达到画龙点睛、深化主旨的艺术效果。议论多用于议论文中，但很多政治抒情诗、哲理诗、杂文、历史散文、人物传记、历史小说等也用议论表达作者的意见和思想。如《史记》中的"太史公曰"，《水浒传》、"三言二拍"中每回、卷开头出现的议论性诗文，都起到总结全文、点明主旨的作用。如《水浒传》第十回"林教头风雪山神庙　陆虞候火烧草料场"的开头就将善恶忠奸一语道破：

> 天理昭昭不可诬，莫将奸恶作良图。
> 若非风雪沽村酒，定被焚烧化朽枯。
> 自谓冥中施计毒，谁知暗里有神扶。
> 最怜万死逃生地，真是瑰奇伟丈夫。

另外，文学议论不同于科学议论，科学议论常用概念、判断、推理的逻辑形式，显得客观、公正、以理服人；文学议论则常运用形象化的描写感染读者，通过形象阐发深刻的哲理。

二、传统表达技巧

文学技巧的运用，除了基本的文学表现手法外，还经常采用一些修辞手法作为表达的技巧，如比喻、夸张、意象、象征、幽默、讽刺、含蓄、歧义等。将多种修辞手法融到文学表达技巧中，体现了文学技巧的多样化、细微化，由此产生的文学效果也更为形象、生动、耐人寻味。

（一）比喻与夸张

比喻，也称譬喻，通常称打比方，即用某些有相似点的事物比拟想要说明的事物，使表达显得形象生动。宋代朱熹说："比者，以彼物比此物也。""此物"即要说明的事物，又叫本体，"彼物"即用来作比的事物，又叫喻体，把本体和喻体联系起来的词语叫喻词，例如像、如、犹、若、似等。比喻的分类可按喻词的隐显与否分为：明喻、暗喻、借喻、引喻。比喻作为修辞的一种方式，能使想要说明的事物更加具有想象力和感染力。如《诗经·卫风·硕人》中形容卫庄公夫人庄姜的美貌时，一连串的比喻使一个纯洁高贵、清新脱俗的美女跃然纸上：

手如柔荑，肤如凝脂，领如蝤蛴，齿如瓠犀，螓首蛾眉，巧笑倩兮，美目盼兮。

其中暗喻，又叫隐喻，在作比时可略去本体，有时候连喻词也略去，只出现喻体。如屈原在《离骚》中用"香草美人"比君子、"毒草恶臭"比奸佞小人。暗喻是一种较为特殊的言说方式，通过这种方式，一物的若干方面被带到或转移到另一物之上，以至于第二物被说得好像就是第一物。

> **小贴士**
>
> 亚里士多德认为，隐喻产生的机制在于比喻对象和被比对象之间存在含蓄的对比或相似。20世纪的新批评学派认为，现代诗歌的技巧可以概括为一句话："重新发现隐喻并充分运用隐喻。"

夸张，又称夸饰，是文学修辞的一种，指通过对人和事进行明显超出正常水平的描写来突出其特征。通过夸张可将作者的思想感情予以充分表达，读者读后也能留下深刻鲜明的印象。但是，夸张并不意味着毫无依据地肆意夸大，要在现实生活的基础上进行合理的夸饰，如鲁迅说："漫画虽然有夸张，却还是要诚实。'燕山雪花大如席'，是夸张，但燕山究竟有雪花，就含着一点诚实在里面，使我们立刻知道燕山原来有这么冷。如果说'广州雪花大如席'，那可就变成笑话了。"

夸张按其效果可分为夸大和缩小。以夸大为例，如法国文艺复兴时期的作家拉伯雷的《巨人传》，其塑造的形象卡岗都亚和他的儿子庞大固埃都是身材高大无比、食量惊人、力大无穷的巨人。小说开始用极为夸大的手法描绘卡岗都亚，如卡岗都亚出生时要喝17 913头奶牛的奶，一岁零十个月时他的下巴足足有18层，要穿的贴身衬衣要用布900码，做鞋子要用的黄牛皮就要1 100张。正是通过这些出奇的夸张，拉伯雷成功地塑造了吃喝玩乐、纵情享乐的巨人形象，以抨击中世纪的禁欲主义，呼唤人性的解放。

（二）意象与象征

意象，是中国古典美学和诗学的重要范畴。其源头最早可上溯到《周易·系辞》。"子曰：'书不尽言，言不尽意。'然则圣人之意，其不可见乎？子曰圣人立象以尽意。设卦以尽情伪。"但是，《周易》中的"象"并非真正意义上的审美意象，而是表意之象、哲理之象，借助"象"让那些只有圣人才能体悟和领会的深奥哲理形象直观地呈现出来。魏晋南北朝时期，玄学大家王弼在《周易略例·明象》中对"言、象、意"三者的关系进行了系统阐发。渐渐地"象"转化为"意象"，成为情趣、情思与物象的融合。如南朝山水画家宗炳的"澄怀味象"、刘勰的"独照之匠，窥意象而运斤"。意象在南北朝之后作为标示艺术本体的范畴，逐渐被美学家普遍地使用。唐以后至清各代有很多人围绕审美意象进行理论探讨，如清代王夫之建立了以诗歌的审美意象为中心的美学体系，认为诗的本体即意象，是情和景的统一。

意象广泛地应用在中国文学中，有些意象已成为人们寄托固定情思的替代物。如月亮代表永恒、相思，如李白的《静夜思》、张若虚的《春江花月夜》；柳代表离别，如《诗经·采薇》中的"昔我往矣，杨柳依依"、李白的《忆秦娥》中的"年年柳色，灞陵伤别"。意象的种类很多，如自然山水类的有日、月、山、石、河、波浪等；植物类的有松、菊、梅、兰、竹、柳、梧桐、黄叶等；动物类的有马、鸭、鸡、犬、喜鹊、鹧鸪、乌鸦、猿猴、大雁等。以意象为表情达意的手段，能把隐秘细微的情思化为形象直观的感受，如郭沫若的"天狗""凤凰"、臧克家的"老马"、李金发的"弃妇"等，给人无限遐想。运用意象构图，更能带来咀嚼不尽的艺术效果。例如唐代诗人刘长卿的《逢雪宿芙蓉山主人》，把一幅旅客暮夜投宿、风雪夜归的图画展现得惟妙惟肖：

日暮苍山远，天寒白屋贫。
柴门闻犬吠，风雪夜归人。

同时，西方诗学也讲意象，尤其是 20 世纪初在英美文学界出现了意象派。他们强调诗人应摆脱用空泛的抒情、陈腐的说教和抽象的感慨作诗，要将主观感受与客观事物很好地融为一体，寻找恰当、鲜明的意象来表现诗意。如英美意象派的代表人物庞德把意象称为"一刹那间理智和情感的复合"，他那脍炙人口的诗《地铁车站》就是运用意象作诗的典范：

人群中这些面孔幽灵一般显现；
湿漉漉的黑色枝条上的许多花瓣。

这里，庞德巧妙地运用意象的组合把他在地铁车站里看到的一些活泼可爱的鲜活面孔凸显出来，读之让人回味无穷。

象征，似乎与暗喻有些近似，但事实上不同，暗喻侧重于两种事物间的相似性，象征则是借助特定的具体形象曲折地传达某种感情或观念，其手段不是类比，而是暗示。黑格尔把象征性的艺术看作最古老的艺术，并把象征分作"两个部分意义"和"意义的表现"。对象征而言，具体事物或形象仅仅是观念的载体，呈现于感性观照的一种现成的外在事物，并不直接就它本身来看，而是就它所暗示的一种较广泛、较普遍的意义来看。因此，黑格尔认为："象征一般总是一个形象或一幅图景，本身只唤起对一个直接存在的东西的观念。"

侧重暗示是象征的特征。具体客观的形象与观念的联系是一种结合，或是约定俗称的，或是主观特别赋予的。前者我们通常称为传统象征，寄托的意义比较固定，读者易于辨认。如龙凤呈祥象征富贵、狮子象征勇猛、玫瑰象征爱情、莲花象征君子高洁的品格。那些融会个人独特情感体验的称为个人象征，在理解和把握上显得有些困难。刘若愚认为："具有个人特点的象征是诗人用以表现一种心理状态、一种外界景象或其自身个性的特征。这类象征的使用可能是自觉的，也可能出于无意。"20 世纪的现代派作家创造的象征大多具有强烈的个人印记，如波德莱尔笔下的"猫"、里尔克描绘的"豹"、卡夫卡塑造的"甲壳虫"、奥尼尔眼中的"毛猿"等。另外，象征还具有朦胧性，给人一种捉摸不透的神秘性。如法国著名象征主义诗人波德莱尔，他的诗集《恶之花》中的《感应》（钱春绮译）：

自然是一座神殿，那里有活的柱子，
不时发出一些含糊不清的语音；
行人经过该处，穿过象征的森林，
森林露出亲切的眼光对人注视。
仿佛远远传来一些悠长的回音，
互相混成幽昧而深邃的统一体，
像黑夜又像光明一样茫无边际，
芳香、色彩、音响全在互相感应。
有些芳香新鲜得像儿童肌肤一样，
柔和得像双簧管，绿油油像牧场，
——另外一些，腐朽、丰富、得意扬扬，
具有一种无限物的扩展力量，
仿佛琥珀、麝香、安息香和乳香，
在歌唱着精神和感官的热狂。

这首诗具有很强的神秘主义色彩。自然在象征主义者看来是活的生命体，诗人把人与自然的相处共存体验为视觉、听觉、嗅觉、触觉等人类感官相互交织带来的神奇效果。诗人认为人与自然之间进行的是生命与能量的神秘交汇，这一切微妙不可言传，只能通过人类感官的相互打通才能暗示出来。

（三）讽刺与反讽

"讽刺"一词，据巴赫金在《文本对话与人文》中的描述，"这个词本身就来源于拉丁文'Satura'，它最初表示盛满各种祭品的盘子，后来表示肉饼、饼馅。最后是各种杂拌"。讽刺通过讥讽、嘲讽的笔法描绘丑恶的人和事，有时运用夸张的手法加以突出、暴露，最终达到贬斥假恶丑、赞扬真善美的理想。讽刺往往善于把人生无价值的东西撕破给人看，剥去种种伪装，暴露其本来面目。讽刺是文学创作的基本手法之一，讽刺文学也是文学中一道独特的风景。

中国文学从先秦散文、寓言神话到汉魏六朝的志人志怪小说，再到唐传奇、明清的小说，讽刺一直是文学表达的重要手法，尤其是明清时期的讽刺小说，更是蔚为大观。如清代作家吴敬梓的《儒林外史》，他以嬉笑怒骂、酣畅淋漓的文笔对旧的社会、不合理的制度和利欲熏心的人们进行了无情的嘲讽与鞭挞，周进、范进、汤知县、胡屠户、严贡生、匡超人这些形象鲜明突出，让我们看到了人性的丑恶，对旧社会的黑暗有了更加深刻的了解。清代小说家李汝珍的《镜花缘》中对女儿国、君子国、两面国、无肠国的描绘形象生动，用辛辣的笔法描绘了一幅人生百态图。如两面国的人天生都长着两张脸，一张和善，一张冷漠，对那些穿戴好的达官贵人就笑容可掬、殷勤备至，对破衣烂衫者就冷冷淡淡、不理不睬。

西方文学中也有很多优秀的讽刺作品，如文艺复兴时期西班牙作家塞万提斯的《堂吉诃德》，那个头顶破钢盔、骑着瘦马、手拿长矛与风车搏斗的骑士形象让人啼笑皆非。

18世纪英国作家斯威夫特的《格列佛游记》是讽刺文学的典范，小说讲述了主人公格列佛的游历、冒险过程，主要写了格列佛在小人国、大人国、飞岛国、慧骃国四个国度的奇遇，书中对小人国的奸诈与贪婪、大人国的粗俗与铁石心肠的揭示其实都是影射现实社会的。19世纪俄国作家契诃夫也是善用讽刺的高手，他著名的短篇小说《套中人》《变色龙》《小公务员之死》中对小人物的不幸给予深刻的同情，对飞扬跋扈、暴力专横的上层统治者及其走狗进行了无情的揭露。

> **小贴士**
>
> "反讽"一词来自希腊文 eironeia，英语为 irony，原本是希腊戏剧中的一种角色，即假装无知，在那些自以为很聪明的对手面前故意说出一些可笑愚钝的傻话，而实际上最终证明这些所谓"无知的傻子"才是真正聪明、有智慧的人。柏拉图笔下的苏格拉底就是这种人物，在《对话集》中苏格拉底经常以无知者的身份提问，引自作聪明的对手自相矛盾，最后不得不承认自己错了，身不由己地接受苏格拉底的结论。从修辞的角度理解，反讽是一种讲话方式，即实际要说的意思和表面的意思相反，它体现了说话者对当下情境的一种超越，以更加智慧的态度看待一切，可以说反讽"是对有限世界的超越，是'凌驾于艺术作品之上'和'从高处俯瞰艺术作品'的轻松愉快的气氛，是人摆脱完美无缺的东西并与之拉开距离之后所产生的智慧和放松感"。

一直到18世纪，反讽都是作为修辞学的表现形式之一，到了19世纪，经过德国浪漫派的重新阐释，反讽才被提高到存在和哲学的高度。德国浪漫派从自我体验的内心出发解释世界，经常以嘲讽的态度看待现实，带有很强的唯心主义色彩，但也创造了一个虚拟、想象、无限的精神世界。反讽成为文学作品的核心概念应归功于20世纪的英美新批评派。英国批评家理查兹和艾略特都从不同的角度对反讽进行了独特的阐释，从此西方现代修辞学把反讽作为分析文学作品的重要手段之一。

反讽作为文学的修辞方式之一，常见于诗歌中。刘禹锡的《乌衣巷》、杜牧的《过华清宫》、李商隐的《贾生》都很好地运用了反讽手法，如《贾生》：

宣室求贤访逐臣，贾生才调更无伦。
可怜夜半虚前席，不问苍生问鬼神。

诗中的前两句从表面看是赞颂汉文帝的求贤若渴，而满腹才华却被贬长沙的贾谊恰好又有了和君王共同商讨国家大事的机会，这是多少文人儒生盼望已久的事啊！可是，到后两句却笔锋一转，文帝虚心请教、凝神倾听的不是黎民苍生的疾苦，而是虚无缥缈的鬼神之事。全诗运用反讽手法将历史上君臣会面的场景变成了深夜关于鬼神的对谈，揭露了君王的昏庸以及人才的不得其用。

第三节 现代技巧概述与举隅

一、现代技巧概述

文学技巧发展到 20 世纪,呈现出光怪陆离、花样翻新的景象:意识流、陌生化、复调、荒诞、黑色幽默、迷宫、元叙述、戏仿、拼贴……新技巧的出现有着深刻的社会历史原因,体现了作家在处理主观世界与客观世界的关系上一种不同于传统的新的文学观念。

简而言之,现代技巧是在现代生活的急剧变化下产生的,是作家们为了传达某种特殊的感知和认识世界的方式而创造出来的体现创新性、独立性和特殊美学旨趣的写作技巧。现代技巧不把再现外部客观世界作为自己的任务,而是彻底反叛自古希腊以来的模仿与反映的传统,转而强调关注人的内心世界,运用各种方式方法去表现内心的真实,具有很强的主观性。在内容与形式上,现代技巧体现了作家们对艺术形式的高度自觉的追求,与传统"内容决定形式,形式是内容的手段"的观念不同,现代技巧颠覆了传统的内容与形式的关系,宣扬"有机的形式主义",即强调内容离不开形式,形式即内容,离开形式,内容将不复存在。在具体手段上,现代技巧开创了很多新的文学表现方法,如意识流、陌生化、复调、荒诞、自由联想、梦境、假面具、迷宫、戏仿、拼贴等,掀起了有史以来最大规模的文学表现手法的实验热潮。

二、现代技巧举隅

文学的现代技巧种类繁多,有些技巧是在传统技巧上的进一步发展,如意象、象征、反讽,它们都成为西方现代派文学中的一些重要表达技巧。如英美的意象派对意象的重新发现、法国的象征主义者对象征的再阐释、英美新批评派对反讽修辞的深入探讨。因此,为了让读者接触到更多的现代技巧,本节将着重介绍 19 世纪末至 20 世纪中后期出现的一些新颖独特的文学技巧,如意识流、陌生化、荒诞、复调、黑色幽默,期望这些现代技巧对读者的阅读和写作能有所助益。

(一) 意识流

意识流,这一术语是由美国心理学家威廉·詹姆斯在 1884 年《论内省心理学所忽略的几个问题》中首次提出的。他说:"意识并不是片段的连接,而是不断流动的。用一条'河'或者一股'流水'的比喻来表达它是最自然的了。以后,我们再说起它的时候,就把它叫思想流、意识流或主观生活之流吧。"詹姆斯认为人类意识中很大一部分是非理性和无逻辑的,人的过去的意识会浮现出来与现在的意识交织在一起,汇聚成一条主观意识之流。这种意识流具有很强的主观性，与日常的时空感和心理感不同，它能够超越现实和时空的限制，不受社会规范、伦理道德的约束，自由自在地任意驰骋。意识流作为文学手法，还融会了法国哲学家柏格森的直觉主义和奥地利精神病医师弗洛伊德的精神分析学说。柏格森在生命冲动与绵延的概念下提出了"心理时间"，这个概念肯定了人对外部世界的一种主观主义的把握，更看重时间对人类精神生活的内在意义。弗洛伊德提出的潜意识理论、梦的学说、人格结构、性的本能与升华等思想都成为意识流手法的理论源泉。

就现有文学史的资料来看，最早的意识流作品出现在1888年，是法国作家杜雅尔丹创作的小说《被砍倒的月桂树》。这部小说没有连贯的故事情节，主要叙述一个叫达尼埃尔的公子哥和风骚多情的女演员莱奥的约会。整部作品一共9章，大部分篇幅都在叙述达尼埃尔沉浸在纷乱无逻辑的想象回忆中。从与好友会面到对莱奥的性幻想，从咖啡馆吃饭到对有姿色美女和秃顶男人的想象，从巴黎大街漫步到回家看到约会信后的想象……杜雅尔丹的写作天马行空、无拘无束，基本上显示了后来意识流小说的一些重要技巧。

意识流作为文学手法，成为西方现代文学普遍采用的一种创作技巧。它着重表现人的意识流动，描绘人物的内心独白与自由联想，让现实与虚幻交织在一起，打破时间和空间、主观和客观的界限。它将人的感觉同思维、回忆、判断、愿望、想象等全部混合在一起，展现心理的真实，表现极端主观的自我意识，在创作中从社会转向自我，从内心思索寻找个人的价值，体现了文学创作中的一种技法革新。

> **小贴士**
>
> 美国当代文论家艾布拉姆斯说："自（20世纪）20年代始，意识流就成了文学的一种模式。作家利用它来捕捉人物的心理活动过程的范围和轨迹。在这一过程里，人的感觉认知与意识的和半意识的思想、回忆、期望、感情和琐碎的联想都融合在一起。"意识流的代表作品有爱尔兰作家詹姆斯·乔伊斯的《尤利西斯》、美国作家威廉·福克纳的《喧哗与骚动》、法国作家马塞尔·普鲁斯特的《追忆似水年华》，还有英国女作家弗吉尼亚·伍尔夫的《达洛维夫人》。

意识流手法在具体运用时常常呈现以下几个特征：

第一，时空的颠倒与融合。意识流小说打破传统按时间顺序展开叙事的正常结构，常常把过去、现在、未来交织在一起，让人物的视觉、回忆、向往重叠浮现，创造出全新的"心理时间"。如伍尔夫的《达洛维夫人》描写的就是时髦浅薄、出身上流的资产阶级贵妇人漫无边际的任意联想。小说描绘的正常时间仅仅是12小时，但达洛维太太却追溯了自己从18岁到52岁的人生经历。她在庸俗无聊的生活中浮想联翩，国会大楼的钟声、祖辈基业、早年的未婚夫、手套、鞋子、花店、汽车爆胎、自杀的史密斯、考古学家、飞机、太妃糖……虽然思想天马行空，但达洛维太太却感觉生活如一潭死水，令人窒息，认为最幸福的事就是立刻死去。

第二，情节的穿插与跳跃。意识流小说的情节没有传统小说的那种明晰性，而呈现出穿插、跳跃、重叠、反复的万花筒景象。从表面看好像前后情节毫无联系，仔细分析后发现有隐藏的主观意识的暗线贯穿其中。如乔伊斯的《尤利西斯》中的第三章写斯蒂芬在海滩散步，通过他所见、所想，全景式地展现了他丰富微妙的内心世界。为了便于分析，我们把文本中的句子分为ABCD四种类型。

她们小心翼翼地从莱希高台街走下来了（A），下完台阶又撇着八字脚下坡，一脚脚地陷在带淤泥的沙中（B）。她们和我，和阿尔杰一样，来看我们的强大的母亲来了（C）。第一位沉甸甸地晃着她的产婆提包，另一位用一把粗大的雨伞捅着沙滩（A）。自由区来的，出来干她们一天的营生来了（C）。弗洛伊丝·麦凯布太太，布莱德街深受悼念的已故派特克·麦凯布的未亡人（B）。正是她那帮子中的一个把我拽出来的，哇哇地叫着开始了生命（D）。

从无到有的创造（D）。她的提包里是什么东西（C）？死婴，拖着脐带，闷在红色的毛绒里头（C）。人的脐带全都是连着上代的，天下众生一条肉缆（D）。正是因为如此，才有一些神秘教派的僧侣（D）。你愿学神仙吗？那就凝视自己的昂发楼斯吧（D）。喂！我是啃奇。请接伊甸园。甲子零零一号（D）。

上例中（A）为叙述语句，基本上是表达斯蒂芬意识层次中逻辑性较强的句子，（B）是描述语句，是斯蒂芬视觉印象引起的感受及反应，（C）为联想、猜测和判断，（D）是意识深处的意念激发另一个意念。这段叙述表面看来毫无逻辑联系，仔细搜寻后发现它的线索是这样的：女人→母亲→产婆→提包→死婴→脐带→僧侣→脐带→伊甸园。小说中的斯蒂芬受过良好的教育，文化素养高，博览群书，才思敏捷，想象力丰富，因而联想的跳跃性很强。许多意识流小说乍看起来都让人摸不着头脑，但通过全面理解和把握人物的内心世界还是有迹可循的。

第三，心理分析式的内心意识独白。意识流小说在展现人物内心世界的时候比较注重运用心理分析的手法，将人物内心的隐秘与矛盾揭示出来。如当代作家王蒙的《蝴蝶》，写张思远在一个高级干部的"我"和一个乡村质朴的"张老头"之间的挣扎、纠结，即便在梦中这种分裂的人格特质仍在折磨着他。如在片段"枣雨"中，写张思远终于请假回到家乡，和乡亲们在一起感觉好像回到了从前，但在睡梦中内心长久的矛盾又向他袭来：

真不好意思。张思远就在这里呢！张思远没有变。张思远是山里人，张思远就是自己。什么？到时间了？我马上就去。开不完的会，在睡梦里也还要开会。同志们！现在的形式很好。我们要安定团结，要进行改革，要精兵简政，官比兵多的现在再也不能继续下去了。

从上例中我们可以感到主人公张思远在"内心真实的自我"与"外部社会身份的我"之间的挣扎何其剧烈，以致深入到他的潜意识当中，甚至在潜意识里也很难在这两者中做出抉择。

（二）陌生化

陌生化是俄国形式主义文学理论的一个术语。1917年，俄国形式主义理论家什克洛夫斯基在《作为手法的艺术》中说:"那种被称为艺术的东西的存在,正是为了唤回人们对生活的感受,使人感受到事物,使石头更成其为石头。艺术的目的是使你对事物的感觉如同你所见的视象那样,而不是如同你所认知的那样;艺术的手法是事物的'陌生化'手法,是复杂化形式的手法,它增加了感受的难度和时间长度,既然艺术中的领悟过程是以自身为目的的,它就理应延长;艺术是一种体验事物之创作的方式,而被创作物在艺术中已无足轻重。"什克洛夫斯基的意思是说,艺术不是认知的手段,而是传达感受体验的方式,人们通过艺术的描绘仿佛能够亲身体验到事物一样。但是,日常生活中的感知很多已经被习惯化、自动化了,很多事物在人们看来已经失去新鲜感,而艺术的任务就是重新帮助人们发现这些司空见惯的事物的独特新颖之处,"使石头更成其为石头"。因此,在形式主义者看来,艺术的材料直接取自现实生活的时候丝毫不会引起人们的兴趣,也谈不上审美感受,但经过艺术家有意识的变形,就会在外表、形状、大小、色彩、特性等方面发生变化,从而展现出极大的新奇感和表现力,使读者产生浓厚的兴趣,并从新的角度获得对日常生活的全新感知。

简而言之,陌生化作为文学创作的手法有以下几个重要特征:

第一,叙述上的初见性。陌生化强调在描述事物的时候仿佛第一次看到一样,要用新颖独特、毫不知情的眼光来看待,以脱离日常的自动化反应增强事物的新奇感。什克洛夫斯基在阐述陌生化手法的时候就以托尔斯泰的作品为例,以一匹马的视角叙述它对人类所有权的看法:

譬如,把我叫作自己的马的那些人中,有许多人并不骑我,骑我的完全是另外一些人。喂我的也不是他们,而完全是另外一些人。侍候我的也不是他们,不是那些把我叫作自己的马的人,而是马车夫、马医,总之都是一些旁的人。后来,由于我扩大了观察的范围,我才相信不仅是我们这些马,对任何东西使用"我的"这个字眼并没有什么理由,它只是反映人类低级的没有理性的本能——他们认为"我的"这个词包含有私有感或私有权。比如有人说"我的房子",可他从来不住在里面,而只关心房子的建筑和维修。比如有个商人说"我的铺子""我的呢绒商店",可他穿的衣服没有一件是用他店里上等料子做的。有些人把土地称为"我的土地",可是他从来没有看到过这块土地,也没有在上面走过。有些人把另外一些人称作他们的人,其实他从来也没有看见过那些人,而且他们总是去伤害那些人。

这里,托尔斯泰以马的口吻来叙述人类所有权问题。本来在人们看来财产的私有是天经地义的事情,属于谁,谁就拥有支配权,但人类的这些所谓的"合法的规范",当从一匹马的视角来看的时候就显得非常不合理,从而揭示人类社会中的荒谬感。

尽管陌生化作为理论在20世纪初才出现,但是,文学中运用陌生化手法的例子在古典文学作品中就时常出现了。如《红楼梦》第六回写刘姥姥一进荣国府时在王熙凤的堂屋里看到了一个西洋的挂钟,对此曹雪芹在叙述的时候完全是从一个乡下老太太的眼光来写的:

刘姥姥只听见咯当咯当的响声,大有似乎打箩柜筛面的一般,不免东瞧西望。忽见堂屋中柱子上挂着一个匣子,底下又坠着一个秤砣般一物,却不住地乱幌。刘姥姥心中想着:"这是什么爱物儿?有甚用呢?"正呆时,只听得当的一声,又若金钟铜磬一般，不防倒唬的一展眼。接着又是一连八九下。"

对一个乡下老妇人来说，她所熟悉的都是自己身边的事物，箩柜、筛面、匣子、秤砣，刘姥姥来到富贵豪奢的贾家自然很多东西都看着新奇。但对贾府的人甚至是下等丫鬟来说，谁都不觉得一个西洋挂钟有什么稀奇，贾府里比这值钱、珍贵的东西多着呢。陌生化手法在这里的运用恰到好处，从一个极小的侧面反映出贾府里数不清的奇珍异宝。

第二，语言上的变异性。陌生化手法经常与多种文学表达技巧相结合，如象征、隐喻、夸张、讽刺、张力、反讽、倒装……其基本意图是对语言施行一种暴力变形、扭曲，即对日常语言规范的一种背离，从而制造出一种陌生的效果，让人们感知变形后事物带来的新奇感。因此，俄国的形式主义理论家尤其关注诗歌的语言问题。如什克洛夫斯基就明确主张诗歌的语言是难懂、晦涩的语言，不同于日常语言的可理解性，诗歌语言是充满障碍的语言。他给诗歌下了这样一个定义："这是一种困难的、扭曲的言语。诗歌的言语是经过加工的言语。"在古典诗歌中，语言的陌生化往往是通过倒装实现的。如李白的"晓战随金鼓，宵眠抱玉鞍"（《塞下曲》）；杜甫的"香稻啄余鹦鹉粒，碧梧栖老凤凰枝"（《秋兴八首》），还有"绿垂风折笋，红绽雨肥梅"（《陪郑广文游何将军山林》）；苏轼的"岭上晴云披絮帽，树头初日挂铜钲"（《新城道中》）。背离日常语序的语言打破常规的组织规范，重新唤回人们的审美感受力。

第三，接受上的延长性。从接受者的角度而言，由于陌生化的手法将日常生活中的事物进行了特殊处理，人们不能再像以往那样能够轻易地获得对事物的习惯性感知，而只有通过延缓对事物的理解，加长对事物的感知过程，才能获得新鲜的感知。其实，读者在日常阅读中也会碰到这种语句，比如"穿过你的黑发的我的手""那个从我身边走过而又充满无限忧伤的女人""他坐在冰冷、光秃秃的而又寂寞无比的石头上"。什克洛夫斯基把文学中的这种现象称为"摆脱自动性而有意识地创造"，他说："艺术中的视象表示创作者的目的，并且是人为构成的，为的是使感觉停留在视象上，并使感觉的力量和时间达到最大的限度。作品不是在其空间性上被感觉的，可以说是在它的延续性上被感觉的。"

（三）荒诞

荒诞一般有两种含义，一种指音乐上的不谐和音，一种指缺乏理性、毫无意义。该词的拉丁文语义为耳聋，引申在哲学领域指个人与他的生存环境之间相互脱节。荒诞与怪诞不同，怪诞多指形象上的夸张、奇特、不可思议，荒诞则具有本体论的意味，指人们丧失了信仰和精神的家园，孤独无助、虚无痛苦地生活在一个陌生的无意义世界。荒诞在本体论上的发现与阐释归于法国存在主义哲学家萨特和加缪。他们认为每个人都是沦落异乡的孤独客，与他人之间不存在和谐友爱的关系；这个世界也没有固定永恒的真理，不存在生命的标准、价值与意义，人生就是徒劳无功的探索与占有，可最终的一切都将化为虚无，因此人生的存在是件荒诞而又痛苦的事情。加缪在《西西弗的神话》中说："一个哪怕可以用极不像样的理由解释的世界也是人们感到熟悉的世界。然而，一且世界失去幻想与光明,人就会觉得自己是陌路人。他就成为无所依托的流放者,因为他被剥夺了对失去的家乡的记忆,而且丧失了对未来世界的希望。这种人与他的生活之间的分离、演员与舞台之间的分离,真正构成荒谬感。"

20世纪50年代在法国出现了将存在主义与表现主义结合在一起的荒诞派戏剧,它打破传统戏剧以情节和对白为基础的特点,呈现没有情节、没有冲突、毫无逻辑、毫无理性、杂乱无章的面貌。英国荒诞派戏剧理论家马丁·艾斯林在其《荒诞派戏剧》中对这种新的艺术形态做了具体分析。他认为荒诞派戏剧是新的、发展中的戏剧样式,它在主题、情节结构、人物刻画和对时代的反映上都不同于传统戏剧。它的主题是"在人类的荒诞处境中所感到的抽象的心里苦闷",它在舞台上表现的荒诞状态是对生活的提炼和抽象的摹写。荒诞派戏剧的舞台上尽是些稀奇古怪、荒诞不经的场景:满地的椅子、遍地的鸡蛋、伸在垃圾桶外的头、半截入土的人、堆满房子的家具、恶性膨胀的尸体……人们看不到面貌清晰、性格突出的人物,语言颠三倒四、文不对题,人物像精神病人一样疯狂呓语。

荒诞派戏剧后来流行于德国、英国和美国。代表作品有法国作家尤金·尤奈斯库的《秃头歌女》、塞缪尔·贝克特的《等待戈多》、英国作家哈罗德·品特的《送菜升降机》、美国作家爱德华·阿尔比的《动物园的故事》。他们的作品普遍反映世界的不可知,命运的无常,人生的低贱、无意义。他们将目光伸向人类的精神世界,用看似荒诞不经的内容揭示精神的痛苦与无助,指出了人类共同面临的精神信仰的危机。

荒诞作为文学创作的技巧主要用来揭示以下几种感觉:

第一,物对人的压迫感。进入现代社会以来,人类的异化一直是文学表达的主题。在荒诞派戏剧里,这种异化首先表现为物对人的压迫。随着人类欲望的无限度增长,人的生存空间被物挤压得越来越小,世界几乎被物占满,人找不到自己的存身之地,这大概是人类在20世纪真实的生存写照。如尤奈斯库的《新房客》写的就是一位新房客看好房子后准备搬家,他请来搬运工帮忙。起先是小物件,后来越来越大,越来越多,舞台上到处是堆放杂乱的家具,房客和搬运工都被物重重包围,连站的地方都快没有了。后来房门被堵住了,他们就把天花板打开,接着向空中发展……终于人物被家具淹没,消失了人形。我们来看其中的一段对话:

搬运工甲　先生,真叫人发愁啊……
先　　生　什么?
搬运工乙　剩下的家具太大了,门没有那么高。
搬运工甲　进不来。
先　　生　什么家具?
搬运工甲　立柜。
先　　生　那个绿的、紫的?
搬运工乙　对啦。
搬运工甲　不止这些,还有呢。
搬运工乙　楼梯上全满了。人家都不能上下楼了。
先　　生　院子里也是,满了。街上也是。

搬运工甲　城里的车子不通了。满是家具。

搬运工乙　（对先生）至少，您没什么可抱怨的，先生。你还有个坐的地方呢。

搬运工甲　也许地铁还通行。

搬运工乙　噢，不。

先　　生　（仍旧坐在原处）不。地下都堵住了。

搬运工乙　（对先生）你家具可真多呀！您把全国都塞满了。

先　　生　塞纳河不流了。也被堵住了，没有水了。

最后，新房客的家具将整个巴黎彻底堵死，虽然极度夸张，但有力地说明了物质的无限度膨胀对人的压抑。

第二，人与人之间的威胁感。在荒诞派戏剧家的笔下人与人之间是彼此冷漠、缺乏沟通的陌生人。在他们看来，人和人之间的真正交流是不可能的事，即便有对话也都是些文不对题、无关紧要的琐事，谁也不会透露自己内心的隐秘。如哈罗德品特的《送菜升降机》，剧中只有两个杀手班和格斯，他们共同生活在一个狭小阴暗的地下室里，他们与外界的联系仅仅是通过一架送饭菜的升降机。两个人也经常聊天，但都是毫无意义的话题，比如七十多岁的老人爬到汽车底下过马路，最后被碾死了；八岁的女孩杀死了一只猫；烧水的煤气没有了；吃的东西不合自己的口味；等等。其实，两个杀手心里都清楚自己在等待什么，他们在等待杀人的命令，只是不知道什么时候下达，目标是谁。其实，两个人心里对杀人都有些恐惧，但谁也不主动提出来反思杀人的行为。最后直到他们接到命令杀死对方，其中的一个将另一个杀死。例如在杀手班和格斯两人同时看到上司下达的杀人命令后的一段对话：

格斯　（呆板地）瞎扯！

班　是真的。

格斯　别胡说啦。

班　白纸黑字写在这儿。

格斯　（声音很低）那是事实吗？

班　你可以想象。

格斯　很难叫人相信。

班　足以叫你作呕，是不是？

格斯　（几乎听不出来）真难相信。

两人都心照不宣，但谁也没有说出要杀死对方的真实命令，最终还是班更为冷酷一点，把格斯给干掉了。整部作品传达出人类即便共同生活在一间屋子里，也是彼此隔膜，相互充满敌意的，他们之间很难真心面对，而是想着如何除掉对方。

第三，人生意义的虚无感。荒诞派戏剧家们认为人生是荒谬、无意义的过程，人处在一个与世界相脱节、不和谐的状态，人在世界中茫然不知所措，一切好像都丧失了意义，人对未来无法预测，只有痛苦地等待。如贝克特的《等待戈多》中描绘的两个流浪汉弗拉季米尔和爱斯特拉冈。他们在舞台上重复穿靴子、脱靴子、戴帽子、摘帽子的动作，觉得人生毫无意义，他们应该等待些什么，两人商议等待"戈多"。这里，戈多其实不是什么特别具体的人，而是用来反衬人生的无意义、需要有所寄托，是人们的一种抽象的精神寄托。但是，荒诞的是他们等来等去戈多都没有出现，等来的只有一主一仆波卓和幸运儿，还有常常带来希望的孩子。戏剧中的波卓与幸运儿是人类关系的一种真实写照。在人生虚无的过程中，很多人把生命的精力用在压迫和控制别人上，在奴役与被奴役中浑浑噩噩地生活。《等待戈多》揭示了人生的荒诞、虚无，但是最终还是没有放弃对希望的等待，如戏剧的结尾：

弗拉季米尔：咱们明天上吊吧。（略停）除非戈多来了。
爱斯特拉冈：他要是来了呢？
弗拉季米尔：咱们就得救啦。

（四）复调

复调，原为音乐术语 polyphony，与单声部音乐相对，指由几个声部构成的多声部音乐，且构成复调音乐的各个声部并无主次之分，彼此之间形成对比和补充的关系。苏联文艺家巴赫金 1929 年在其著作《陀思妥耶夫斯基的创作问题》中借用音乐上的复调概念，指称由陀思妥耶夫斯基开创的一种崭新的小说形式——复调小说。他认为复调小说的形成发展虽然有漫长的历史过程，但真正作为一种新的艺术形态呈现出来是在陀思妥耶夫斯基那里。

巴赫金在 1963 年更名再版的《陀思妥耶夫斯基诗学问题》中提出："有着众多的各自独立而不相融合声音和意识，由具有充分价值的不同声音组成真正的复调——这确实是陀思妥耶夫斯基长篇小说的基本特点。在他的作品里，不是众多性格和命运构成一个统一的客观世界，在作者统一的意识支配下层层展开；这里恰是众多的地位平等的意识连同它们各自的世界，结合在某个统一的事件之中，而互相间不发生融合。"在巴赫金看来，陀思妥耶夫斯基的小说其特点在于不同于传统小说的"独白型"，是一种新型的"对话型"小说。在他那里，人物不是作者创造的被动客体，而是作者创造出来的具有独立自我意识的主体，他们与作者处于平等的地位。复调小说的目的就是把这些不同人物的思想意识展现出来，与各种人物放在同等的地位进行交流和对话，彼此间谁也不能相互取代，就连作者也不能用自己的观点强硬地统一人物之间矛盾的思想。

对话性是复调小说的根本所在。既然作者无法用统一的思想观念来融合异质，那么把各色各样的思想认识展现出来就是作者的任务。作者在文中不做道德评判，也不能用固定的价值标准来衡量人物的思想，他的任务就是展示共存的，甚至是互为矛盾的一切。就其对话的形式而言，主要分为三种：

第一，主人公与作者的对话。在复调小说中，作者一旦创造出人物，就创造出了能够独立思想的意识主体，虽然他们的形象、思想和命运是作者描绘的客体，但作者的权力受到很大限制。作者不能用自己的思想去统一人物，人物在呈现自己声音的时候与作者形成一种共时的对话关系。如在陀思妥耶夫斯基的小说《罪与罚》中，大学生拉斯科尔尼科夫想杀死放高利贷的老太婆，在他前去踩点的路上，作者这样叙述：

他衣衫褴褛，如果换了别人，即使一向穿得破破烂烂，也羞于在白天穿着这么破烂的衣服上街……可是这个青年满腔怒火，鄙视一切，所以他在街上丝毫不觉得自己衣服破烂是可耻的，虽然有时他那年轻人的敏感是很强烈的……这是一顶圆形高筒帽，破洞累累，污迹斑斑，没有宽边，歪戴在头上，构成一个不成形状的角度。但他并不觉得害臊，却有一种完全不同的心情，甚至像是一种恐惧的心理。

"我早就知道了！"他惶窘地嘟哝说。"我也这样考虑过！这样的糊涂事情，或者一个细枝末节，都会破坏整个计划的！的确，这顶呢帽太惹人注意了……一顶很可笑的帽子嘛，所以它引人注目……我那破烂的衣服得配一顶制帽才好，哪怕是一顶薄饼样的旧制帽，只要不是这种奇形怪状的东西就行……干这种事，必须尽可能少惹眼……事情很小，但细节也是很重要的！这些细枝末节也常常会破坏全局的……"

从引文中我们可以看出，作者从外在的角度来叙述、评价主人公的穿戴，而主人公拉斯科尔尼科夫对自己的穿戴自有一番认识，他早意识到自己的帽子会惹人注意，对即将要施行的计划中帽子可能会暴露的破绽他都考虑得一清二楚。这里，作者只是从外在的视角进行描绘和评论，但对主人公却无法完全控制，让主人公自由拥有独立的意识，从而与作者形成了一种共时的对话关系。

第二，主人公与主人公的对话。复调小说重视人物不同声音的交织和交流，认为人物的存在和思想都是和他者相联系的，应当在联系中将各自的观念都呈现出来，让不同的声音在矛盾中相互碰撞，谁也不能取代谁。如在《罪与罚》中作者将拉斯科尔尼科夫、马尔美拉陀夫、索尼娅、卢仁各自的思想全都呈现出来，将他们各自的一套人生哲学不加批判地和盘托出，各种思想和观念共同存在一个共时的空间里，形成多声部的效果。

第三，主人公与自我的对话。复调小说中的内心独白更是一种人物的自我辩论，人物仿佛把自己分成两个对立的人，相互间进行激烈的论辩，以此写出人物复杂的内心冲突。如陀思妥耶夫斯基的《地下室手记》，小说描写一个内心变态、自卑、人格猥琐的主人公，他被有钱有势的同学欺侮、鄙夷，属于被侮辱与被损害的人，但他又用同样卑劣的手段去侮辱一个比他命运更凄惨的妓女，在思想上折磨她，摧毁她的灵魂。小说以第一人称"我"的口吻进行叙述，在开头就揭示了人物内心的自我矛盾：

我是一个有病的人，我是一个心怀歹毒的人。我是一个其貌不扬的人。我想我的肝脏有病……

……我曾是个心怀歹毒的官吏。我待人粗暴，并引以为乐……但是，诸位，你们可知道我最生气的是什么吗？最让我生气，最让我恶心的事就是，甚至在我最恼火的时候，我心中还时时刻刻可耻地意识到，我不仅不是个心怀歹毒的人，甚至也不是个怀恨在心的人，我只会徒然地吓唬麻雀，聊以自娱。我方才说我是一个心怀歹毒的官吏，这是冤枉我自己了。因为我心中有气。

我不过是存心胡来，拿那些有事来求我的人和那个军官开心，其实我从来也不会变成一个心怀歹毒的人……

小说以"我"来讲述主人公的灵魂自剖，但是主人公在对自我的评价上时时发生冲突，两个"我"的交锋形成了一种对话关系，为人们深刻理解人物的内心提供了双重视角。其实，这里的复调技巧就是在于展示人物内心的矛盾，从矛盾中揭示主人公的卑劣其实不是他的自然本性，他的不幸是社会造成的，他也是一个值得同情的被侮辱与被损害的人。

(五) 黑色幽默

黑色幽默的概念来自20世纪60年代的美国。1965年美国学者弗里德曼编辑了一本小册子，收录了约瑟夫·海勒、托马斯·品钦、小库尔特·伏内格特、约翰·巴思、康纳德·巴塞尔姆等人的作品，发现了它们的共同之处，并将书名定为《黑色幽默》。所谓黑色幽默是一种病态的幽默，它将思想情绪上的黑色阴暗与幽默结合在一起，它表面看是幽默的，但其中充满绝望的东西，在绝望中又对丑恶的事物进行嘲讽。它常把现实生活中的荒诞现象拿来进行嘲弄，用玩世不恭、逗笑的态度看待一切丑恶、阴暗的事物，类似于用喜剧的形式表现悲剧的内容。这就好比绞刑架上的人向行刑的人问道："你肯定这玩意儿牢靠吗？"然后，双方纵声大笑，因为绞刑架上的人的命运与绳子一样岌岌可危，因此又有人把黑色幽默称为"绞刑架下的幽默"或"大难临头时的幽默"。

黑色幽默与存在主义密切相关，存在主义认为人的存在是荒诞无意义的，在此基础上黑色幽默又进行了发挥，认为人在生存条件中的选择极为有限，甚至根本就不存在选择。它把绝望的痛苦隐藏起来，以更加玩世不恭的面孔去撩拨那些精神的创伤，然后发出一阵仰天的大笑，认为只有在笑声中或许才能减轻生活的痛苦，才能继续麻痹地活下去。因此，黑色幽默没有强大的超越力量，它对现实是无可奈何的，它的笑声是苦涩的，在幽默中难掩凄凉绝望的色彩。黑色幽默的产生反映了第二次世界大战以来美国社会的精神危机。战争给人带来的创伤还未平复，科学技术的进步又造成人的异化，人人都想升官发财，并且不择手段。传统的价值观念被遗弃，新的价值观还未确立，人们生活在一片精神的荒原当中。

黑色幽默作为文学创作的一种技巧，主要有以下几个特点：

第一，大胆地运用想象，故事荒诞离奇。黑色幽默的作品大都构思奇特，异想天开，没有传统小说中情节的合理性特征，大都通过有违常理的荒诞情节，表现深刻的社会意义。如冯尼格的《猫的摇篮》，这部小说表面看类似于科学幻想小说。故事写了一个作家准备写一本关于世界末日的书，他开始追踪调查发明原子弹的科学家霍尼克尔博士，根据线索他找到了发明者的三个孩子，并且得知他们的父亲除了发明原子弹，还有一项鲜为人知的秘密，就是9号冰。这种名叫9号冰的东西能把所有的液体都变成冰块，孩子们的父亲就是在实验9号冰功能的时候不小心被变成冰而死去。孩子们当时私自将9号冰一分为三，每人一份装在保温桶中保存。后来，科学家的大儿子拿9号冰和独裁者交易，换来了他想要的地位，但是独裁者后来吞食9号冰自杀，身体变成冰块。在一次军事演习中，飞机坠落，撞在了安放独裁者尸体的城堡上，独裁者的尸体坠入大海，狂风将9号冰吹散，大海也变成了冰块，整个世界除了少数几个幸存者之外全部遇难，世界再次进入洪荒时代。整部小说描绘了一幅由权力欲与残暴导致的可怕图景，实际上传达了作者对人类前途的忧虑。题名"猫的摇篮"其实并不是一种具体所指，它更带有隐喻意味，指的是孩子小时候玩的翻花绳的游戏，绳子里既没有猫，也没有摇篮，只是一种哄小孩的把戏。其实，小说名字暗指科学技术的进步包含两种意味：真与假、

好与坏、幸福与灾难。

第二，塑造非英雄的小人物，揭露社会黑暗。黑色幽默小说的主人公都不是传统意味上的英雄硬汉，他们都是些平常卑微的小人物，看清了世界的黑暗和不合理，没有远大的理想抱负，不想与这个世界硬碰，但又渴望活下来。如海勒的《第二十二条军规》中的主人公尤索林，他是一名上尉轰炸员，本来也打算报效祖国，可军部的黑暗让他逐渐明白：在一个极端官僚化的军队中献身是不值得的，他变得非常珍惜自己的生命。在战争打得激烈的时候他躲在医院装病；在执行轰炸任务时他谎称飞机出了故障，要求脱离战斗返航。按照传统观念，尤索林是个胆小怕死的小丑，是应该批判的对象，但是与那些位高权重、利欲熏心的高级将领相比，我们又从"尤索林式"的小人物身上看到了他的闪光点。尤索林说："我抬头一看，就只看见人们拼命捞钱……我只看见人们利用每一种正当的冲动，每一出人类的悲剧，拼命捞钱。"

第三，巧妙地运用语言，思想寓意深刻。黑色幽默小说的语言诙谐幽默，仔细品味又十分精巧，独具匠心，隐含的深意蕴含在荒谬的言辞中。如《第二十二条军规》第五章中写到了尤索林和丹尼卡医生关于到底什么是第二十二条军规的探讨：

尤索林严肃认真地望着丹尼卡医生，想从另一个方向再来试一下。"奥尔是不是疯子？"

"他当然是疯子啰。"丹尼卡医生说。

"你能不能让他停止飞行呢？"

"当然能。可是首先他得向我提出要求。军规中有这一条。"

"那么他为什么不向你提出要求呢？"

"因为他是疯子嘛，"丹尼卡医生说，"他几次三番死里逃生，可是他还在执行飞行任务，只有疯子才会这样。唔，我当然可以让奥尔停止飞行，可是首先，他得向我提出要求来。"

"只要他向你提出要求，你就可以让他停止飞行，是吗？"

"是的。要他来向我提出要求。"

"这样你就可以让他停止飞行了，是吗？"尤索林问。

"不行。这样我就不能让他停止飞行了。"

"你意思是说这里面有个圈套吗？"

"当然有圈套，"丹尼卡医生回答。"就是第二十二条军规。凡是想逃避战斗任务的人，不会真是疯子。"

精妙的语言道出了第二十二条军规的实质：只有疯子才能停止飞行，但必须提出要求；一旦疯子提出要求停止飞行，就证明他没有真疯，他必须坚持飞行。也就是说，第二十二条军规是个永远不可能完成的悖论，象征着官僚统治机构的一张无形大网，它是残暴专横的，人们根本无力与之抗衡。总之，黑色幽默的确传达了一种绝望的情绪，然而黑色幽默无非是对社会问题的形象表达而已。

思考题

1. 简要说说关于文学技巧的观念历来都有哪些认识。
2. 举例说明讽刺与反讽的文学技巧在运用上的区别与联系。

参考文献

[1] 余三定. 文学概论［M］. 南京：南京大学出版社，2008.
[2] 老舍. 文学概论［M］. 天津：天津人民出版社，2021.
[3] 姚文放. 文学概论［M］. 南京：南京大学出版社，2020.
[4] 张孝评. 文学概论新编［M］. 西安：西北大学出版社，2007.
[5] 余俊光. 中国现当代文学概论［M］，成都：西南交通大学出版社，2021.
[6] 王万举. 中国网络文学概论［M］，石家庄：花山文艺出版社，2020.
[7] 夏丛丛，石倩，熊丽萍. 文学概论［M］，成都：电子科技大学出版社，2019.
[8] 王旗. 汉语言文学概论［M］，长春：吉林文史出版社，2018.
[9] 张明明. 文学概论［M］，延吉：延边大学出版社，2017.
[10] 曹顺庆. 文学概论［M］，北京：北京师范大学出版社，2017.
[11] 石舞潮，何华松. 文学概论［M］，南昌：江西高校出版社，2017.
[12] 祝云珠，代军诗. 文学概论［M］，成都：电子科技大学出版社，2017.
[13] 於可训. 中国当代文学概论［M］，武汉：武汉大学出版社，2016.
[14] 李跃红. 文学概论新编［M］，昆明：云南人民出版社，2016.
[15] 王一川. 文学概论［M］，北京：中央广播电视大学出版社，2016.
[16] 袁行霈. 中国文学概论［M］，北京：高等教育出版社，2016.
[17] 张妙珠. 文学概论教程［M］，成都：四川大学出版社，2015.